21世纪
重读凯恩斯《通论》

李　翀◎著

中国经济出版社
CHINA ECONOMIC PUBLISHING HOUSE
·北　京·

图书在版编目（CIP）数据

21 世纪重读凯恩斯《通论》/ 李翀著 . -- 北京 : 中国经济出版社，2025. 6. -- ISBN 978-7-5136-8201-5

Ⅰ. F091.348.2

中国国家版本馆 CIP 数据核字第 2025FZ6780 号

责任编辑　高　鑫　耿　园
责任印制　李　伟
封面设计　任燕飞

出版发行　中国经济出版社
印 刷 者　河北宝昌佳彩印刷有限公司
经 销 者　各地新华书店
开　　本　710mm × 1000mm　1/16
印　　张　21.5
字　　数　320 千字
版　　次　2025 年 6 月第 1 版
印　　次　2025 年 6 月第 1 次
定　　价　88.00 元

中国经济出版社　**网址**　http://epc.sinopec.com/epc/　**社址**　北京市东城区安定门外大街 58 号　**邮编**　100011

本版图书如存在印装质量问题，请与本社销售中心联系调换（联系电话：010-57512564）

序 | Order

凯恩斯（John Maynard Keynes）于1936年出版了《就业、利息和货币通论》（以下简称《通论》），这本书被认为是现代宏观经济学的奠基之作，也被认为是经济学的“凯恩斯革命”的标志。1998年，凯恩斯被美国经济学会评选为20世纪最有影响力的经济学家。

1978年，我在北京大学攻读经济学硕士学位时，曾在我国著名的凯恩斯经济学研究专家樊弘教授指导下研读凯恩斯《通论》，当时觉得非常晦涩难懂，只能理解其中的一些基本思想。在我的整个学术生涯里，由于教学和研究的需要，我曾不断翻阅过凯恩斯《通论》的部分内容。在凯恩斯《通论》出版近90年后的今天，我之所以重读这本书，主要想探讨一下它产生了什么样的历史影响，能否经得起逻辑和实践的检验，在经济思想史中处于什么地位。

凯恩斯的学生、英国经济学者罗宾逊（Austin Robinson）在1947年出版的《凯恩斯传》中曾经写道：“我们目前距离梅纳德·凯恩斯的时代还太近，难以对他冷静地加以评价，也难以毫无成见地说出他在伟大人物的行列里究竟占有怎样崇高的位置。随着时间的推移，人们会对他作出比较正确的评价，但那应该是我们后代的任务。”①到现在，近90年的时间已经足够长了，我准备基于逻辑和事实，“毫无成见”地去做罗宾逊所提出的这项研究工作。

应该指出的是，凯恩斯经济学与凯恩斯主义经济学是不同的概念，凯恩斯经济学是凯恩斯本人的经济学，主要体现在凯恩斯的代表作——《通论》上。凯恩斯主义经济学是凯恩斯学派的经济学，也就是凯恩斯以后的经济学家对凯恩斯经济学的继承和发展而形成的经济学。本书讨论的是凯恩斯经济学，不是

---

① 奥斯汀·罗宾逊：《凯恩斯传》，滕茂桐译，北京：商务印书馆，1980，第3页。

凯恩斯主义经济学。

经济问题总是争论不休的，何况凯恩斯还是一位重要的历史人物，对凯恩斯《通论》的讨论肯定带来不少争议。英国经济学者罗宾逊夫人（Joan Robinson）曾经说过："经济学的争论之所以不得消停，不是因为经济学家一定比其他人更不理智，更容易耍脾气，而是因为涉及的议题具有强烈的感情色彩。"[①] 按照我的理解，罗宾逊夫人说的"感情色彩"是指意识形态、价值取向或者学派之见。

在经济学界，对于任何经济问题的讨论，许多人习惯于以意识形态、价值取向或者学派之见划界。我认为，经济问题包括两种类型：一类是实证问题，即表达事物是什么的问题；另一类是规范问题，即表达事物应该是什么的问题。对于规范问题，各人尽可以基于自己的价值观表达自己的价值取向。但是，对于实证问题，在没有得到事实验证以前，应该进行逻辑检验，不合逻辑的经济理论，不是正确的经济理论；经过逻辑检验以后，应该进行事实检验，没有得到事实验证的经济理论，还不是正确的经济理论。这就是说，在讨论实证经济问题时，应该尊重事实，以事实为根据。我对凯恩斯《通论》的研究，将把实证经济问题和规范经济问题分开，主要讨论其中的实证问题，实事求是地对凯恩斯的《通论》作出评价。

正如凯恩斯《就业、利息和货币通论》的书名所显示的，凯恩斯在这本著作中主要研究了就业、利息和货币三大问题。凯恩斯对总收入问题和就业问题的研究都是基于他的有效需求理论，然而总收入问题与就业问题毕竟是不同的问题。另外，凯恩斯货币理论与利息率理论相互联系，他认为利息率由货币供给和需求决定，利息率是货币供给对经济影响的传递机制，但是利息率理论和货币理论毕竟是不同的理论。因此，我的这本书将分为"凯恩斯革命"、有效需求理论、就业理论、利息率理论、货币理论共五篇，来重读凯恩斯的《通论》。

在讨论凯恩斯的每个经济理论时，我首先用凯恩斯的原话简要阐述凯恩斯经济理论的要点，接着说明凯恩斯学派经济学者对凯恩斯经济理论的解释和发展，然后探讨凯恩斯理论在逻辑上是否存在问题，在事实或实践上能否经得起

① 琼·罗宾逊：《就业理论导论》，陈明衡译，北京：商务印书馆，2018，第 94 页。

检验。如果有必要，我将基于凯恩斯的经济理论，结合凯恩斯的前人和后人的研究成果，提出我自己与各人有所不同的经济理论。

研究凯恩斯《通论》的文献很多，有以赞扬的立场研究的，也有以批评的眼光分析的，我试图以不带主观倾向的态度来探讨凯恩斯经济学。

本著作适合于专业经济学者阅读，也适合于具备一定宏观经济学基础的人士阅读，尤其适合于担任宏观经济学教学任务的大学教师以及正在学习宏观经济学的本科生和研究生阅读。人们可以从这本书中了解各种宏观经济理论的发展脉络，以及背后隐藏的许多故事。

凯恩斯《通论》的晦涩难懂是经济学界公认的，我在重读凯恩斯《通论》过程中难免出现理解上的错误，欢迎读者批评指正。

本书的出版得到北京市世界经济重点学科建设经费的支持，在此表示衷心感谢。

李　翀

2024 年 9 月于北京京师园

目录 | Contents

第三篇 凯恩斯的就业理论

第四篇 凯恩斯的利息率理论

第五篇 凯恩斯的货币理论

第一篇

“凯恩斯革命”

第一章 “凯恩斯革命”的历史背景

第一节 “凯恩斯革命”的经济背景

一、凯恩斯的人生轨迹

1883 年 6 月 5 日，凯恩斯（John Maynard Keynes）出生在英国剑桥大学的所在地英格兰剑桥市，他的父亲约翰·尼维尔·凯恩斯（John Neville Keynes）毕业于剑桥大学，曾担任剑桥大学的研究员和高级职员。他的母亲佛洛伦丝·艾达·凯恩斯（Florence Ada Keynes）也毕业于剑桥大学，曾担任过剑桥市参议员、市长。

1897 年，凯恩斯获得奖学金进入号称英国“精英摇篮”的伊顿公学（Eton College），主修数学。1902 年，凯恩斯获得数学及古典文学奖学金，进入剑桥大学国王学院学习，主修数学。后来，凯恩斯决定参加英国文官考试，并为了应试在 1905 年选修经济学。凯恩斯曾听过英国大名鼎鼎的经济学者马歇尔（Alfred Marshall）的经济学课程。据说，至今学校保存着的一份凯恩斯的试卷中还有马歇尔的批语：“这是很有说服力的答案。深信你今后的发展前途，决不会仅止于一个经济学家而已。如果你能成为那样一个经济学家，我深感欣慰。”①

1906 年，凯恩斯以第二名的成绩通过英国文官考试，被分派到印度事务

① 奥斯汀·罗宾逊：《凯恩斯传》，滕茂桐译，北京：商务印书馆，1980，第 17 页。

部。据说，凯恩斯和他的父母都没有预料到，他能够以第二名的成绩通过英国文官考试。然而，令凯恩斯更没有预料到的是各个科目的考试成绩，英文、逻辑、心理、政治科目均为优秀，哲学是良好，他主修的数学的分数还低于哲学，而经济学则是分数最低的。关于经济学科目的考试成绩，凯恩斯有点耿耿于怀，他曾说过考试官员也许还不如他懂得多。①

1908 年，马歇尔邀请凯恩斯到剑桥大学担任经济学讲师，但凯恩斯还忙于政府事务。1909 年，马歇尔退休，马歇尔的学生庇古（Arthur Cecil Pigou）接替他担任政治经济学教授职务。这时，凯恩斯终于接受了剑桥大学的邀请，辞去印度事务部的职务，返回剑桥任教。庇古接替马歇尔讲授“经济学原理”，凯恩斯接替庇古讲授“货币经济学”。

1909 年，凯恩斯以一篇关于概率论的论文入选剑桥大学国王学院院士，又以一篇关于指数的论文获亚当·斯密奖。1911 年，在马歇尔的推荐下，年仅 28 岁的凯恩斯出任《经济季刊》（*The Economic Journal*）主编。

1914 年，第一次世界大战爆发，凯恩斯应征到英国财政部工作，主管外汇管制、美国贷款等对外财务工作。1918 年，凯恩斯担任财政部执行秘书长，相当于财政大臣助理的官阶。1919 年初，凯恩斯作为英国财政部首席代表出席巴黎和会。1919 年 6 月，凯恩斯因对赔偿委员会有关德国战败赔偿及其疆界划分的建议愤愤不平，辞去巴黎和会代表职务，返回剑桥大学任教。

但这时的凯恩斯希望不仅从事大学的教学和研究工作，而且能够从事实际金融工作。于是，凯恩斯与校方协商，每学期只教授一门课，以便他到伦敦金融界寻找发展机会。1919 年 9 月，凯恩斯担任“全国互助人寿保险公司”（National Mutual Life Insurance Company）董事会成员，1921 年出任该保险公司董事长，并一直担任该职到 1938 年。

凯恩斯从 1919 年开始从事外汇投资。1920 年 5 月，凯恩斯投资一个称为“辛迪加”的外汇产品失败，亏损达到 22575 英镑。但凯恩斯没有气馁，很快东山再起。到 1922 年 12 月，凯恩斯不仅还清了因投资“辛迪加”失败欠下的债务，净资产也已经达到 21000 英镑。后来，凯恩斯又涉足证券和大宗商品投资，

① 奥斯汀·罗宾逊:《凯恩斯传》，滕茂桐译，北京：商务印书馆，1980，第 17 页。

虽然不断遭遇挫折，但总体获得成功。到 1945 年，凯恩斯的个人净资产已经达到 411283 英镑。①

与此同时，凯恩斯在剑桥大学为三年级学生开设《货币学》课程，常有一些研究生和年青教师前来听课。凯恩斯的讲授通常分为两个部分：经济理论的阐述和实际问题的讨论。凯恩斯经常在课堂上发表自己的见解，甚至是不成熟的见解，然后听取学生的反馈意见。正是教学与研究相互促进，教师与学生相互探讨，使凯恩斯相继写下了《货币改革论》《货币论》《就业、利息和货币通论》等著作。

在 1909 年到剑桥大学担任经济学讲师的时候，凯恩斯就组织过“政治经济学讨论会”。他从校内挑选十余位优秀的学生，每周一晚上开展讨论。年青的大学教师，不论是否从事经济学研究，都可参加。在讨论会上，首先由学生提出论文，接着与会者对论文发表意见。在 1919 年重返剑桥大学任教以后，凯恩斯又重新组织起了“政治经济学讨论会”，剑桥大学的奥斯汀·罗宾逊（Austin-Robinson）、牛津大学的哈罗德（Roy Forbes Harrod）等后来成名的经济学者，都曾经参加过凯恩斯主持的讨论会。

凯恩斯积极参与政治活动，经常发表政论。他在 1929 年被聘为“麦克米兰金融与产业委员会”委员，接着又被聘为内阁总理“经济顾问委员会”委员。1940 年，凯恩斯担任不属于政府官员的财政部顾问，参与第二次世界大战英国各项财政金融问题的决策。在凯恩斯的倡议下，英国政府开始编制国民收入统计，为政府经济政策的制定提供统计数据支持。

凯恩斯于 1929 年入选英国科学院院士，1942 年被晋封为勋爵。1944 年 7 月，凯恩斯率领英国政府代表团出席布雷顿森林会议，并成为国际货币基金组织和国际复兴与开发银行（世界银行）的英国理事。在 1946 年 3 月召开的国际货币基金组织和世界银行第一次会议上，凯恩斯当选为世界银行第一任总裁。

1946 年 4 月 21 日，凯恩斯因心脏病突发，在英格兰南部索塞克斯郡（Sussex）的家中逝世，享年 63 岁。

---

① 约翰·梅纳德·凯恩斯：《凯恩斯文集》（下卷），李春荣等译，北京：中国社会科学出版社，2013，第 254、256、259 页。

从凯恩斯的经历可以看到，凯恩斯长期从事实际经济工作和经济理论研究，既是一个实践型的经济学者，也是一个学者型的政府官员，或者是学者型的实际经济工作者。正因如此，凯恩斯敏锐地发现，在新的历史条件下，传统经济学已经不能解释宏观经济现象和解决宏观经济问题，因而需要创立一种新的经济学说，于是发起了“凯恩斯革命”。

二、金本位制的解体

英国是世界上最早建立资本主义制度的国家，也是人类社会工业革命的发源地。在凯恩斯酝酿《通论》思想的时候，英国发生了两个对凯恩斯有深刻影响的重大事件：英国金本位制的解体和 1929 ~ 1933 年的经济大萧条。

英国是最早实行金币本位制的国家。1696 年 1 月，英国议会通过了《整治王国货币混乱状况法案》。时年 53 岁的大名鼎鼎的物理学家牛顿（Isaac Newton）于 1696 年 5 月开始主持货币重铸工作，并于 1699 年出任英国铸币局局长。在牛顿任职期间，每盎司黄金的价格固定在 3 英镑 17 先令 10 又 1/2 便士。① 1696 ~ 1699 年的英国货币重铸，为英国金本位制的建立进行了初步尝试。

1816 年 5 月，英国议会通过了《银币重铸和管理王国内金币和银币法案》，以法律形式正式确立了金本位制。因此，这个法案在历史上被称为《金本位制法案》。按照《金本位制法案》，英国重铸金币，新铸造的金币名为“沙弗林”（sovereign）。沙弗林用纯度为 91.67％的标准黄金铸造，重量为 123.27447 格令②，即 1 沙弗林 =1 英镑。这样，英国政府正式建立了英镑与黄金的平价，沙弗林金币成为英国的货币基础。另外，《金本位制法案》还规定，1 磅（金衡制）白银的成色为 11 盎司 8 本尼威特纯银，③ 1 磅（金衡制）银币的铸造费用由原来的 62 先令改为 66 先令，其中 4 先令是铸币税。为了抑制银币的流失，英国政府规定，法定银币在一次性支付中不得超过 40 先令。

---

① 1 英镑 =20 先令，1 先令 =12 便士。

② 1 格令 = 0.06479891 克。

③ 在金衡制中，1 磅 =12 盎司，1 盎司 =20 本尼威特。

1914 年 7 月，第一次世界大战爆发。包括英国在内的各个交战国政府竞相发行纸币，英国政府停止金币流通，停止英镑兑换黄金。

1918 年 1 月，即第一次世界大战结束前夕，以英国中央银行英格兰银行总裁坎利夫（Walter Cunliffe）为首的“坎利夫委员会”（The Cunliffe Committee），向政府提交了一份关于战后货币重建的报告，明确提出应在战后恢复金本位制。但对于是否恢复战前英镑与黄金的平价的问题，在英国国内引起很大的争议。如果恢复到战前英镑与黄金的平价，可以维持英镑的信誉以及英镑作为世界货币的地位，英格兰银行仍可在世界范围内获得“铸币税”，英国政府仍在国际货币体系中担任领导角色。但是，英镑的币值已经被高估，恢复到战前英镑与黄金的平价有可能对英国的出口造成不利影响，从而对英国经济的恢复以及高失业率的降低造成不利影响，甚至可能造成英格兰银行黄金储备的流失。

1920 年，诺曼（Montagu Norman）就任英格兰银行总裁，成为当时全球最具有影响力的金融人物。诺曼是坚定的金本位支持者。在他看来，英国的强势地位是建立在黄金的基础之上的，他认为英国必须把黄金与英镑的平价恢复到战前水平，以维护英镑的信誉。

凯恩斯反对恢复金本位制，他在 1924 年出版的《货币改革略论》中指出：“金本位现在已经是野蛮遗风的残余了。……现在所主要注意的是该如何保持企业、物价和就业的稳定，当这些选择使我们陷入两难之境时，我们绝不会刻意牺牲任何一个方面来迁就那过时的教条，那种东西过去曾值每盎司 3 英镑 17 先令 10.5 便士，又何必理会。那些主张恢复金本位制度的人们没有观察到，这个制度离我们的时代精神和时代要求相去已经何其之远，一种在管理之下的非金属本位制度，已经在人们不注意的时候悄然溜了进来。这种本位制度已经赫然成为事实。”凯恩斯还指出：“我以为，价格、信贷和就业的稳定方才是重中之重，而对于那已然过时良久的金本位制度，我却毫无信心，它过去确也曾对经济形势的稳定有所贡献，然而，时过境迁，一切都不同了，这一制度在今天是否仍然能够略有微劳，我表示怀疑，因此，我反对恢复战前那种金本位制度。”①

① 约翰·梅纳德·凯恩斯：《货币改革略论》，李井奎译，北京：中国人民大学出版社，2017，第 152、155 页。

1924 年 11 月，诺曼的好朋友鲍德温（Stanley Baldwin）领导的保守党政府上台，并任命丘吉尔（Winston Churchill）为财政大臣。在诺曼的推动和游说以及在首相的压力之下，丘吉尔最终采用了诺曼的建议。

1925 年 4 月，丘吉尔决定恢复金本位制，并恢复战前英镑与黄金的平价，将英镑和美元的汇率恢复至 1 ：4.86 金的平价水平。同年 5 月，英国议会通过《1925 年金本位法案》，并经英国国王签署后生效。但《1925 年金本位法案》并没有完全恢复战前的金币本位制，而是实行金块本位制。尽管黄金与英镑的兑换比例仍然是 1 盎司黄金等于 3 英镑 17 先令 10.5 便士，但是黄金已经不再流通，金币不能自由铸造和熔化，英格兰银行只对价值超过 400 盎司黄金的纸币进行黄金兑换。

在实行金块本位制后的 1926 年，英国政府面临的问题是资本流入。当时，英国的利息率相对较高，外国资本特别是法国资本流入英国，使英国的金块本位制得到支持。但到 1927 年，这一情况发生逆转，英国政府就不得不面对资本外流的压力。

1930 年，英国政府召集麦克米伦委员会（The Macmillan Committee）成员开会，听取各方关于金融与产业形势的意见。该委员会是英国首相麦克唐纳（James Ramsay MacDonald）于 1929 年建立的，苏格兰法官麦克米伦（Lord Macmillan）担任主席，成员包括银行家和经济学家，凯恩斯是成员之一。凯恩斯当时的观点和大多数经济学者一样，反对英镑贬值。

1931 年以后，经济大萧条导致的金融动荡对英镑产生了强烈冲击。1931 年 5 月，奥地利最大的商业银行奥地利信贷银行（Credit–Anstalt）宣布破产，而英国在这家银行至少有 500 万英镑的存款。7 月，德国最大的银行之一达姆施塔特银行（Darmstadter）倒闭，该银行无法偿还约 7000 万英镑的英国贷款。7 月 15 日，英镑对美元和法郎的兑换比率迅速贬值。从 7 月 13 日到 8 月 1 日，在短短两周半时间里，英格兰银行流失了价值 3300 万英镑的黄金、价值 2100 万英镑的外汇。

1931 年 7 月 23 日，英格兰银行把贴现率提高 1 个百分点，以吸引外国资本流入英国，但没有效果。7 月 30 日，英格兰银行不得不把贴现率又提高 1 个百分点，但仍然没有效果。8 月 24 日，英格兰银行为了维持英镑汇率稳定，一天卖出了价值 1200 英镑的外汇，创下单日干预外汇市场的最高历史纪录。9 月 18 日和 19 日，英格兰银行的黄金储备再次大量流失。1931 年 9 月 21 日，英国政府正式宣布废除金块本位制。

英国政府废除金块本位制以后，英镑成为信用货币。英镑已经没有任何资产作为保证，而是以英国政府的信用作为保证。金本位制度到信用货币制度的转变，使凯恩斯能够在新的货币制度下研究货币问题。凯恩斯的货币理论，就是在这样的历史背景下产生的。

三、20 世纪 30 年代经济大萧条

17 世纪 40 年代，英国发生了资产阶级革命，从封建主义社会逐渐进入资本主义社会。以蒸汽机的发明为标志，18 世纪 60 年代的英国发生了工业革命，社会生产力迅速发展。随着资本主义走向成熟，英国发生了生产过剩的经济危机。1788 年、1793 年、1797 年，英国纺织业出现生产过剩。但是，这三次经济危机是单个产业的经济危机，还不是整个经济的经济危机。

1825 年，英国发生了真正意义上的生产过剩经济危机，这也是资本主义历史上第一次爆发生产过剩的经济危机。从 1925 年秋天开始，英国工商企业破产事件不断发生。1825 年 10 月到 1826 年 10 月，英国共有 3549 家企业破产。这两年间，英国有 70 多家银行破产。英国的这次生产过剩的经济危机波及所有工业部门，纺织业尤为严重。从此以后，英国不断发生周期性的生产过剩经济危机。①

但是，英国周期性的生产过剩的经济危机并没有引起英国主流经济学者们的关注，这些经济危机被解读为偶然发生的事件。马克思有一段话说得很尖锐：“1830 年，最终决定一切的危机发生了。法国和英国的资产阶级夺得了政权。从那时起，阶级斗争在实践方面和理论方面采取了日益鲜明的和带有威胁性的形式。它敲响了科学的资产阶级经济学的丧钟。现在问题不再是这个或那个原

① 高德步等:《世界经济史》(第 5 版)，北京：中国人民大学出版社，2022，第 227-228 页。

理是否正确，而是它对资本有利还是有害，方便还是不方便，违背警章还是不违背警章。不偏不倚的研究让位于豢养的文丐的争斗，公正无私的科学探讨让位于辩护士的坏心恶意。”[①] 虽然马克思的批评十分严厉，但反映了当时主流经济学的状态：论证资本主义经济的和谐和完美。

1929 年，资本主义世界终于爆发了一场前所未有的经济大萧条。这场大萧条是从美国股票市场价格暴跌开始的。1929 年 10 月 29 日，人们在纽约证券交易所疯狂抛售股票，当天 50 种主要股票的价格几乎下跌了 40%。美国股票市场价格暴跌既是已经出现的美国生产过剩的体现，也是对未来美国经济前景堪忧的信号。接着，美国工业生产收缩，失业迅速恶化，爆发了严重的生产过剩的经济危机。美国的经济危机迅速扩展到整个资本主义世界，导致了一场空前的世界性经济大萧条。1929 年到 1933 年，整个资本主义世界商品价格暴跌，工业生产下降了 40%，国际贸易额萎缩到 1919 年的水平，全失业和半失业人数高达 4500 万。1929 年到 1932 年，美国全失业率分别是 12.0%、21.0%、26.0%、32.0%，英国全失业率分别是 8.2%、11.8%、16.7%、17.6%。

面对这场经济大萧条，任何尊重客观事实的经济学者都会严肃思考：资本主义经济真的像新古典经济学描述得那样和谐和完美吗？凯恩斯就是这样一位尊重客观事实的经济学者。正如美国经济学者克莱因（Lawrence R. Klein）在 1947 年出版的《凯恩斯的革命》中所指的：“凯恩斯只是在经历了几年世界经济大恐慌之后，方始能够与若干标准的学说决裂。”[②]

第二节 “凯恩斯革命”的思想历程

一、作为新古典学派的凯恩斯

凯恩斯在剑桥大学学习和任教，深受剑桥大学的学术传统的影响。凯恩斯

① 马克思：《资本论》第1卷,《马克思恩格斯全集》第23卷，北京：人民出版社，1972，第 17 页。

② 劳伦斯 · 克莱因：《凯恩斯的革命》，薛蕃康译，北京：商务印书馆，2021，第 4 页。

的老师马歇尔就是新古典学派的主要代表人物。①

克莱因在 1947 年出版的《凯恩斯的革命》一书中，曾在第一章“作为古典经济学家的凯恩斯”，论证了凯恩斯在很长的一段时期里是接受新古典经济学的经济学者。克莱因所提出的系列论据如下：

第一，凯恩斯 1911 年在《经济杂志》发表了一篇关于美国经济学者费雪（Irving Fisher）《货币的购买力》一书的书评，他认为自李嘉图（David Ricardo）以来，英国的货币理论的最好著述，就是马歇尔在金银委员会和印度货币委员会的作证，这说明他认可以马歇尔为代表的新古典学派的货币思想。

第二，凯恩斯在 1913 年出版的《印度的货币与财政》中，运用新古典学派的分析方法，提出印度应该采用金汇兑本位制，以保持印度货币的稳定。

第三，凯恩斯在 1919 年出版的《和约的经济后果》中，表现出他对英国在第一次世界大战以前的那一段经济时期的怀念。凯恩斯认为，尽管资本主义收入分配存在固有的不均等，但可以通过高水平的投资来实现资本存量的增长。

第四，凯恩斯在 20 世纪 20 年代发生的关于英国是否恢复金本位制的争论中，一直明确指出国内价格稳定比货币汇率稳定更重要。因此，他反对恢复战前的金本位制，反对恢复战前的英镑与黄金的平价，这与马歇尔重视国内价格水平稳定的思想是一致的。

第五，凯恩斯在 1924 年出版的《货币改革略论》中，提出了一个货币数量公式：$n=p(k+rk')$（n 表示现金数量，p 表示价格水平，k 表示公众以现金持有的消费单位数，r 表示银行对活期存款支付的利率，k' 表示公众以活期持有的消费单位数）。凯恩斯在该公式的附注中表示，他的阐述参考了庇古在 1917 年 11 月《经济学季刊》发表的论文以及马歇尔在 1923 年出版的著作《货币、信用与商业》。

第六，凯恩斯在 1924 年出版《货币改革略论》以后，便开始了《货币论》的著述。“《货币论》乃是一本新古典经济学的著作，它以两个重要的和著名的理论为其基础：第一个理论是商业循环理论……。第二个理论认为利率是在均

① 在经济学界，通常把李嘉图以及以前的主流经济学称为古典学派，把李嘉图以后的主流经济学派称为新古典学派。

衡状态中由储蓄与投资的方程式所决定。”凯恩斯的《货币论》于 1930 年出版，是凯恩斯《通论》出版前的最后一部重要著作。①

我认为，克莱因的评论是客观的。在撰写《通论》以前，凯恩斯属于新古典学派经济学家。

20 世纪 30 年代初期，曾经发生过哈耶克与凯恩斯的争论。哈耶克（Friedrich August von Hayek）是出生于奥地利的英国经济学者，他以主张经济自由主义著称，而凯恩斯则以主张政府干预经济著称。因此，人们想象中的哈耶克与凯恩斯之争，是经济自由主义和政府干预经济之争。但是，这场争论是由哈耶克对凯恩斯的《货币论》质疑开始的，是围绕着凯恩斯《货币论》展开的争论。

哈耶克在 1931 年 8 月的英国伦敦经济学院学报《经济学刊》上发表了题为《对凯恩斯先生货币纯理论的思考》的文章，对凯恩斯的《货币论》提出尖锐的批评。凯恩斯随后在同年 11 月号的《经济学刊》发表了题为《对哈耶克博士的回复》的文章，对哈耶克的批评进行激烈的反驳。经过几个来回的争论，到了 1931 年 2 月，凯恩斯不再回应哈耶克的质疑。接着，出生于意大利的英国经济学者、凯恩斯在剑桥大学的年轻同事斯拉法（Piero Sraffa）加入争论，这场争论一直持续到 1932 年初。1932 年 3 月，凯恩斯给哈耶克写信道：“我尝试重塑、改善我的中心立场。我想，打发时间的话，这恐怕是一种比争论更好的方式。”②

但值得注意的是，凯恩斯在 1926 年 6 月发表了题为《自由放任主义的终结》的演讲，表明他开始思考政府在经济中的作用的问题。

凯恩斯指出：“让我们来把那些时常作为自由放任主义所得以建立的抽象或一般的原则进行一下澄清。认为个人在他们的经济活动中按照某种说教那样享

① 劳伦斯 · 克莱因：《凯恩斯的革命》，薛蕃康译，北京：商务印书馆，2021，第4–35页。

② Friedrich August von Hayek, Collected Works, Vol.9: Contra Keynes and Cambridge, Duke University Press，p.173. 转引自尼古拉斯 · 韦普肖特：《凯恩斯大战哈耶克》，闾佳译，北京：机械工业出版社，2013，第 112–113 页。该书的英文原名是：*Keynes Hayek: The Clash that Defined Modern Economics*，原书名的中文直译应该是：《凯恩斯和哈耶克：阐述现代经济学的冲突》。

有‘自然自由’，这种看法并不正确。……那种认为私人利益和社会利益总是能够彼此达成一致的看法，也并没有根据可言，上天可不是这样来统治世界的。而认为这两种利益实际上彼此一致，这个说法也不真确，下界凡间也不是这么来管理这个社会的。……因此，我们不能在一些抽象的基础上来判定哪些属于政府职责范围，哪些该由个人自己来行裁决之事，而是应该具体地根据各自的优长来加以界定这种责任的划分范围。”

凯恩斯还指出：“由于在同样的原因之下，大企业往往成为风险分布下的侥幸产物，带来财富分配程度上的巨大不平等。这些因素也是造成工人失业、企业合理的预期遭受挫折以及生产效能受到削弱的原因。然而，要使这些现象得到矫正，却不是个人活动所能办到的。不但如此，甚至由于个人的利害关系，从而造成病态的恶化。我认为，对于这些问题进行补救的方法，部分在于中央机构对通货与信贷的审慎控制，部分在于将与企业情况有关的资料大规模地加以收集并进行传布，如果有其必要的话可以用法律来规定……”①

二、凯恩斯的思想转变

导致凯恩斯与新古典学派经济学决裂的是 20 世纪 30 年代资本主义世界的经济大萧条。实际上，英国进入资本主义成熟时期以后，以生产过剩为特征的经济危机已经周期性发生。尽管马克思早在 1867 年出版的《资本论》中论证了资本主义生产过剩经济危机发生的必然性，但是由于英国经济危机的程度还不是很严重，新古典学派的整体学术倾向是论证资本主义经济的和谐和完美，因此经济危机的发生没有引起新古典学派经济学家们的注意，也没有引起凯恩斯的注意。1929 年资本主义世界大萧条的爆发，导致对经济现实比较敏感的凯恩斯的思想开始发生转变。

1929 年 3 月 1 日，英国自由党领袖乔治（Lloyd George）在自由党首相候选人的午餐聚会上宣布一项承诺，如果自由党执政，将通过建造公共工程的方法把当时可怕的失业人数削减到正常水平。凯恩斯和亨德森（Hubert D.

① 约翰·梅纳德·凯恩斯:《通往繁荣之路》，李井奎译，北京：中国人民大学出版社，2016，第 66、69 页。

Henderson）于 1929 年 5 月 11 日发布了题为《劳合·乔治能够做到吗？》的小册子，论证了乔治承诺的理论基础。

凯恩斯和亨德森指出："扩张计划每年支出 1 亿英镑，就可以使 50 万人重新回到工作岗位。从比例上看，这笔支出与因失业年复一年累积起来的损失和耗费相比，并不是那么大……总而言之，这是一个非常谨慎的计划。有人认为，这个计划杀鸡用了牛刀，需要医治的创伤并不怎么严重，而所用的手段却牵涉到了极大的危险。事实恰恰相反，所需要担负的风险是微不足道的，而所要挽救的却是一场极为可怕的灾难。"①

从凯恩斯这段话可以看到，凯恩斯开始意识到，依靠资本主义市场经济体制的自行调节，是难以解决失业问题的。因此，政府应该对私人经济进行干预，通过建造公共工程增加就业，使商业和工业得到继续发展。

1929 年下半年，麦克米伦委员会开始起草向议会提交的《财政及工业委员会报告》，即著名的《麦克米伦报告》，凯恩斯是该委员会的委员。该报告在附录中提出了三个应对经济危机的方法：第一，降低薪金与工资；第二，控制进口，帮助出口；第三，政府对私人企业及投资提供帮助。据称，只有凯恩斯和另外三位委员完全支持这三个方法。这份报告于 1931 年 3 月正式提交给议会。②

1931 年 1 月，凯恩斯撰写了广播演讲稿，后发表在 1931 年 1 月 1 日的《听众》杂志上。他在演讲中批评节俭这个古典的美德，提出在投资机会很少时，认为大额的储蓄可以由投资抵消的看法是错误的。凯恩斯主张主妇应该多花钱，政府应该增加公共工程支出。另外，凯恩斯还反对新古典学派自由贸易的主张，他认为在严重失业的情况下，自由贸易并不有利，他主张"买英国货"，采取关税保护政策。③

在这个阶段，凯恩斯主要考虑英国的实际经济问题。面对着英国的经济

① 凯恩斯：《劳合·乔治能够做到吗？》，载《凯恩斯劝说集》，李井奎译，北京：中国人民大学出版社，2016，第 66 页。

② 劳伦斯·克莱因：《凯恩斯的革命》，薛蕃康译，北京：商务印书馆，2021，第38–39页。

③ 凯恩斯：《劳埃德·乔治办得到吗？》，载《凯恩斯劝说集》，蔡受百译，北京：商务印书馆，1962，第 148 页。

大萧条以及由此带来的严重失业，凯恩斯思考的是可以采取什么方法来对付大萧条和缓解失业，他还没有意识到对实践问题的思考将会带来经济学的变革。

这个时候，英国经济学界在酝酿新的经济思想。1931 年 6 月，英国经济学者卡恩（Richard Ferdinand Kahn）在 1931 年第 6 期《经济季刊》发表了题为《国内投资与失业的关系》的文章，提出了政府支出的乘数效应。卡恩是凯恩斯的学生，他在研究凯恩斯和汉德逊提出的政府举办公共工程的主张时，发现了乘数效应。卡恩指出，政府对公共工程支出的一部分是以工资的形式支付给工人，工人把增加的收入的大部分用于消费，厂商将增加消费品的生产，从而会增加就业。工人就业的增加又导致收入增加，并且会一直持续下去，政府支出会产生倍数的影响。① 虽然卡恩的乘数效应是对政府政策的论证，但是他表达了一种新的经济思想：在经济衰退的情况下，总需求是不足的，增加总需求会具有乘数效应。

1933 年秋季，英国经济学者罗宾逊夫人（Joan Robinson）在《经济研究评论》第 1 卷第 1 期发表了一篇题为《货币理论及产量分析》的文章。虽然罗宾逊夫人在这篇论文中声称她仅对凯恩斯的《货币论》进行解释，但实际上已经超越了凯恩斯《货币论》的思想。凯恩斯在《货币论》中把产量看作是既定的，罗宾逊夫人则是研究产量的变化。以至于克莱因发出感慨：“罗宾逊夫人对于主人实在过于豁达大度，她实际上是写了《就业、利息和货币通论》真正重要部分的说明之一，而且写得明了透彻。”②

在凯恩斯新思想形成的过程中，凯恩斯的学生和同事起了很大的帮助作用。当时剑桥大学有一个由青年经济学者组成的“剑桥园地”，这是一个相对封闭的学术社团。卡恩是这个学术社团的主持人，主要成员有琼·罗宾逊（Joan Robinson）、琼·罗宾逊的丈夫奥斯汀·罗宾逊、斯拉法（Piero Sraffa）、米德（James E. Meade）等人。“剑桥园地”从 1930 年起定期组织学术讨论，评议凯

① Richard P. Kahn, The Relation of Home Investment to Unemployment, Economic Journal, 1931（6）.

② 劳伦斯·克莱因：《凯恩斯的革命》，薛蕃康译，北京：商务印书馆，2021，第 44 页。

恩斯写的文稿。①当“剑桥园地”的成员的看法与凯恩斯的看法不同时，他们会直言不讳地提出批评。②凯恩斯在《通论》前言中曾经这样写道：“撰写这样一本独辟蹊径的书的作者，要想避免出现过多的错误，必须虚心接受来自各个方面的批评并多与别人对话。一个人若是独自冥思太久，即使是极其可笑的思想，也会一时深信不疑……”③

凯恩斯大约从 1932 年开始整理《通论》的思路和撰写《通论》的手稿。他在 1932 年夏季学期每周一上午给剑桥大学的学生开设系列讲座，讲座的主题是“纯粹的货币理论”。据说前来听课的人很多，不仅是学生，还有教师和访问学者。到了秋季学期，凯恩斯继续开设系列讲座，讲座的题目改为“生产的货币理论”。当时作为加拿大多伦多大学访问研究生的塔尔希斯（L. Tarshis）曾听过凯恩斯的系列讲座，他回忆说：“1932 年 10 月的这些话，凯恩斯……实际上宣告了凯恩斯革命拉开了序幕。”④

凯恩斯在《通论》前言中曾经这样表达他的思想转变过程：“本书的写作对作者来说是一个长期挣扎过程，一个挣扎着摆脱传统的思想模式与表达模式的束缚的过程。……我们大多数人都是在旧思想熏陶下成长起来的，旧思想已经进入到我们心灵的深处。所以说，现在的困难并不在于新思想本身，而在于摆脱旧思想。”⑤

① 约翰·伊特韦尔等：《新帕尔格罗夫经济学大辞典》（第三卷），北京：经济科学出版社，1992，第 1 页。

② 尼古拉斯·韦普肖特：《凯恩斯大战哈耶克》，闾佳译，北京：机械工业出版社，2013，第 102–104 页。

③ 约翰·梅纳德·凯恩斯：《就业、利息和货币通论》，宋韵声译，北京：华夏出版社，2012，第 2–3 页。

④ L. Tarshis, “The Keynesian Revolution: What It Meat in the 1930s” , unpublished typescript, quoted in Skidelsky, John Maynard Keynes, Vol.2: Economist as Savior, p. 460. 转引自尼古拉斯·韦普肖特：《凯恩斯大战哈耶克》，闾佳译，北京：机械工业出版社，2013，第 107 页。

⑤ 约翰·梅纳德·凯恩斯：《就业、利息和货币通论》，宋韵声译，北京：华夏出版社，2012，前言第 3 页。

三、凯恩斯《通论》的出版

1933 年 6 月，国际联盟举办的世界经济会议在伦敦召开，66 个国家代表参加会议。凯恩斯希望以他的思想影响各国政府的经济决策，于是主动向《泰晤士报》编辑提出为该报撰写系列文章。1933 年 3 月，《泰晤士报》连续发表了四篇凯恩斯的文章，该系列文章后来由凯恩斯取名为《通往繁荣之路》正式出版。

凯恩斯对传统经济学的思维方式提出批评：“还有一些人，他们坚持认为，勤奋工作、持久忍耐、朴素节俭、改善经营方式、更加谨慎地从事银行业务，以及最为首要的，避免一切事先的设计，方才是走出困境的唯一通途。然而，我只怕这些人们的大货车永远也没有办法顺利通行了。”凯恩斯明确提出了应对经济萧条的方法：“公共工程所需要的物资和交通运输条件也创造了就业岗位。……如果这些新的支出是追加的，……就业的增加就不会到此为止。……那些被雇用来从事新增资本生产的工人们会增加对商品的购买量，而为了满足这些新增商品的购买量而雇用来的新增劳动力，会进而扩大开销，购买更多的商品，而这又会进一步增加其他行业的就业岗位，如此类推，以至无穷。……我自己的估计是，这一乘数至少应当有 2 这么多。……为保险起见，我们还是姑且把这个乘数的数值取为$1\frac{1}{2}$好了。”①

从凯恩斯《通往繁荣之路》的内容可以看出，他后来在《通论》中表述的某些核心思想，在这个时候已经变得比较清晰了。

凯恩斯在《通论》的写作过程中，不断把初稿校样交给他在剑桥大学的学生和同事，以及他的朋友、英国牛津大学的哈罗德征求意见。卡恩是凯恩斯信赖的学生和同事，他在回忆参与凯恩斯《通论》校样修改时写道：“我的书面贡献——不是口头上说说而已——写在校样的白边上。这种笔记有时是略作修改的意见，有时则是提醒凯恩斯和我应当对所示段落加以讨论，或是订正印刷错

---

① 约翰·梅纳德·凯恩斯：《通往繁荣之路》，李井奎译，北京：中国人民大学出版社，2016，第 115–116 、118–120 页。

误。”[①] 哈罗德也回忆说，自己对每批书稿的评语“由激情、强烈的钦佩，以及对凯恩斯巨大成就的仰慕感所构成，但也孜孜不倦地想在某些方面转换他的观点”。[②]

凯恩斯在《通论》前言写道：“在本书的写作过程中，我得到卡恩先生的建议和建设性批评，这可能比我在写作《货币论》时得到的帮助还要多。罗宾逊夫人、霍特里先生和哈罗德先生读过我全部手稿，并给予了很大的帮助。”[③]

1936 年 2 月 4 日，凯恩斯的《通论》正式出版。由于凯恩斯的事前宣传工作做得极为出色，读者们期待着这本书的问世，书一出版便被一抢而空。或许凯恩斯的思考还不是十分透彻，或许是新的思想的出现总是如此，经济学者们读了凯恩斯的《通论》以后，有一个共同感觉：晦涩难懂和思想新颖。

出生于加拿大的美国经济学者加尔布雷思（John Kenneth Galbraith）对凯恩斯的《通论》发表了下述意见：“与凯恩斯其他所有作品不同，这本书十分模糊。如果它不是这样，经济学家们不必围绕着他的意思和目的展开争论，它也不会有这么大的影响力。经济学家最擅长回应模糊和相关谜题了。”[④]

美国经济学者萨缪尔森（Paul A. Samuelson）对凯恩斯《通论》的评论是：“这本书写得不好，组织糟糕……它傲慢、脾气暴躁、好辩，在致谢部分又表现得不够慷慨大度。它充满了子虚乌有和混乱的东西……闪耀的洞察力和直觉散布在单调乏味的代数里。尴尬的定义会突然之间过渡成令人难忘的华彩乐章。等终于掌握了它，我们发现它的分析显而易见又完全新鲜。总之，这是一本天

① Richard P. Kahn, the Making of Keynes General Theory(Cambridge: Cambridge University Press, 1984), p.177. 转引自尼古拉斯 · 韦普肖特:《凯恩斯大战哈耶克》，闫佳译，北京：机械工业出版社，2013，第 104 页。

② Roy Forbes Harrod，The Life of John Maynard Keynes Macmillan(London,1952), p.452. 转引自尼古拉斯 · 韦普肖特:《凯恩斯大战哈耶克》，闫佳译，北京：机械工业出版社，2013，第 102 页。

③ 约翰 · 梅纳德 · 凯恩斯:《就业、利息和货币通论》，宋韵声译，北京：华夏出版社，2012，前言第 3 页。

④ John Kenneth Galbraith, “General Keynes”，New York Review of Books, November 22, 1983. 转引自尼古拉斯 · 韦普肖特:《凯恩斯大战哈耶克》，闫佳译，北京：机械工业出版社，2013，第 119 页。

才之作。”①

凯恩斯在《通论》出版以前就给哈耶克寄去了预印本，他希望哈耶克在《通论》出版的时候能够发表评论，他知道即使是批评性的评论也有助于提高《通论》的销售量。但是，哈耶克选择了沉默。曾邀请凯恩斯到剑桥大学任教的庇古，则在 1936 年 5 月的《经济学刊》发表了题为《凯恩斯先生的〈就业、利息和货币通论〉》”的评论文章，对凯恩斯的《通论》提出了批评：“凯恩斯的论点是如此模糊，读者无法确定他确切想要表达什么。他论述的力量……更不必说他生动的措辞，让他成为《每日邮报》重要的投稿人……可这一回，怎么竟连和他同一个专业的同事几乎都无法理解这位作者了呢？”② 在这篇书评中，庇古一丝不苟地对凯恩斯“流动性偏好”等原创概念提出质疑。

但是，凯恩斯《通论》的出版，点燃了英国和美国年轻经济学者们的热情，对凯恩斯《通论》的赞扬声淹没了质疑声。

1978 年我在北京大学攻读经济学硕士学位的时候，第一次阅读凯恩斯的《通论》，当时觉得晦涩难懂，大部分内容读不懂。在我讲授了 40 年“宏观经济学”课程以后的今天，重读凯恩斯的《通论》，仍然觉得十分晦涩，但似乎读懂了。

我认为凯恩斯的《通论》结构不够分明，表述不够清楚，存在不少逻辑问题，原因也许是凯恩斯对相关理论的思考还不透彻。但相对于新古典经济学而言，凯恩斯《通论》有重大的理论创新，这是没有疑问的。

---

① Paul A. Samuelson, The Collected Scientific Papers of Paul A. Samuelson, Vol. 2, Joseph E. Stiglitz, ed. (Cambridge, Mass：MIT Press, 1966）,p.1521. 转引自尼古拉斯·韦普肖特：《凯恩斯大战哈耶克》，闾佳译，北京：机械工业出版社，2013，第 119 页。

② Arthur Cecil Pigou, “Mr. J. M. Keynes’ General Theory of Employment, Interest and money,” Economica (New Series), Vol. 3, No. 10, May 1936, pp. 115–132. 转引自尼古拉斯·韦普肖特：《凯恩斯大战哈耶克》，闾佳译，北京：机械工业出版社，2013，第 140–141 页。

第二章 “凯恩斯革命”的内容

第一节 凯恩斯的新思想

一、凯恩斯《通论》表述的创新内容

我之所以对“凯恩斯革命”一词使用引号，是因为这是西方经济学界的说法。所谓“凯恩斯革命”，是指凯恩斯与新古典学派经济学决裂，并提出了不同于新古典学派的经济理论。凯恩斯把新古典学派称为古典学派，他在《就业、利息和货币通论》的第一章就作了说明。他所说的“古典学派”不仅是指李嘉图及以前的经济学派，还包括李嘉图以后的经济学派。[①] 这实际上就把经济学界所称的古典学派和新古典学派统称为“古典学派”了。但是，凯恩斯在论述古典学派的时候，经常使用“经典学派”的表述。

按照凯恩斯本人在《通论》的表述，“凯恩斯革命”主要包括下述内容：

第一，古典学派经济学只适用于特殊情形。凯恩斯指出：“古典理论的前提只适用于某种特殊情况，而不适用于一般情况。它所假定的情形只是各种可能的均衡位置的极点，而且古典理论所假定的特殊状态的特征恰恰不符合我们实际生活于其中的经济社会的特征。如果我们企图将它应用到实践中，结果势必成为一种误导，甚至造成灾难。”[②]

---

① 约翰·梅纳德·凯恩斯:《就业、利息和货币通论》，宋韵声译，北京：华夏出版社，2012，第3页。

② 约翰·梅纳德·凯恩斯:《就业、利息和货币通论》，宋韵声译，北京：华夏出版社，2012，第4页。

第二，古典学派经济学没有非自愿性失业概念。凯恩斯认为，古典学派的就业理论建立在两个假设上：第一个假设是工资等于劳动力的边际产出，第二个假设是工资的效用等于既定就业量的边际负效用。凯恩斯指出：基于这两个假设，在古典经济学的失业类型中，“‘摩擦性’失业与‘自愿性’失业包括了所有类型的失业。在古典学派的基本假设之下，不可能再有第三种类型的失业了，也就是说不存在我在下面就要讲到的‘非自愿性’的失业。”①

第三，古典学派关于供给创造需求的命题不能成立。凯恩斯指出：“自从萨伊和李嘉图时代以来，经典学派的经济学家们都在谆谆教导我们：供给创造出它自己的需求。他们说这句话的意思，大概是想表明全部生产成本必然直接或间接地用在购买该产品上，但是他们毕竟没有说清楚，这句话到底是什么意思。”“仅仅是有效需求不足的存在，就足以甚至经常使就业量的增长在达到充分就业水平之前停止。”②

第四，古典学派关于经济自然走向繁荣的看法不能成立。凯恩斯指出：“传统经济学理论向来以乐观著称于世……并教导人们说：‘只要听其自然，一切都会在这个世界上以最好的形式向最好的方向发展。’这种盲目乐观的态度，我认为是由于他们忽略了一点：有效需求不足可以妨碍经济繁荣。如果一个社会的运行，完全像经典学派经济学家所设想的那样，那么社会资源的就业量显然有走向最适度水平的自然趋势。经典学派的理论也许代表了我们对经济体制运行方式的期望。然而，要是经济体制果真这样运行起来，那也就等于把我们所要研究的问题都假定不存在了。”③

第五，古典学派自由放任的主张是不对的。凯恩斯指出：“‘举债支出’虽然是‘浪费’，但在得失相抵消之后可使一个社会致富。如果我们的政治家们由于受到古典学派经济学的影响太大，想不出更好的办法，那么建造金字塔、地

① 约翰·梅纳德·凯恩斯：《就业、利息和货币通论》，宋韵声译，北京：华夏出版社，2012，第5-6页。

② 约翰·梅纳德·凯恩斯：《就业、利息和货币通论》，宋韵声译，北京：华夏出版社，2012，第15、24页。

③ 约翰·梅纳德·凯恩斯：《就业、利息和货币通论》，宋韵声译，北京：华夏出版社，2012，第26页。

震甚至战争都可以起着增加财富的作用。……当人的‘致富’之道应用于国家行为上时，失业就会成为不可避免的结果。而这种私人的‘致富’之道不过使私人能积累起来大量的他们并不想在任何时候享用的财富。”①

第六，古典学派的利息率理论是错误的。凯恩斯指出：“传统的看法认为利息率是使投资需求与储蓄意向趋向均衡的因素。投资表示对投资资源的需求，储蓄表示资源的供给，而利息率是使投资资源的需求与供给趋向相等的价格。”“这个理论的荒谬之处是显而易见的，其原因在于，假设收入不变，与假设两条曲线之一可以自己移动而不影响另一条曲线是矛盾的。在一般情况下，两条曲线之一移动，收入就会有变化。”

因此凯恩斯提出他的利息率理论：如果用 M 表示货币供给量，用 M_1 表示满足交易和谨慎动机的货币需求量，用 M_2 表示满足投机动机的货币需求量，用 Y 表示收入水平，用 r 表示利息率，可以得到等式 $M = M_1 + M_2 = L_1(Y) + L_2(r)$。凯恩斯写道：“假设 M 的改变要首先改变 r，而 r 的改变将导致一部分 M_2 的变动和一部分由 Y 的变化引起的 M_1 的变动的新的均衡。”② 凯恩斯正是以这种方式解决古典学派忽略收入的问题。

第七，古典学派的就业理论存在缺陷。凯恩斯指出：“当庇古教授讨论‘失业原因’时，同我一样，也提到了需求状况的波动，但他把需求状况与对劳动的需求函数等同起来，而忘记了按照他的这一定义，后者的含义是多么狭窄。……庇古教授在他的分析中完全忽略了一个不稳定的因素，即投资量的波动，而这一因素往往就是就业量波动的最基本原因。”凯恩斯还指出：“当有效需求不足时，就会引起劳动者的就业不足。”③

上面归纳的是凯恩斯在批评古典学派理论的时候提出了自己的经济理论。实际上，凯恩斯的创新不仅表现在这些地方，他在阐述自己的经济理论时也表

---

① 约翰·梅纳德·凯恩斯：《就业、利息和货币通论》，宋韵声译，北京：华夏出版社，2012，第 99、101 页。

② 约翰·梅纳德·凯恩斯：《就业、利息和货币通论》，宋韵声译，北京：华夏出版社，2012，第 135、138、155 页。

③ 约翰·梅纳德·凯恩斯：《就业、利息和货币通论》，宋韵声译，北京：华夏出版社，2012，第 214–215、223 页。

现出不同于古典学派经济学的新思想。正因如此，凯恩斯被认为在经济学界发起了一场“革命”。

二、关于“萨伊定律”说法的质疑

在论及“凯恩斯革命”的许多著作中，往往提及“凯恩斯革命”否定了萨伊定律，即供给创造它自己的需求的定律。在萨伊的著作中，真的存在这个定律吗？

克莱因在 1947 年出版的《凯恩斯革命》中指出：“正像马尔萨斯在萨伊定律（即供给创造它自己的需求）的问题上和正统的古典学派发生了长期的争论一样，凯恩斯在和正统派的同时代人争论同一问题上表白了他自己的见解。”但是，克莱因没有用萨伊本人的论述来证明是否存在萨伊定律，而是用泰勒（Fred M. Taylor）所著教科书《经济学原理》的论述来说明——“引起 20 世纪 30 年代主要争论的萨伊定律，在泰勒的《经济学原理》中曾有非常好的说明，许多有名的经济学家无疑都读过此书。”①

汉森（Alvin Hansen）在 1953 年出版的《凯恩斯学说指南》中也提到“萨伊定律”，他指出：“萨伊定律是自由交换经济的写实。它既怀有这种思想，便启发了下列真理，即需求的主要来源是：从生产过程本身产生的生产要素收入的流转。……新的生产过程，由于支付给它所雇用的生产要素以收入，在增加供给的同时，产生了需求。”② 如果这就是对“萨伊定律”的理解，我认为萨伊没有错，社会生产在创造供给的同时当然也在创造需求，问题在于是否能够自行创造与供给相等的需求，从而保持总供给和总需求相等。

凯恩斯本人对“供给自行创造需求”的含义作出明确的界定：“‘供给自创需求’这句话是在说：不论 N 取何值，即不论产量和就业在怎么样的水平上，$f(N)$（指总需求价格——本书作者注）和 $\Phi(N)$（指总供给价格——本书作者注）总是相等。而且，当 N 增加，$Z[\Phi(N)]$ 增加时，$D[f(N)]$ 也必然与 Z

① 劳伦斯 · 克莱因：《凯恩斯的革命》，薛蕃康译，北京：商务印书馆，2021，第 49 页。

② 汉森：《凯恩斯学说指南》，徐宗士译，北京：商务出版社，1963，第 11 页。

作同量增加。”①

凯恩斯在《通论》中并没有提及“萨伊定律”。凯恩斯的原话是：“自从萨伊和李嘉图时代以来，经典学派的经济学家们都在谆谆教导我们：供给创造它自己的需求。”② 他在解释这个命题时，采用的是英国经济学者穆勒（John Stuart Mill）在他的《政治经济学原理》中的表述：“凡是用来购买商品的，只是商品。……从字面意义来讲，所有卖者必然是买者。”③“萨伊定律”的叫法起源于克莱因的《凯恩斯的革命》。

我查阅了萨伊（Jean-Baptiste Say）于 1803 年出版的代表作《政治经济学概论》，萨伊在《政治经济学概论》中是这样说的：“在以产品换钱、钱换产品的两道交换过程中，货币只一瞬间起作用。当交易最后结束时，我们将发觉交易总是以一种货物交换另一种货物。……也许有人要问，如果情况确是这样，何以市场有时货物充斥无法脱售呢？……我的回答是，某一种货物所以过剩，是因为它的供给超过需求。它的供给所以超过需求，则因为它生产太多，或因为别的产品生产过少。”

萨伊还指出：“如果一个国家处在繁盛状态，国民再生产总量必定超过国民消费总量。所消费的产品已经履行了它的任务，而这任务乃是它自然地适当地应尽的任务。但尽管这样，这种消费毕竟没有给别的产品开辟销路，而却闭塞销路。”④

由此可见，萨伊确实认为货币起瞬间的作用，交易总是以一种货物交换另一种货物。但萨伊并没有把“交易总是以一种货物交换另一种货物”绝对化为“供给自行创造需求”，否则他应该否认局部生产过剩的发生。应该注意的是，

① 约翰·梅纳德·凯恩斯：《就业、利息和货币通论》，宋韵声译，北京：华夏出版社，2012，第 21 页。

② 约翰·梅纳德·凯恩斯：《就业、利息和货币通论》，宋韵声译，北京：华夏出版社，2012，第 15 页。

③ 约翰·梅纳德·凯恩斯：《就业、利息和货币通论》，宋韵声译，北京：华夏出版社，2012，第 15 页。

④ 萨伊：《政治经济学概论》，陈福生等译，北京：商务印书馆，1982，第 144-145 页、第 150 页。

“交易总是以一种货物交换另一种货物”的表达有两重意思：一是卖就是买，二是买就是卖。如果根据“卖就是买”就断定萨伊认为供给自行创造需求，那么根据“买就是卖”是否就可以断定萨伊认为需求自行创造供给？我认为，问题的重点不在于供给是否创造需求，供给肯定可以创造需求，问题重点在于供给能否自行创造与之始终相等的需求，资本主义经济是否会出现一般的生产过剩。

马克思指出了萨伊的问题所在：“有一种最愚蠢不过的教条：商品流通必然造成买和卖的平衡，因为每一次卖同时就是买，反过来也是一样。……没有人买，也就没有人能卖。但谁也不会因为自己已经卖，就得马上买。流通所以能够打破产品交换的时间、空间和个人的限制，正是因为它把这里存在的换出自己的劳动产品和换进别人的劳动产品这二者之间的直接的同一性，分裂成卖和买这二者之间的对立。……因此，这些形式包含着危机的可能性，但仅仅是可能性。”①

我认为，萨伊的看法存在三个问题：第一，萨伊的前提是“当交易最后结束时”，这时买自然就是卖，卖自然就是买，但萨伊并没有考虑许多商品到最后也没能卖出去的情形，所以“交易总是以一种货物交换另一种货物”解释不了宏观经济中的供给和需求的平衡。第二，正如马克思指出的，萨伊没有看到在采用货币进行交换的情况下买和卖行为分离的可能性。当一部分人卖出商品得到货币以后不买进商品时，另 部分人的商品就可能卖不出去。第三，当总供给与总需求不平衡时，市场价格机制的作用并不能使总供给和总需求迅速恢复平衡，否则就不会发生生产过剩的经济危机了。在现实的资本主义经济中，总供给和总需求的不平衡会逐渐积累，然后通过一场经济危机来恢复平衡。

穆勒是经济思想史上的第一位经济理论综合者，他综合当时各种经济学说，于 1848 年出版了在世界范围内流行的经济学教科书——《政治经济学原理》。从凯恩斯引用的穆勒的话可以看到，穆勒强调了萨伊所说的“总是以一种货物交换另一种货物”中“卖就是买”这一面。因此，经济学界所称的“萨伊定律”改为“穆勒定律”可能更为合适。然而，不论怎么称呼这个定律，

① 马克思：《资本论》第1卷,《马克思恩格斯全集》第23卷，北京：人民出版社，1972，第 132–133 页。

凯恩斯对新古典学派的批评是对的：在现实的经济中，通过市场的自行调节未必能够实现充分就业条件下总收入的均衡，小于充分就业的总收入的均衡是经常存在的。

第二节 “凯恩斯革命”的影响

一、“凯恩斯革命”在经济学界的影响

1. 凯恩斯经济学的传播

凯恩斯的《通论》传到大西洋彼岸的美国以后，首先在哈佛大学引起反响。加尔布雷思记录了凯恩斯《通论》传到哈佛大学校园的情景，他写道：“《通论》立刻吸引了所有 35 岁以下的经济学家，就像一种病毒触抵南海某个孤立的岛民部落，它的毒力出人意料，让所有人都得了病。……但 50 岁以上的经济学家，则对这种疾病表现出相当强的免疫力。”① 他还写道：“白天教授的仍然是老派经济学，但到了晚上，从 1936 年开始的几乎每一天晚上，几乎每一个人都在讨论凯恩斯。”② 凯恩斯的《通论》影响了一批美国年轻的经济学者，萨缪尔森和托宾（James Tobin）就是其中的佼佼者。

汉森于 1937 年到哈佛大学任教时已经 50 岁，他是一位新古典学派的经济学家。汉森最初对凯恩斯的《通论》产生过怀疑，但很快就成为凯恩斯思想的支持者和传播者。汉森在哈佛大学公共管理研究生院举办凯恩斯经济学的讲座，前来听讲座的不仅有学生，还有政府官员。据加尔布雷思回忆：“学生人数经常多得挤到了大厅里。你会觉得，这是当时全国最重要的事情了，……官员们把

---

① Paul A. Samuelson in Robert Lekachman, ed. Keynes' General Theory: Reports of Three Decades(St. Martin's Press, 1964), pp. 315–316. 转引自尼古拉斯 · 韦普肖特：《凯恩斯大战哈耶克》，闫佳译，北京：机械工业出版社，2013，第 135 页。

② Keynes, Essays on John Maynard Keynes, ed. Milo Keynes(Cambridge: Cambridge University Press, 1988), p.136. 转引自尼古拉斯 · 韦普肖特：《凯恩斯大战哈耶克》，闫佳译，北京：机械工业出版社，2013，第 136 页。

汉森的想法甚至他的信念，都带回了华盛顿。”①

凯恩斯经济学在美国得到广泛传播，一批美国经济学者对凯恩斯经济学进行阐释、补充和发展，形成了美国的凯恩斯学派，主要代表人物是汉森、萨缪尔森、托宾等经济学者。萨缪尔森于1948年出版了《经济学》(第1版)，他在这本教科书中忽略了新古典经济学，主要介绍凯恩斯主义。1955年，萨缪尔森在出版《经济学》第3版的时候，把以马歇尔为代表的新古典经济学和以凯恩斯为代表的凯恩斯主义经济学综合在一起，并把这个理论体系称为“新古典综合”(Neo-classical synthesis)，经济学界因此把美国的凯恩斯学派称为“新古典综合派”。1970年，萨缪尔森在出版《经济学》第8版的时候，使用了“后凯恩斯主流经济学”的提法，经济学界又把“新古典综合派”的经济学称为“后凯恩斯主流经济学”(Post- Keynesian mainstream economics)。到2014年，萨缪尔森的《经济学》出版了19版，成为具有世界性影响的经济学教科书。

英国是凯恩斯的故乡，剑桥大学是孕育“凯恩斯革命”的地方，由剑桥大学的凯恩斯的支持者们形成的凯恩斯学派，被称为新剑桥学派，从而与以马歇尔为代表的剑桥学派相区别。新剑桥学派的主要代表人物有罗宾逊夫人、斯拉法、卡尔多(Nicholas Kaldor)等。在美国的凯恩斯学派形成以后，为了与之相区别，经济学界把新剑桥学派称为英国的凯恩斯学派。在萨缪尔森把“新古典综合派”的经济学称为“后凯恩斯主流经济学”以后，经济学界又把英国凯恩斯学派的经济学称为后凯恩斯主义经济学(Post -Keynesian economics)。

2. 对“凯恩斯革命”的评价

关于“凯恩斯革命”，经济学者们从不同角度给予了各种评价。

英国经济学者希克斯(John R. Hicks)在1936年6月号的《经济季刊》发表了关于凯恩斯《通论》的书评——《凯恩斯先生的就业理论》，他指出：“应用预期方法也许是本书最富有革命性的事。”②

① John Kenneth Galbraith，The Essential Galbraith, ed. Andrea D. Williams(Boston:Mariner Books, 2001), p.242. 转引自尼古拉斯·韦普肖特：《凯恩斯大战哈耶克》，闾佳译，北京：机械工业出版社，2013，第136页。

② 转引自汉森：《凯恩斯学说指南》，徐宗士译，北京：商务印书馆，1965，第45页。

罗宾逊在 1947 年出版的《凯恩斯传》中指出:“他在分析方法上的主要贡献,是在《通论》出版以后。我觉得,‘储蓄与投资’的全部关系可以视作分析方法;在某种意义上,大多数经济学家现在思考就业不足问题时就是应用这个分析方法。”罗宾逊还指出:“他的伟大处可以从三个不同方面考察。首先,他重新把学术上的经济分析研究和行政上的具体经济问题结合在一起,而当时,至少在英国,这二者是有背道而驰的倾向。……其次,凯恩斯把经济学上的分析方法和统计法结合起来,融为一体,他比英国同时代的任何人都更为突出。……第三,也是最重要的一点,……凯恩斯坚决主张,我们应该有一种‘通’论,不仅在充分(或近似充分)就业情况下有效,同时也在失业情况下有效。”①

克莱因在 1947 年出版的《凯恩斯的革命》中的评论是:“凯恩斯的革命的贡献是什么?……凯恩斯的革命发展了有效需求理论,即决定整个产量水平的理论。主要的经济问题有两个——获得充分就业的问题和在充分就业的经济中分配资源的问题。凯恩斯曾说明就业水平如何得以决定,从而提供了着手解决第一个问题的理论。……凯恩斯经济学的中心问题和整个体系的运行相关,而大多数经济理论仅涉及单个家庭和厂商的行为。……用现代经济学的术语来说,这是一个从微观经济学过渡到宏观经济学,即集总的问题。”②

罗宾逊夫人于 1972 年在英国科学促进协会发表了题为《凯恩斯革命的结果如何》的演讲,她认为,“凯恩斯革命”是经济学方法论的根本转变。罗宾逊夫人在演讲中指出:“从理论方面来说,其革命性在于从均衡观转向历史观;在于从理性选择原理转向推测或传统基础上的决策问题。……一旦我们承认经济是有时间性的,而历史是单向地从过去向未知的未来前进的,那么被喻为像钟摆来回摆动的均衡观就站不住脚了。我们需要对整个传统经济学进行重新考虑。”③

---

① 奥斯汀·罗宾逊:《凯恩斯传》,滕茂桐译,北京:商务印书馆,1980,第 52–53 页。

② 劳伦斯·克莱因:《凯恩斯的革命》,薛蕃康译,北京:商务印书馆,2021,第 62–63 页。

③ 琼·罗宾逊:《凯恩斯以后》,林敬贤译,北京:商务印书馆,2015,第 6、8 页。

但是，并非所有的经济学者都对“凯恩斯革命”发表赞美之词。例如，曾担任过美国经济学会副会长、美国总统经济顾问委员会主席、《美国经济评论》编辑的阿克利（Gardner Ackley）指出：“我们应该认识到，凯恩斯并不总是古典学派分析的一位公正的批评家，他也不曾充分了解他自己的思想同他以前的一套思想的关系。特别是，他有时以革命者自居，其实他还差得远哩。在任何特定一套假设的事实下，他的模型也许会作出和古典学派模型不大相同的预言；然而最好把它看成是他的前辈的宏观经济思想的扩充和改进，而不是一种替代。他对古典学派作者的逻辑错误的指责有一部分显然是不公平的，至少在对古典学派体系进行同情的解释时是这样。”①

在西方经济学界中，多数经济学者认为凯恩斯的研究成果开创了现代宏观经济学的研究，因此他也被多数人称为现代宏观经济学的奠基者。应该指出的是，在凯恩斯出版《通论》的时候，在俄国出生的美国经济学者库兹涅茨（Simon Smith Kuznets）正在从事国民收入核算的研究。1934 年，库兹涅茨向美国国会提交了《国民收入：1929—1932》的报告②，分析了国民收入的概念和构成。

凯恩斯要在理论上研究国民收入的变化，就要了解国民收入的构成。尽管凯恩斯在多大程度上参考了库兹涅茨的研究成果不得而知，但是凯恩斯的研究和库兹涅茨的研究存在密切的关系。如果用生物学的术语来比喻凯恩斯和库兹涅茨的研究，那么凯恩斯从事的是生理学的研究，而库兹涅茨进行的是解剖学的研究。如果没有库兹涅茨的国民收入核算，凯恩斯的现代宏观经济学难以应用于现实经济。因此，在西方经济学界，也有部分经济学者把凯恩斯和库兹涅茨一起称为现代宏观经济学的奠基者。

在凯恩斯逝世 50 多年之后，在 1998 年的美国经济学会年会上，经过 150 名经济学家的投票，凯恩斯被评为 20 世纪最有影响力的经济学家。

---

① 加德纳·阿克利：《宏观经济理论》，陈彪如译，上海：上海译文出版社，1981，第 447 页。

② Simon Smith Kuznets, National Income,1929-1932, Senate Document No. 124, 73rd Congress, 2nd Season, Washington DC, Government Printing Office.

3. 凯恩斯主义的兴衰

第二次世界大战结束以后的 30 年，凯恩斯经济学在世界范围内得到广泛传播。美国和英国的凯恩斯学派不断对凯恩斯经济学进行诠释、补充和发展，使凯恩斯经济学逐步演变为凯恩斯主义经济学，并成为主要资本主义国家的主流经济学。在 20 世纪 60 年代，凯恩斯主义经济学达到鼎盛状态。

20 世纪 70 年代，主要资本主义国家普遍发生了停滞膨胀：一方面经济停滞不前，另一方面价格水平不断上升。停滞膨胀对凯恩斯经济学与凯恩斯主义经济学发出挑战：按照凯恩斯经济学与凯恩斯主义经济学，经济停滞是总需求不足造成的，通货膨胀是总需求过度造成的，由于总需求不足和总需求过度不可能并存，经济停滞和通货膨胀不可能并存。

在这种情况下，罗宾逊夫人于 1971 年 12 月 27 日在美国经济学会发表了题为《经济理论的第二次危机》的演讲，她认为经济理论的第一次危机是新古典经济学的危机，第二次危机是凯恩斯主义经济学的危机。她指出："经济理论的第二次危机是同第一次危机紧密联系的。因为没有对维持无通货膨胀的接近充分就业的问题作出解答，所以第一次危机未能得到解决。"①

在这种情况下，货币学派等经济自由主义学派崛起。1974 年和 1976 年，瑞典皇家科学院分别把诺贝尔经济学奖授予奥地利学派的经济自由主义经济学者哈耶克和货币学派的经济自由主义经济学者弗里德曼。部分凯恩斯主义经济学者在坚持凯恩斯经济学基本思想的同时，试图构建凯恩斯主义宏观经济学的微观经济基础，形成了新凯恩斯主义经济学（New Keynesian Economics）。部分从货币学派分离出来的理性预期学派经济学者，则从新古典学派的微观经济学出发去研究宏观经济问题，形成了新古典宏观经济学（New Classical Macroeconomics）。

20 世纪 70 年代以后是各种经济学派林立的时期，凯恩斯主义经济学不再是公认的主流经济学，但也没有哪个学派的经济学说能够取代凯恩斯主义经济学成

① Joan Robinson, The Second Crisis of Economic Theory, *American Economic Review,* May 1972. 转引自《现代国外经济学论文选》（第 1 辑），胡代光译，北京：商务印书馆，1979，第 16 页。

为主流经济学。在作为世界经济中心的美国，流行的经济学说主要是新古典综合学派的经济学、货币学派经济学、新凯恩斯主义经济学、新古典宏观经济学。

4. 凯恩斯经济学是萧条经济学吗?

由于凯恩斯在《通论》中主要研究了“小于充分就业的均衡”，凯恩斯《通论》出版以后，部分经济学者认为凯恩斯经济学是“萧条经济学”，即主要研究经济萧条状态的经济学。在凯恩斯《通论》发表数十年后，经济学界仍存在凯恩斯经济学是“萧条经济学”的说法。

克莱因在 1947 年出版的《凯恩斯的革命》中，曾经批评过这种看法。克莱因指出：“凯恩斯的分析方法不只是应用于灾难深重的三十年代才产生有用的结果。在最近的战争和战后时期中，甚至在未来的年代中，我们都可以看到这一新的方法的应用会产生结果。……无论如何，我们必须理解，凯恩斯经济学不仅承认充分就业或就业过度的方程式的适当的答案，而且也承认无数的就业不足为方程式的适当的答案。”①

我认为，克莱因的看法是对的。凯恩斯经济学产生于 20 世纪 30 年代经济大萧条时代，但并非只适用于经济大萧条。凯恩斯认可在“充分就业”条件下新古典经济学的适用性，他只是更加关注“小于充分就业的均衡”条件下的宏观经济学运行情况。因此，凯恩斯研究“小于充分就业均衡”所得到的理论，也可应用于正常情况下的实际经济运行分析。

二、“凯恩斯革命”对政府经济决策的影响

1. 在第二次世界大战之前和之中对政府决策的影响

当英国经济学界还在为是否通过政府举办公共工程来减少失业而争论不休的时候，美国政府已经付诸行动。罗斯福（Franklin Delano Roosevelt）于 1933 年 3 月担任美国总统以后，先后采取了一系列克服经济萧条的措施，史称“罗斯福新政”（The New Deal）。“罗斯福新政”包括多项措施，如整顿银行、复兴工业、调整农业、以工代赈、建立社会保障体系等，其中以工代赈是指政府投资

---

① 劳伦斯·克莱因：《凯恩斯的革命》，薛蕃康译，北京：商务印书馆，2021，第 163-164 页。

建设基础设施工程，受赈济者参加工程建设获得劳动报酬，以此取代直接向受赈济者提供救济。

凯恩斯的《通论》是 1936 年出版的，但凯恩斯在 1929 年 5 月发表的《劳埃德·乔治办得到吗》中已经提出政府举办公共工程以减少失业的主张，凯恩斯的思想在多大程度上影响罗斯福政府的经济决策？历史资料表明，当时美国政府的决策主要受到美国经济学者的影响。英国经济学者斯奇德尔斯基（Robert Skidelsky）曾经发表了一篇题为《凯恩斯革命的接受》的论文，他指出：除了 20 世纪 30 年代内的瑞典的“试验”，美国的“试验”也是不以凯恩斯理论为依据的“凯恩斯式”的政策范式之一。[①]

在罗斯福就任美国总统以后，凯恩斯曾把他的《通往繁荣之路》寄给罗斯福，并给罗斯福写了一封信。凯恩斯在信中对罗斯福总统表示致敬以后，质疑美国国会 1933 年 6 月通过的《全国工业复兴法》：《全国工业复兴法》在本质上是改革，多有可能阻碍复兴。凯恩斯建议罗斯福采用建造公共工程的方法，他写道：“我坚定不移地强调，政府可以通过贷款，而不是对现有收入收税的方式来提高支出，增加全国购买力。”[②]

罗斯福没有直接给凯恩斯回信，而是写了一封信给凯恩斯的朋友、哈佛大学行政学教授弗兰克福特（Felix Frankfurter）：“你可以告诉教授（指凯恩斯——本书作者注），在公共工程方面，我们在财政年应花的钱当为这个财年的近 2 倍，但政府借贷有实际限制。尤其是因为大多数金融中心的银行消极抵抗。”[③] 后来，在弗兰克福特的安排下，1934 年 5 月 28 日，罗斯福在总统办公室会见了凯恩斯。

---

① 斯奇德尔斯基：凯恩斯革命的接受，载米洛·凯恩斯：《关于约翰·梅纳德·凯恩斯的论文集》，剑桥：剑桥大学出版社，1975. 转引自胡代光等：《凯恩斯主义的发展和演变》，北京：清华大学出版社，2004，第 8 页。

② Keynes' Letter, New Time, December 31, 1933. 转引自尼古拉斯·韦普肖特：《凯恩斯大战哈耶克》，闾佳译，北京：机械工业出版社，2013，第 128–129 页。

③ Keynes, Essays on John Maynard Keynes, ed. Milo Keynes (Cambridge:Cambridge University Press, 1988), p.249. 转引自尼古拉斯·韦普肖特：《凯恩斯大战哈耶克》，闾佳译，北京：机械工业出版社，2013，第 129 页。

在凯恩斯《通论》出版一年多以后，发生了第二次世界大战。1942 年，英国丘吉尔政府提出“充分就业是国家需要履行的责任”；1945 年，美国国会通过《充分就业法》；同年，澳大利亚科廷政府发布政府工作报告《澳大利亚充分就业》；如此等等。凯恩斯关于政府应该履行增加就业职责的主张得到广泛接受。

2. 第二次世界大战之后对政府决策的影响

在第二次世界大战结束前夕，1944 年 5 月，英国政府发布了《就业政策白皮书》，声称政府在战后应以维持高度和稳定的就业水平为主要目标和责任。尽管凯恩斯没有参与白皮书的起草，但白皮书体现了凯恩斯促进就业的思想。同年，瑞典政府、加拿大政府、澳大利亚政府相继发表公告，决定把充分就业作为政府在战后的施政纲领。

第二次世界大战结束以后，1946 年 1 月，美国国会通过了《就业法案》。该法案提出，促进就业、生产和购买力达到最高限度，乃是联邦政府的持续政策和职责。如果说“罗斯福新政”是特殊时期政府的临时政策，那么美国《就业法案》的通过，意味着促进就业成为美国政府的长期政策。“政府有责任促进充分就业”，是主要资本主义国家经济政策史上的一个转折点，标志着凯恩斯经济学成为主要资本主义国家的政府制定经济政策的依据。从此以后，主要资本主义国家的政府基本遵循凯恩斯的政策主张，采用赤字财政的方法，对经济进行干预，以保持经济的稳定。

美国在第二次世界大战以后成为世界经济的中心。以二战后的美国为例，来考察一下“凯恩斯革命”对主要资本主义国家政府决策的影响。

杜鲁门（Harry S. Truman）是二战后的第一任美国总统，任职时间是 1945 ~ 1953 年。时任总统经济顾问委员会主席的凯泽林（Leon H. Keyserling）是凯恩斯政策主张的支持者，而杜鲁门则对赤字财政政策持怀疑态度。杜鲁门曾经对凯泽林说：“谁也不能叫我相信，政府能把还没弄到手的钱给花出去。我就是个乡巴佬而已。”① 但是，接着发生的朝鲜战争改变了杜鲁门的看法，他不

① Jerry N. Hess, Oral history interview with Leon Keyserling, Washington, D.C. May 10, 1971, Harry S. Truman Library, National Archives and Records Administration,p.7. 转引自尼古拉斯 · 韦普肖特：《凯恩斯大战哈耶克》，闾佳译，北京：机械工业出版社，2013，第 190 页。

再考虑预算平衡的问题，政府支出迅速增加。

艾森豪威尔（Dwight David Eisenhower）是二战后的第二任美国总统，任职时间是 1953 ~ 1961 年。时任总统经济顾问委员会主席的伯恩斯（Arthur Burns）是偏保守的经济学者，但他仍然主张政府有责任促进经济发展。在 1954 年发生经济衰退时，艾森豪威尔政府以预算赤字的方式刺激经济。在接下来的任期里，艾森豪威尔政府以与苏联竞争为由，不断扩大政府支出。

肯尼迪（John Fitzgerald Kennedy）是二战后的第三任美国总统，任职时间是 1961 ~ 1963 年。肯尼迪是凯恩斯政策主张的信奉者，他身边的智囊们也是凯恩斯主义经济学者。1961 年，以赫勒（Walter W. Helle）为主席的总统经济顾问委员会提出了"潜在国民生产总值水平上的预算平衡"的财政政策指导原则。

所谓"潜在国民生产总值"，是指在失业率为 4% 的条件下，所生产的国民生产总值，也被称为充分就业的国民生产总值。所谓"潜在国民生产总值水平上的预算平衡"，是指只要实际的国民生产总值低于潜在国民生产总值，就应该使用扩张性的财政政策来刺激经济，只要在潜在国民生产总值水平上达到预算平衡就可以了。

1963 年肯尼迪遇刺身亡，副总统约翰逊（Lyndon Baines Johnson）接任总统职位，成为二战后的第四任美国总统，任职时间是 1963 ~ 1969 年。约翰逊表示将全面继承肯尼迪的政治遗产，坚定不移地实行凯恩斯的政策主张，以政府干预经济的方法来维持经济稳定发展。另外，约翰逊还表示要消除贫困和种族不平等，实现"伟大的社会"。约翰逊的任职时期是美国经济处于繁荣的时期，也是凯恩斯经济学的鼎盛时期。

尼克松（Richard Milhous Nixon）是二战后的第五任美国总统，任职时间是 1969 ~ 1974 年。尼克松认为多年的财政赤字导致严重的政府债务，他表示要逆转凯恩斯主义政策，并指示先后担任总统经济顾问委员会主席的麦克拉肯（Paul W. McCracken）和斯坦（Herbert Stein）以及政府官员，要削减政府支出和平衡政府预算。但是，由于美国的失业率从 1970 年开始上升，尼克松又不得不转向实行凯恩斯的赤字财政政策，大规模增加政府支出以创造就业机会。尼克松在 1972 年实现连任，但在 1974 年因“水门事件”下台。

1974 年，美国副总统福特（Gerald Rudolph Ford）接任总统职位，成为二战后的第六任总统，任职时间是 1974 ~ 1977 年。在福特任职期间，美国发生了停滞膨胀。福特同意削减政府税收和政府支出，以减少政府对经济的干预。但是，美国停滞膨胀的经济状况使福特在竞选连任美国总统中失败。

卡特（Jimmy Carter）是二战后的第七任美国总统，任职时间是 1977 ~ 1981 年。卡特上任后，停滞膨胀没有缓和，卡特政府难以应对这种局面。卡特一方面希望保持充分就业，另一方面又希望平衡政府预算，结果无法实现他的双重经济目标，成为第二位因无法应对停滞膨胀而下台的美国总统。

里根（Ronald Wilson Reagan）是二战后的第八任美国总统，任职时间是 1981 ~ 1989 年。里根在参加总统竞选时就喊出了“我们可以不受政府的干预”的口号，承诺削减联邦政府规模和减少税收。先后有四位经济学者担任过总统经济顾问委员会主席，他们分别是：舒尔茨（Charles L. Schultze）、韦登鲍姆（Murray L. Weidenbaum）、费尔德斯坦（Martin Feldstein）、斯普林克尔（Beryl W. Sprinkel），弗里德曼（Milton Friedman）和拉弗（Arthur Laffer）等经济自由主义者曾担任总统经济顾问委员会成员。

里根声称放弃凯恩斯主义政策，减少政府对经济的干预，但却没有放弃赤字财政的做法。里根政府希望通过减税与收缩货币供给相配合的方式来克服停滞膨胀。在凯恩斯主义的政策手段中，减税属于需求方的财政政策，它通过刺激消费需求和投资需求来刺激经济。里根政府也实行减税政策，但减税则被解释为供给方的财政政策，它通过刺激企业投资的积极性来提振经济。但是，无论表述为需求方政策还是供给方政策，也无论表述为是增加政府对经济干预还是减少政府对经济的干预，这种做法的最终结果都是财政赤字。收缩货币供给在初期导致经济衰退，减税则导致政府财政赤字迅速增加，但美国的通货膨胀逐渐缓和下来。在 1983 年以后，美国经济恢复正常增长。

但是，里根政府大幅度降低税率并没有达到通过刺激经济增长导致税收总额增加的目的，政府的财政赤字在不断增加。从 1982 年到 1989 年，政府预算全部为赤字，其中赤字绝对数最大的年份是 1985 年，达到 2123 亿美元，占当年国民生产总值的比例为 5.4%；其中赤字相对数最大的年份是 1983 年，达到 2078 亿美元，占当年国民生产总值的比例为 6.3%。到 1989 年财政年度结束的 9 月 30 日，政府债务余额为 28574 亿美元，占当年国内生产总值的比例为 52.12%。里根政府打破了前任美国政府的两个历史纪录：一个是年度预算赤字超过 1000 亿美元；另一个是政府债务余额超过 10000 亿美元。

在里根放弃凯恩斯主义政策之前，撒切尔夫人（Margaret Hilda Thatcher）在英国做了同样的事情。撒切尔夫人在牛津大学读书时学的是化学，但是她读过哈耶克的《通往奴役之路》，深受哈耶克经济自由主义思想的影响。1979 年，撒切尔夫人就任英国首相以后，抛弃了凯恩斯主义，实行了一系列激进的自由主义政策，如国有企业私有化、削减政府税收、收缩货币供给、放宽对企业的法规等。

布什（George Herbert Walker Bush）是二战后的第九任美国总统，任职时间是 1989 ~ 1993 年。布什上任以后，继续执行里根的经济路线。但从 1990 年开始，美国失业率、通货膨胀率、财政赤字迅速上升。但在实行收缩性的财政政策以压抑通货膨胀时，布什选择了增加政府税收而不是减少政府支出的方法，受到弗里德曼等自由主义经济学者的批评。

克林顿（William Jefferson Clinton）是二战后的第十任美国总统，任职时间是 1993 ~ 2001 年。在美国政府债务不断攀升的情况下，克林顿决定走既不是凯恩斯主义，又不是经济自由主义的"第三条道路"，对内主张预算平衡，减少政府债务，提高民众的技能以适应新的就业岗位；对外主张自由贸易。在克林顿任职期间，政府连续出现财政盈余，政府债务趋向减少，而美国经济增长情况保持良好。

从 1994 年到 2001 年，克林顿政府的预算有 4 个年度是盈余，4 个年度是赤字，其中 1998 年、1999 年、2000 年、2001 年的财政盈余分别达到 693 亿美元、1256 亿美元、2362 亿美元和 1282 亿美元。到 2001 年财政年度结束的 9 月 30 日，政府债务余额为 58075 亿美元，占当年国内生产总值的比例为 56.46%，比前任政府降低了 10 个百分点。

小布什（George Walker Bush）是二战后的第十一任美国总统，任职时间是

2001 ~ 2009 年。小布什上任不久，发生了“911 事件”，美国经济又出现衰退迹象。小布什采取了减少政府税收、增加国防支出、增加医疗保险支出等带有凯恩斯主义色彩的政策，不但把克林顿留下的财政盈余消耗殆尽，还导致政府债务大幅度增加。在小布什即将卸任的时候，美国爆发了“百年一遇”的金融危机，导致美国经济衰退，并波及世界各国。

奥巴马（Barack Hussein Obama）是二战后的第十二任美国总统，任职时间是 2009 ~ 2017 年。奥巴马上任以后，面对着金融危机导致的经济衰退，重新实行凯恩斯的政策主张，提出了一项高达 7870 亿美元的“经济刺激计划”，通过减少政府税收、增加失业救济金、建造基础设施等方法刺激经济。

特朗普（Donald Trump）是二战后的第十三任美国总统，任职时间是 2017 ~ 2021 年。特朗普上任以后，重新实行经济自由主义主张，推行大规模减税计划，包括简化个人所得税税率和大幅度降低企业所得税。这是继里根、小布什以后的第三次大规模减税。2020 年，一场大规模的新冠疫情席卷全球，美国经济陷入衰退。2020 年 3 月，特朗普政府推行高达 2 万亿美元的“经济刺激计划”，这是美国历史上最大规模的经济刺激计划。该计划包括向个人直接提供现金补助、扩大失业保险、对小型企业提供支出，对受新冠疫情冲击较大的产业提供援助，增加公共卫生经费。

拜登（Joseph Robinette Biden）是二战后的第十四任美国总统，任职时间是 2021 ~ 2025 年。拜登上任以后，新冠疫情大流行尚未结束，拜登提出了带有凯恩斯主义色彩的经济政策：第一，推行大规模公共投资计划，重建美国的基础设施，包括道路、桥梁、高速互联网、港口和机场。第二，加强了对注册学徒和职业技术教育项目的投资，争取提供更多的免费学前教育和社区大学教育的机会，为工人和中产阶级增加了发展机会。第三，促进竞争，降低成本，帮助企业家和小企业蓬勃发展。

从上述分析可以看到，第二次世界大战以后的 30 年，凯恩斯的政策主张对主要资本主义国家的政府产生重要影响。在 20 世纪 70 年代发生停滞膨胀以后，凯恩斯政策主张对主要资本主义国家政府的影响出现削弱的情况。但是，每当这些国家发生较为严重的经济衰退时，政府又会重新采用凯恩斯的政策主张。

第三节　凯恩斯革命了吗？

一、对使用“革命”一词的质疑

西方经济学界公认凯恩斯创立的现代宏观经济学属于“凯恩斯革命”，但我对“革命”这个词汇的使用有所质疑。“革命”一词本来多用于政治领域，在经济思想史中被滥用了。只要经济理论发生了变化，就被称为“革命”。在英文里，革命（revolution）的解释是在思想或者行为方式上发生了巨大和深远的变化（a drastic and far-reaching change in ways of thinking and behaving）。在中文里，革命是指发生了具有颠覆性的变化。

严格地说，在经济思想史上，一般不会发生颠覆性变化，因而不会发生“革命”。经济学是实践性很强的学科，虽然各种经济学说很多，但主流经济学之所以被多数人接受，说明它在当时的历史条件下在不同程度上接受过实践的检验，在不同程度上能够解释经济现象和解决经济问题。因此，经济思想史总是基于前人经济思想不断发展，几乎不存在推翻以前的主流经济学体系而建立崭新的经济学体系的情况。即使在新的历史条件下提出了新的经济学说，也不会否认原来的主流经济学在原来的历史条件下的适用性。

我们可以具体考察一下“凯恩斯革命”。虽然凯恩斯提出了不同于他称之为古典经济学的经济理论，但是他说得很清楚，古典经济学解释了充分就业的均衡，而他的经济理论属于“通论”，还要解释小于充分就业的均衡。[①] 这就是说，古典经济学说明了一种经济情形，凯恩斯还要说明另一种情形。他并没有完全颠覆古典经济学，而是对古典经济学进行补充，否则他的经济理论就不是“通论”了。

经济学界看法不一。例如，美国经济学者迪博尔德（Francis X. Diebold）对“凯恩斯革命”给予了高度评价，他曾经指出：“在凯恩斯和克莱因之前，不

---

① 约翰·梅纳德·凯恩斯：《就业、利息和货币通论》，宋韵声译，北京：华夏出版社，2012，第 4 页。

存在真正的宏观经济学。”[①] 英国经济学者莱德勒（David Laidler）于 1999 年出版了《综合的凯恩斯革命》，并提出不同的看法。莱德勒认为，体现在 IS–LM 分析框架内的凯恩斯主义宏观经济学形成于演化过程而不是革命过程。凯恩斯并没有与以前的经济思想彻底决裂，而是将第一次世界大战前后深入经济学领域的各种主题进行了有选择性的综合。[②] 莱德勒在这本著作中引用了在第一次世界大战期间关于货币和商业周期的文献，并认为这些文献已经非常全面和深刻了。

在确定凯恩斯的贡献是补充了前人没有论及的“小于充分就业的均衡”以后，莱德勒还进一步提出这样的问题：在凯恩斯创新性的“小于充分就业的均衡”的经济理论里，凯恩斯作出了什么贡献？也就是说，这是属于凯恩斯个人的创新思想，还是在凯恩斯以前就已经有经济学者提出了相似的思想？

凯恩斯《通论》涉及四个理论：有效需求理论、就业理论、利率理论、货币理论。其中就业理论是基于有效需求理论提出来的，利率理论是货币理论的一个部分。在凯恩斯提出的这四个理论中，有效需求理论是凯恩斯经济学的核心理论，也是最能体现“凯恩斯革命”的理论，现在就来考察一下凯恩斯的有效需求理论的“革命”之处。

二、凯恩斯和前人在总收入决定分析方面的异同点

1. 马克思的贡献

凯恩斯的有效需求理论包括三个部分：总收入是如何决定的、有效需求为什么不足、如何应对有效需求不足。下面分三个部分来讨论前人作出了什么贡献，凯恩斯作出了什么贡献。

---

① Gerard Adams, ed. Lawrence Kleins’ The Keynesian Revolution 50 Years After (Philadelphia PA: Department of Economics, University of Pennsylvania,1992)，p.31. 转引自罗伯特 · W. 迪蒙德等：《七十年后再读凯恩斯通论》，王汉昆译，北京：中国金融出版社，2012，第 248 页。

② David Laidler, Fabricating the Keynesian Revolution: Studies of Inter–War Literature on Money, the Cycle, and Unemployment (Cambridge, UK: Cambridge University Press,1999). 转引自罗伯特 · W. 迪蒙德等：《七十年后再读凯恩斯通论》，王汉昆译，北京：中国金融出版社，2012，第 248–249 页。

凯恩斯是在马克思逝世的那一年出生的，他肯定没有认真阅读过马克思的《资本论》。凯恩斯曾经对萧伯纳（George Bernard Shaw）说："我很确定《资本论》在当代的'经济'价值为'零'，其中偶然闪现一些缺乏建设性且支离破碎的见解。"① 萧伯纳是爱尔兰剧作家、费边社会主义倡导者，费边社会主义主张以非暴力方式实现社会主义。

凯恩斯的有效需求理论是基于下述总收入决定等式展开的：总收入 = 消费 + 投资，或者储蓄 = 投资。② 但凯恩斯的这个等式可以从比《通论》早 51 年出版的马克思《资本论》第 2 卷中的社会资本再生产理论直接推导出来。

马克思在《资本论》第 2 卷提出的社会资本再生产理论，从价值形态和物质形态揭示了社会资本再生产的条件。③ 假设社会生产部门划分生产生产资料第一部类（Ⅰ）和生产消费资料的第二部类（Ⅱ）两个部门，每个生产部门生产的社会产品价值划分为不变资本（c）、可变资本（v）和剩余价值（m）三个组成部分，社会资本扩大再生产的条件为：

$$\text{Ⅰ}(c+v+m)=\text{Ⅰ}(c+\Delta c)+\text{Ⅱ}(c+\Delta c) \tag{2–1}$$

$$\text{Ⅱ}(c+v+m)=\text{Ⅰ}(v+\Delta v+m)+\text{Ⅱ}(v+\Delta v+m) \tag{2–2}$$

公式（2–1）表明，要实现社会资本的扩大再生产，第一部类所生产的生产资料，除了补偿第一和第二部类已经耗费的生产资料的价值，还必须满足第一和第二部类追加生产资本的需要。公式（2–2）表明，要实现社会资本的扩大再生产，第二部类所生产的消费资料，除了满足第一和第二部类劳动者的消费和资本家的消费，还必须满足第一和第二部类追加消费资料的需要。

将公式（2–1）和（2–2）的等号的两边分别相加，可以得到：

---

① The Collected Writings of John Maynard Keynes, Vol. XXVIII, 1982, London: Macmillan for Royal Economic Society, p.38. 转引自彼得 · 克拉克：《为什么是凯恩斯》，宁振亚译，北京：华夏出版社，2011，第 58 页。

② 约翰 · 梅纳德 · 凯恩斯：《就业、利息和货币通论》，宋韵声译，北京：华夏出版社，2012，第 49 页。

③ 马克思：《资本论》第2卷，《马克思恩格斯全集》第24卷，北京：人民出版社，1972，第 551–592 页。

$$\text{Ⅰ}(c+v+m)+\text{Ⅱ}(c+v+m)=[\text{Ⅰ}(c+\Delta c)+\text{Ⅱ}(c+\Delta c)]+[\text{Ⅰ}(v+\Delta v+m)+\text{Ⅱ}(v+\Delta v+m)] \quad (2\text{–}3)$$

公式 (2–3) 等号的左边表示包括生产资料和消费资料在内的社会商品的总供给，它等于第一部类生产的生产资料价值和第二部类生产的消费资料的价值之和。公式（2–3）等号的右边表示包括生产资料和消费资料在内的社会商品的总需求，它等于用于补偿耗费的生产资料的价值、用于追加生产资料的价值、用于满足劳动者和资本家需要的消费品的价值以及用于追加劳动者需要的消费品的价值。

如果用 Y 表示总收入或者总产值，也就是公式（2–3）等号左边表示的所生产的不变资本和可变资本的价值；用 C 表示消费需求，也就是公式（2–3）等号右边第二个中括号表示的所需要的消费资料的价值；用 I 表示投资需求，也就是公式（2–3）等号右边第一个中括号表示的所需要的生产资料的价值，那么公式（2–3）可以表达为：

$$Y=C+I \quad (2\text{–}4)$$

公式（2–4）可以写成：$I=Y-C$。如果用 S 表示储蓄，即总收入或总产值减去消费以后的余额，那么 $Y-C=S$，从而可以得到：

$$I=S \quad (2\text{–}5)$$

公式（2–4）表明，当社会产品的总供给等于社会商品的总需求时，社会资本扩大再生产的条件得以成立，社会产品的生产将处于均衡状态，这正是凯恩斯提出的总收入决定的等式。公式（2–5）表明，当投资等于储蓄时，社会产品的生产处于均衡状态，这也是凯恩斯提出的总收入决定的等式。

马克思提出了社会资本再生产保持均衡的条件，但是他认为这个条件经常是不具备的，失衡积累到一定程度需要通过经济危机的方式来恢复相对均衡。

克莱因在 1847 年出版的《凯恩斯的革命》中曾经作出这样的评价：“马克思和凯恩斯的方法论在很多重要方面都大不相同。凯恩斯的分析常常是极端古典的，而马克思的则是非正统的。下面这两个命题有很大的区别：不变资本加可变资本加剩余价值等于总产值的价值，消费（决定于收入）加投资（独立变量）等于国民收入值。”①

确实，马克思的方法论与凯恩斯的方法论存在重大差异。从研究对象划分，马克思既研究微观经济学，也研究宏观经济学，凯恩斯则主要研究宏观经济学，因此马克思的研究内容比凯恩斯广泛得多。从研究方法划分，马克思是一位哲学家，他注重辩证唯物主义方法、历史和逻辑的方法、抽象方法的运用。凯恩斯则采用的是经验的方法、静态的分析方法、比较均衡的分析方法。但是马克思在某些问题如社会再生产问题的分析中，也采取了均衡的分析方法。关于克莱因提出的第一个命题，马克思确实是从资本角度分析得到的结论，但正如前面分析所指出的，当马克思对社会再生产进行分析时，他实际上已经提出了克莱因所说的第二个凯恩斯的命题，但是马克思并未把投资看作独立变量。从马克思把资本积累定义为剩余价值的资本化来看，投资受到作为剩余价值的收入的影响。

凯恩斯讲过贬低马克思《资本论》的话，克莱因曾对此表示反对。克莱因写道：“凯恩斯认为（我们认为这是错误的）《资本论》是‘一本陈旧的经济学教科书，……不仅在科学上是错误的，而且缺乏兴趣，不能应用于现代世界’。”② 句中括号内的话就是克莱因的话。由于马克思经济学对资本主义经济进行批判，因而被西方经济学界视为异端邪说。

2. 卡列茨基的贡献

如果说马克思比凯恩斯早 51 年提出总收入决定的思想，那么卡列茨基（Michl Kalecki）则是在凯恩斯相同的时期提出了总收入决定理论。卡列茨基是波兰经济学者，曾到英国和加拿大从事研究工作。他熟悉马克思经济学，尤其是马克思的社会资本再生产理论。1933 年，也就是在凯恩斯《通论》出版的前 3 年，卡列茨基出版了名为《经济周期概论》的著作，提出了与凯恩斯有效需求理论相似的经济理论。但是，由于卡列茨基的著作是以波兰文出版的，因此卡列茨基的思想没有引起英国和美国主流经济学者的注意。

1936 年，卡列茨基到剑桥大学从事研究工作，罗宾逊夫人与卡列茨基相

① 劳伦斯·克莱因：《凯恩斯的革命》，薛蕃康译，北京：商务印书馆，2021，第140页。

② 劳伦斯·克莱因：《凯恩斯的革命》，薛蕃康译，北京：商务印书馆，2021，第139页。

遇。罗宾逊夫人惊讶地发现，卡列茨基先于凯恩斯得出了与凯恩斯相同的结论。卡列茨基基于马克思经济学研究这个问题，而凯恩斯则是反对马克思经济学的，这促使罗宾逊夫人重读马克思的著作，并重新思考对马克思经济学的态度。①有的经济思想史教科书把卡列茨基称为英国凯恩斯主义经济学者，然而他更像是马克思主义经济学者。

卡列茨基以一个假设没有政府的封闭经济开始进行分析，他设工资总额为 W，薪金总额为 B，工资商品总值为 CW，扣除折旧后的利润总额是 P，资本家的消费量是 CC，扣除折旧后的投资总额是 I，扣除折旧后的国民收入为 Y，从总收入的角度看：

$$Y=P+W+B \tag{2-6}$$

即国民收入等于资本家和工人收入的总和；从总支出的角度看：

$$Y=CW+CC+I \tag{2-7}$$

即国民收入等于工人购买的消费品价值、资本家购买的消费品价值和投资品价值的总和。按照卡列茨基的定义：

$$CW=W+B \tag{2-8}$$

即工人购买的消费品价值等于工资和薪金的总和。根据公式（2–6）：

$$P=Y-(W+B) \tag{2-9}$$

根据公式（2–8），公式（2–9）可以写成：

$$P=Y-CW \tag{2-10}$$

根据公式（2–7），公式（2–10）可以写成：

$$P=CC+I \tag{2-11}$$

公式（2–11）表明，资本家的利润等于资本家的消费与资本家的投资之和。由于资本家可以决定他们的消费，不能决定他们的利润，所以 $CC+I$ 决定了 P，这是经济均衡的条件。

在公式（2–11）中，把 CC 移到等号的左边，$P-CC$ 是资本家的储蓄。如果用 S 表示资本家的储蓄，那么公式（2–11）则可以写成：

① Robinson, Joan Violet:《新帕尔格雷夫经济学大辞典》（第 4 卷），北京：经济科学出版社，1992，第 229 页。

$$S=I \tag{2-12}$$

在公式（2–12）中，卡列茨基认为资本家的投资（I）是主动因素。资本家的储蓄（S）是被动因素，资本家的投资（I）总是产生相应的资本家的储蓄（S），来为投资提供资金。①

从卡列茨基的分析可以看到，卡列茨基的经济思想来自马克思的经济思想，S=I 就是马克思所说的剩余价值的资本化以后，生产生产资料和生产消费资料的两个生产部门的均衡条件，经济社会的产值正是由此决定的。

3. 凯恩斯的贡献

凯恩斯提出的总收入决定等式，与马克思社会资本再生产理论体现的总收入决定等式，以及与卡列茨基提出的总收入决定的等式是一致的，其中消费需求都是总收入的函数。但是凯恩斯总收入决定等式是他自己独立提出来的，他显然体会不到马克思的思想，也没有读到卡列茨基发表的学术成果。另外，马克思和卡列茨基都认为投资决定于总收入以及总收入在利润和工资之间的划分，而凯恩斯则认为投资取决于预期利润率和利息率，凯恩斯的看法从厂商投资的角度看是对的。

三、凯恩斯和前人在有效需求不足分析方面的异同点

1. 前人的分析

凯恩斯有效需求理论除了分析总收入的决定，还分析了在资本主义经济里为什么有效需求不足。在有效需求不足方面，前人的研究成果就更多了。除了马克思和卡列茨基，瑞士经济学者西斯蒙第（Jean Charles Lnard Simonde de Sismondi）、英国经济学者马尔萨斯（Thomas Robert Malthus）、英国经济学者霍布森（John Atkinson Hobson）、德国经济学家莱德勒（Emil Lederer）等多位经济学者都分析过有效需求不足的原因。

西斯蒙第和霍布森主要从资本主义财产分配的不平等方面来论证消费需求不足。马尔萨斯主要从投在固定资产上的资本的增长快于投入在劳动力上的资

① 转引自 Michal Kalecki：《新帕尔格雷夫经济学大辞典》（第3卷），北京：经济科学出版社，1992，第 9–10 页。

本的增长来论证消费需求不足。马克思不仅从资本主义生产资料私人占有的内在矛盾来论证消费需求不足，还从资本追求利润导致资本迅速积累来论证社会产品供给的扩张。由于这部分的分析涉及的篇幅太大，留待后面分析凯恩斯有效需求理论时再进行专题讨论。

凯恩斯在论述有效需求不足时提出了“三个函数”，即消费函数、资本边际效率函数和流动性偏好函数，其中消费函数是指消费需求是收入的函数，资本边际效率函数是指资本的预期收益率是资本存量的函数，流动性偏好函数是指货币需求量是利息率的函数。根据汉森在1953年出版的《凯恩斯学说指南》，在凯恩斯以前，美国经济学者库兹涅茨分析过消费函数和储蓄函数，瑞典经济学者维克塞尔（Knut Wicksell）分析过资本边际效率函数。[①] 至于货币需求函数，美国经济学者费雪（Irving Fisher）、英国经济学者庇古也都分析过。

2. 凯恩斯的分析

凯恩斯主要以“三个心理规律”来解释有效需求不足，即消费倾向递减规律、资本边际效率递减规律、流动性偏好规律。按照凯恩斯的说法，消费倾向递减规律造成消费需求不足，资本边际效率和流动性偏好规律造成投资需求不足。

我在后面关于凯恩斯有效需求理论的论述中将会证明，西斯蒙第、马克思、霍布森等经济学者对有效需求的分析比较深刻，而遗憾的是，凯恩斯的“三个心理规律”存在不少逻辑问题，且经不起历史统计数据的检验。用人们的心理活动来解释有效需求不足，难以让人信服。也许是这个原因，凯恩斯学派在后来阐述总收入决定时，没有强调凯恩斯的“三个心理规律”的作用。

凯恩斯提出的消费函数在形式上与前人相比没有什么差别，但是他区分了平均消费倾向和边际消费倾向，并且含有现行消费取决于现行支出的思想，在内容上更加饱满。凯恩斯提出的资本边际效率函数在形式上与前人相比也没有什么差别，但是他用资本边际效率函数论证投资函数，遗憾的是他没有完成最后的步骤。凯恩斯的流动性偏好函数与前人一样，都认为货币需求取决于总收入。但与前人不同的是，他认为货币需求还取决于利息率。

---

① 汉森：《凯恩斯学说指南》，徐宗士译，北京：商务印书馆，1963，第69、103页。

凯恩斯曾以贬义的口吻批评前人的研究成果:“马尔萨斯无力解决的有效需求这一大难题从此不再在经济学的文献中出现。……这个概念只能偷偷摸摸地生活在卡尔·马克思、西尔维·盖赛尔或道格拉斯少校这些不入流的经济学家的著作中。”① 马克思经济学在资本主义国家被视为异端邪说,自然在凯恩斯的眼里属于“不入流”。然而,不管“入流”还是“不入流”,可以把马克思有效需求不足的论述与凯恩斯有效需求不足的论述予以展开并进行比较,交由不同学派的经济学者去评判。

克莱因不像凯恩斯那么尖刻,他在《凯恩斯的革命》中也提到:“实际上所有消费不足论者的理论中都有凯恩斯体系的幼芽,马克思也不例外。”② 然而问题在于,马克思的有效需求不足的分析是凯恩斯的有效需求不足分析的“幼芽”,还是马克思的有效需求不足的分析比凯恩斯的有效需求不足分析更加深刻?

人们关于经济理论的争议往往是价值观的争议,这种争议是没有结果的。经济学是一门实践性很强的学科,经济学的论述主要是实证论述。因此,在讨论涉及实证问题的经济理论过程中,难以根据事实经验时应该进行逻辑判断,可以根据事实检验时应该进行事实判断。事实判断以后,如果人们有兴趣,可再进行价值判断。这就是说,对实证经济问题的讨论或争论应该基于逻辑和事实。

为什么凯恩斯经济学“入流”而马克思经济学“不入流”?罗宾逊夫人曾经提到:“《通论》的政治倾向又是什么呢?凯恩斯认为这本书是‘温和、保守的’,但这显然是自相矛盾,因为这本书全书都是对现有观念的批判。凯恩斯自己的态度也左右不定。他在某些方面是厌恶资本主义的,但更不喜欢斯大林主义。”③ 虽然马克思和凯恩斯都在宏观经济层面上揭示了资本主义经济的矛盾,但是他们只是对“病症”看法相似,对“病因”的诊断却不同,开出的“药方”

① 约翰·梅纳德·凯恩斯:《就业、利息和货币通论》,宋韵声译,北京:华夏出版社,2012,第 25 页。

② 劳伦斯·克莱因:《凯恩斯的革命》,薛蕃康译,北京:商务印书馆,2021,第 142 页。

③ 琼·罗宾逊:《凯恩斯以后》,林敬贤译,北京:商务印书馆,2015,第 12 页。

也就迥然不同。

马克思认为资本主义宏观经济的矛盾根植于资本主义经济制度，这些矛盾在资本主义制度下是不可解决的，只能通过社会制度的变革来克服。凯恩斯则认为资本主义宏观经济的矛盾并非根植于资本主义经济制度，是可以用政府创造需求的方法来解决的。马克思是要批判资本主义经济制度，而凯恩斯则是要维护资本主义经济制度。正因为这个问题已经演变为一种政治问题，在资本主义国家，马克思经济学对辩护性的经济学说的批评，以及揭示资本主义存在生产过剩的矛盾，成为异端邪说；而凯恩斯的经济学对新古典经济学的批评，以及揭示资本主义存在生产过剩的矛盾，则被看作经济学的“革命”，并被广泛传播。

四、前人在经济政策方面的主张

在面对有效需求不足的情况下，凯恩斯认为政府应该对经济进行干预，用举债支出的方法刺激经济。实际上，在 1929 年爆发经济大萧条以后，在瑞典、英国、美国等多个国家，主张政府干预经济已经成为一种思潮，并非凯恩斯独自一人振臂高呼。由于美国经济危机最为深重，美国经济学者尤为活跃。

美国经济学者怀纳（Jacob Viner）是芝加哥大学教授，他早在 1931 年就指出：“当商业活动正在衰退，或者停滞和处于低水平时，如果把国民经济当作一个整体来看待，减税和预算赤字与其说是不稳定的政策，不如说是稳健的政策。”① 怀纳的芝加哥大学同事奈特（Frank H. Knight）和道格拉斯（Paul H. Douglas）等人与其看法一致。

1932 年，芝加哥大学的怀纳、奈特、舒尔茨（Henry Schultz）、西蒙斯（Henry C. Simons）等 12 位教授，与布鲁金斯学会和其他 9 所大学的 12 位经济学教授，联名给美国总统胡佛拍了一份电报，提出了六项建议，呼吁政府加强对经济活动的干预。其中一项建议就是增加公共工程支出和实行公共服务计划

① J. Ronnie Davis, The New Economics and the Old Economists(Iowa: University of Iowa Press, 1971), p.40. 转引自胡代光等：《凯恩斯主义的发展和演变》，北京：清华大学出版社，2004，第 7 页。

以解决失业问题。[①]

1933 年，罗斯福担任美国总统。主张政府采用财政手段干预经济的美国经济学者十分活跃，又是召开座谈会，又是发表演讲，并向政府提交政策建议。罗斯福意识到政府应该干预经济，但在预算平衡问题上还受到新古典经济学的束缚，正是美国经济学家的主张使他打消了顾虑。[②]

美国经济学者克拉克（John Maurice Clark）是哥伦比亚大学教授，与凯恩斯一样，他读了卡恩关于乘数效应的论文以后，也利用乘数效应来分析建造公共工程的效果。他在 1935 年撰写了一份题目为《计划公共工程经济学》的报告，提交给美国政府，主张通过建造公共工程来增加就业。[③]

由此可见，凯恩斯并不是第一个提出赤字财政思想的人，许多经济学者都提出了赤字财政的思想，凯恩斯只是当时传播这种经济思潮的众多经济学者中的一位。但我认为，凯恩斯优于其他经济学者的地方在于：凯恩斯是基于有效需求理论提出了赤字财政的政策主张，其他经济学者则是基于如何应对失业和衰退的局面提出了赤字财政的主张，因而凯恩斯的赤字财政主张具有更深刻的内涵。

五、对“凯恩斯革命了吗？”的回答

凯恩斯的有效需求理论是“凯恩斯革命”的核心思想，所谓“凯恩斯革命”主要表现在凯恩斯的有效需求理论上。然而上述分析表明，关于凯恩斯有效需求理论的核心等式，马克思和卡列茨基在凯恩斯之前就已经提出。另外对凯恩斯提出的消费需求函数、资本边际效率函数、流动性偏好函数等，前人都进行过研究。凯恩斯提出的举债支出的政策主张，前人也已经明确提出。这一切都说明，经济思想史的发展是有渊源的，后人总是基于前人的研究成果来提出自己的研究结果。

① 胡代光等：《凯恩斯主义的发展和演变》，北京：清华大学出版社，2004，第 7 页。

② 胡代光等：《凯恩斯主义的发展和演变》，北京：清华大学出版社，2004，第 7–8 页。

③ John Maurice Clark，Planned Public Engineering Economics (Washington: US Government Press, 1935). 转引自胡代光等：《凯恩斯主义的发展和演变》，北京：清华大学出版社，2004，第 6 页。

到这里，我认为可以回应本节标题提出的问题了：凯恩斯革命了吗？前面的分析已经界定了“革命”一词的含义，说明凯恩斯的《通论》体现了什么创新性的思想，也说明前人作出了什么贡献。至于如何回答“凯恩斯革命了吗”这个问题，取决于各人对经济理论创新到什么程度才能称为“革命”的判断。如果认为就是“革命”，那就称为“革命”；如果认为算不上“革命”，那么就不要称为“革命”。尽管我提出了“凯恩斯革命了吗”这个问题，但我认为，没有必要纠缠“凯恩斯革命”能否称为“革命”这个问题，而是应该致力于准确理解前人提出过什么经济思想，凯恩斯又提出了什么经济思想，凯恩斯经济学在经济思想史中处于什么地位。

如果一定要回答“凯恩斯革命了吗”这个问题，我认为采用“凯恩斯创新”的表述，可能比采用“凯恩斯革命”的表述更加客观和准确。

第一篇“凯恩斯革命”小结

经过本篇的分析，我得到下述结论：

第一，凯恩斯的《通论》是20世纪30年代主要资本主义国家经济大萧条的产物。凯恩斯是一位实践型的经济学者，或者说是一位学者型的政府官员，活生生的经济现实使凯恩斯从一个新古典学派经济学者走上与新古典学派决裂的道路。

第二，凯恩斯的《通论》对经济学界产生重要影响。在第二次世界大战结束以后的数十年，凯恩斯经济学以及凯恩斯主义经济学，成为西方经济学界的主流经济学。另外，凯恩斯的《通论》也对政府政策产生重要影响。在第二次世界大战结束以后的数十年，凯恩斯的政策主张成为主要资本主义国家政府决策的基本依据。

第三，凯恩斯的《通论》并非凯恩斯的独创。以凯恩斯《通论》的核心理论有效需求理论为例，总收入的决定、有效需求不足、对付有效需求不足的方法，前人都有比较全面和深入的论述。凯恩斯《通论》的出版属于理论创新，但仍是在前人研究基础上的发展。

第二篇

凯恩斯的有效需求理论

第三章　凯恩斯本人表述的有效需求理论

第一节　总收入的决定

一、有效需求的定义

凯恩斯的有效需求理论是关于就业决定和总收入决定的理论。也就是说，凯恩斯用有效需求来解释总就业量和总收入是怎么决定和变化的。由于就业的分析和总收入的分析各具特点，我把凯恩斯的有效需求理论分两部分进行讨论，本篇在“凯恩斯的有效需求理论”题目下主要分析总收入的决定和变化，下篇则在“凯恩斯的就业理论”题目下研究总就业量的决定和变化。

需要说明的是，关于总收入，凯恩斯有时说收入，有时说产量，有时说总产量，指的都是同一个意思。在凯恩斯的《通论》出版时，在世界范围内尚未建立宏观经济核算体系，凯恩斯所说的总收入就是总产值，前者从收入角度度量全部社会产品，后者从价值的角度度量全部社会产品。因此，凯恩斯的总收入决定理论就是总产值决定理论。凯恩斯的总收入或总产值的概念，既可以看作第二次世界大战结束以后提出的国民生产总值或国民生产净值，也可以看作在 20 世纪 80 年代开始出现并在 90 年代后通行的国内生产总值或国内生产净值。

凯恩斯在《通论》中用了很大篇幅来阐述有效需求理论，我将按照易于理解的逻辑并尽量采用凯恩斯的原话来阐述这个理论。但由于凯恩斯的许多表述晦涩难懂，某些表述需要用我的理解或者别的经济学者的理解来加以解释。

“有效需求”的概念并非凯恩斯首创，英国经济学者马尔萨斯在 1819 年出版的《政治经济学原理》第一卷第二章论及价值以及在第二卷论及财富中都多次使用“有效需求”这一概念。[①] 但是，凯恩斯对“有效需求”有自己的定义。

凯恩斯是这样定义有效需求的：“设 Z 为雇用 N 个人所生产产品的总供给价格，那么 Z 与 N 的关系可表达为 $Z=\Phi(N)$，这可称之为总供给函数。同样，设 D 为雇主所预期的由雇用 N 个人所获得的收益，那么 D 与 N 的关系可表达为 $D=f(N)$，这可称之为总需求函数。现假定 N 为一个给定的值，预期收益大于总供给价格，即 D 大于 Z，雇主见有利可图，必欲增加雇 Z 的人数，必要时不惜提高价格，增购生产要素，直至 N 值使 Z 等于 D 时方肯罢休。因此，就业量决定于总需求函数与总供给函数的相交点，因为只有这一点上雇主的预期利润才达到最高值。D 在总需求函数与供给函数交点上的值，即有效需求。”[②]

我认为，凯恩斯没有明确提出总供给价格和总需求价格的定义，给人一种含混不清的感觉。他在我上面引用的这段话的前面曾指出“一定的就业所创造的产物的总供给价格是雇主的预期收益，”[③] 但是，他在我所引用的这段话中又说“设 Z 为雇用 N 个人所生产产品的总供给价格”。按照我的理解，如果把凯恩斯这两句话联系起来，“总供给价格”是指社会产品的总供给量。“预期收益”是指雇主把全部社会产品销售出去所得到的总收入，“总供给价格”是指用一定的单位度量的总供给量。相应地，总需求价格是指社会产品的总需求量。但是，不论是总供给量还是总需求量都并非已经实现的，而是雇主们预期的。在总供给价格等于总需求价格的均衡状态下的总需求价格，也就是在总供给量等于总需求量的均衡状态下的总需求量，就是有效需求。

---

① 马尔萨斯：《政治经济学原理》，厦门大学翻译组译，北京：商务印书馆，1962。

② 约翰·梅纳德·凯恩斯：《就业、利息和货币通论》，宋韵声译，北京：华夏出版社，2012，第 20–21 页。

③ 约翰·梅纳德·凯恩斯：《就业、利息和货币通论》，宋韵声译，北京：华夏出版社，2012，第 20 页。

从凯恩斯的有效需求的定义来看，他用有效需求解释的是就业量。但是，凯恩斯对就业量的分析与对总收入的分析是结合在一起的。凯恩斯曾经明确地说："就业量（最终也就是产量和实际收入）是由雇主所决定的。"①括号里的话是凯恩斯自己标注的。另外，凯恩斯在《通论》第 3 章"有效需求原理"中分析总收入决定时，把就业量看作自变量，把总收入看作因变量。②但他在第 18 章"重述就业一般理论"中重述有效需求理论时，把消费倾向、资本边际效率、利息率看作自变量，把总收入和就业量看作因变量。③

从所引用的凯恩斯的话可以看到，凯恩斯是用有效需求理论同时解释总收入和就业量的决定。因此，就业量在总供给函数和总需求函数的交点被决定，总收入也在总供给函数和总需求函数的交点被决定，总就业量反映在横坐标上，总收入反映在纵坐标上。因此，凯恩斯的有效需求的分析同样适用于就业决定和总收入决定的分析。

凯恩斯对有效需求理论作了如下初步说明："我们的理论可以简述如下：当就业量增加时，总实际所得也要增加。但社会心理往往都会这样：当实际所得增加时，总消费也在增加，但不如所得增加得那么多。……因此，要维持一定的就业量，当前的投资量必须足以吸收在这个就业量下的超过社会消费量的那部分总产量。……因此我们可以得出结论：假定社会的消费倾向不变，那么就业量的均衡水平取决于当前的投资，在这一均衡水平上雇主们既不想扩人也不想缩小其雇用的人数。"④

凯恩斯还借助有效需求定义了充分就业的概念。他指出："雇主间的竞争必然使就业量扩大到这样一种程度，在这个程度上，总产量的供给不再有弹性。

---

① 约翰·梅纳德·凯恩斯:《就业、利息和货币通论》，宋韵声译，北京：华夏出版社，2012，第 19、61 页。

② 约翰·梅纳德·凯恩斯:《就业、利息和货币通论》，宋韵声译，北京：华夏出版社，2012，第 22 页。

③ 约翰·梅纳德·凯恩斯:《就业、利息和货币通论》，宋韵声译，北京：华夏出版社，2012，第 188 页。

④ 约翰·梅纳德·凯恩斯:《就业、利息和货币通论》，宋韵声译，北京：华夏出版社，2012，第 19、22 页。

即当有效需求的值进一步增加时，产量不会再增加了。显然，这就是充分就业。”① 在充分就业状态下的总收入，就是充分就业的总收入。

二、总收入的决定

凯恩斯首先提出了与有效需求理论有关的基础性概念。凯恩斯指出：一个雇主雇用一定数量的劳动力进行生产，需要支付两种成本：一种是对使用生产要素的服务支付的成本，称为要素成本；另一种是购买别的雇主的产品的成本和机器设备折旧费，称为使用者成本。这个雇主的产值超过要素成本和使用者成本的部分就是雇主利润。②

接着，为了界定本期总收入的范围，凯恩斯又进一步细化了“使用者成本”的定义。他指出，资本设备本期的价值受各种原因影响会发生变化，而资本设备在本期也需要进行维护，又由于本期初的资本设备和存货不是本时期的产值，如果用本期使用者成本表示本时期生产所损耗的价值，那么本期使用者成本 = 资本设备本期末的价值 − 资本设备维护费用 − 本期初资本设备和存货的价值 + 本期从别的雇主购买原材料等产品的价值。③ 由于要素成本是提供生产要素服务者的收入，雇主的利润是雇主的收入，所以本期总收入 = 雇主收入 + 要素成本 − 使用者成本。

接着，凯恩斯提出总收入决定等式：“只要我们大家都同意收入等于现期产量的价值，现期投资等于没有被用之于消费的现期产量，而储蓄又等于收入超过消费的那部分——所有这一切都既符合常识又符合绝大多数经济学家的传统用法，那么，储蓄与投资相等是必然的结果。上面的话可以归纳为：

收入 = 产量的价值 = 消费 + 投资

储蓄 = 收入 − 消费

① 约翰·梅纳德·凯恩斯：《就业、利息和货币通论》，宋韵声译，北京：华夏出版社，2012，第 21 页。

② 约翰·梅纳德·凯恩斯：《就业、利息和货币通论》，宋韵声译，北京：华夏出版社，2012，第 19 页。

③ 约翰·梅纳德·凯恩斯：《就业、利息和货币通论》，宋韵声译，北京：华夏出版社，2012，第 41–42 页。

因此，储蓄 = 投资

所以，任何一组可以满足上述条件的定义都能导出相同的结论。”①

如果用 Y 表示总收入，用 I 表示投资，用 S 表示储蓄，那么凯恩斯总收入决定的等式可以写成 $Y=C+I$，或者 $I=S$。

三、总收入的变化

凯恩斯指出：“储蓄量与投资量之所以相等，是源于生产者和消费者，或生产者与资本设备购买者之间效益的双重性。被创造出来的收入等于生产者所销售的产量的卖价超过使用者成本的那部分。而这些产品不是售给消费者，就是售给其他雇主。因此，从总量上看，被我们称之为储蓄的收入超过消费的部分不可能不等于被我们称之为投资的对资本设备的递增部分。”②

既然投资和储蓄总是保持相等，那么总收入如何发生变化？凯恩斯指出：“在这个问题上要有一个清晰的思路，最好的办法也许就是用消费的决策（或者抑制消费的决策）来进行思索，而不是用储蓄的决策来进行思索。作不作消费决策确实属于个人力量所能控制的范围，作不作投资决策也是如此。总收入与总储蓄的数量是人们对是否进行消费和是否进行投资自由选择的结果。”③ 这就是说，人们消费需求的变化和投资需求的变化将导致总收入的变化。

四、通货膨胀的发生

凯恩斯认为，真正的通货膨胀即价格水平的上升是在达到充分就业以后出现的经济现象。凯恩斯指出：“如果在失业的专门的资源之间，保持着完全符合需要的比例关系，那么所有这些资源便可以同时达到充分利用的水平。但一般说来，当对某些服务和商品的需求达到这样一个水平时，这些服务和商品供给

① 约翰·梅纳德·凯恩斯：《就业、利息和货币通论》，宋韵声译，北京：华夏出版社，2012，第 48–49 页。

② 约翰·梅纳德·凯恩斯：《就业、利息和货币通论》，宋韵声译，北京：华夏出版社，2012，第 49 页。

③ 约翰·梅纳德·凯恩斯：《就业、利息和货币通论》，宋韵声译，北京：华夏出版社，2012，第 49–50 页。

将会出现暂时的毫无弹性，而在其他方向上，尚有大量剩余资源未被利用，随着产量的增加，将会出现一系列的‘瓶颈状态’，处于这种状态时，某些商品的供给已经不再具有弹性，从而它们的价格必须上升到一定的程度，以便使对这些商品的需求转向其他方面。当产量增加时，只要有足够多可用而又闲置的各种资源，一般物价水平便不会上涨得太多。但是一旦产量增加到开始出现‘瓶颈状态’，就可能出现某些产品价格急剧上升的状态。”①

凯恩斯还指出：“于是当出现普遍失业时，如果有效需求量增加不大，则此增量将主要用在扩大就业方面，而很少用于提高物价方面，如果有效需求增加过大，且大得出乎意料，造成某些暂时性的‘瓶颈状态’，则有效需求增量用于提高物价方面不同于用于扩大就业方面，在开始时出现的程度要大于在其后出现的程度。……当有效需求的进一步扩大不再引起产量增加，而仅仅使成本单位与有效需求同比例增加时，我们便达到了可以被称为真正通货膨胀的状态。”②

在凯恩斯《通论》出版以后，许多解释凯恩斯通货膨胀理论的文献都提出，凯恩斯认为通货膨胀是达到充分就业以后才出现的现象。我认为，这些文献曲解了凯恩斯的意思，把凯恩斯的看法绝对化了。从上文所引用的凯恩斯的话可以看到，凯恩斯认为，即使存在普遍失业，有效需求增加也有可能导致价格水平上升，只是“很少用于提高物价方面”。如果有效需求继续增加，就会出现“瓶颈状态”，价格水平趋向上升。到达充分就业以后，有效需求再继续增加，将导致“真正通货膨胀”。

凯恩斯把价格水平上升称为通货膨胀，随着凯恩斯经济学在世界范围内传播，经济学界也就把价格水平上升称为通货膨胀。但是，据英语词源字典记载，通货膨胀的英文 inflation 最早于 1838 年出现在美式英语中，它指的是流通中的

① 约翰·梅纳德·凯恩斯：《就业、利息和货币通论》，宋韵声译，北京：华夏出版社，2012，第 230–231 页。

② 约翰·梅纳德·凯恩斯：《就业、利息和货币通论》，宋韵声译，北京：华夏出版社，2012，第 23、232–233 页。

货币数量增加导致价格水平的上升。[①] 从词源上看，inflation 主要强调通货膨胀这个原因而不是价格水平上升这个结果。

奥地利经济学者哈耶克于 1975 年 4 月在美国发表题为《无路可逃：失业必然跟随通货膨胀》的演讲，批评了这种来自凯恩斯的通货膨胀的定义："在当前的讨论中，由于对'通货膨胀'这一术语的经常滥用，自然就造成许多混乱。通货膨胀一词的原意和真意是指货币数量的过度增长，这种增长会合乎规律地导致物价上升。"[②] 我认为，哈耶克的批评是对的，由于货币数量过度增加导致的价格水平上升称为通货膨胀，否则不应该称为通货膨胀。凯恩斯用词不够准确，西方经济学界就将错就错了。

由于凯恩斯认为通货膨胀是有效需求的增加导致的，凯恩斯的通货膨胀理论被经济学界称为需求拉上通货膨胀理论。

五、凯恩斯总收入决定分析存在的逻辑问题

我认为，凯恩斯关于总收入决定的分析存在一个逻辑问题：按照凯恩斯的解释，总收入的均衡条件即投资等于储蓄是根据定义成立的，然而现实经济中的投资和储蓄为什么能够按照经济学家的定义保持相等？凯恩斯并没有解释清楚总收入的均衡是通过什么机制实现的。

举例质疑如下：假定除雇主以外的其他社会人员的收入全部用于消费，雇主作出消费决策后，也就作出了储蓄决策，但是雇主的投资决策形成的投资未必正好等于雇主的储蓄。例如，雇主的收入是 10000 亿元，他们决定消费 7000 亿元，也就是决定储蓄 3000 亿元。如果雇主感觉经济前景不好，不愿意投资 3000 亿元，投资和储蓄如何相等？如果取消除雇主以外的其他社会人员的收入全部用于消费这个假定，那么消费和储蓄决策是雇主和其他社会人员作出的，投资决策是雇主作出的，储蓄和投资更不可能保持相等了。

凯恩斯关于储蓄等于投资的问题引起西方经济学界的争论，这个问题留待下一章讨论凯恩斯学派经济学者对凯恩斯有效需求理论的解释的时候再来讨论。

---

① inflation，Online Etymology Dictionary，http://www. Etymonline.com.

② 弗·哈耶克：《无路可逃：失业必然跟随通货膨胀》，国际经济评论，1981 年第 4 期。

第二节　消费需求和投资需求的决定

一、消费需求的决定

1. 影响消费需求的客观因素

既然人们的消费需求和投资需求的变化会导致总收入的变化，那么又有什么因素的变化导致消费需求和投资需求的变化？因此，凯恩斯消费函数和投资函数的分析是凯恩斯有效需求的重要组成部分。在这里，所谓消费是人们购买消费品以满足需要的行为。

凯恩斯指出："一个社会的消费量，显然取决于下列三种因素：（1）收入量。（2）客观环境。（3）该社会居民的主观需要、心理倾向、个人习惯以及收入的分配原则。"① 凯恩斯从客观因素和主观因素两个方面分析了影响消费需求的因素。

凯恩斯认为，影响消费需求的客观因素包括：

第一，工资单位的变化。按照凯恩斯的定义，工资单位是指以普通劳动力为标准计算的单位时间的工资。因此，工资单位的变化是指劳动者单位时间工资收入的变化。在把工资收入用于消费带来的边际效用递减不大的条件下，消费需求随着工资单位的增加而增加。

第二，收入与净收入之间差额的变化。凯恩斯在这里说的收入是指总收入，而总收入和净收入的差额是社会折旧。由于消费需求是净收入的函数，在总收入不变的条件下，总收入与净收入的差额越小，净收入就越大，消费需求就越大。

第三，在计算净收入时未加考虑的资本价值的意外变化。这些意外的变化包括币值的变化等，它们可以在短时间内引起消费倾向的变化。

第四，时间贴现率的变化。凯恩斯认为，时间贴现率与利率不完全等同，但利率可以作为时间贴现率的近似值。凯恩斯指出，利率的变化对消费需求的

① 约翰·梅纳德·凯恩斯：《就业、利息和货币通论》，宋韵声译，北京：华夏出版社，2012，第 72 页。

影响有时是相反方向起作用的，难以确定利率的变化对消费需求的影响。在短期内，可以认为利率的变化不会对消费需求产生直接影响。

第五，财政政策的变化。凯恩斯认为，所得税、资本利润税、遗产税等，都属于政府的财政政策。因此，财政政策的变化会通过影响人们的实际收入而对消费需求产生影响。凯恩斯还提到偿债基金的影响，偿债基金是政府用于偿还债务设立的基金，属于集体储蓄。因此，当政府增加偿债基金时，有效需求将会减少。

第六，对现在和未来收入水平差距的预期的变化。凯恩斯认为，对于个人而言，这个因素可能影响很大；但是对于社会而言，个人的不同预期可能相互抵消，这个因素不会产生较大影响。①

2. 影响消费需求的主观因素

凯恩斯指出："一般说来，有八种带有主观性质的动机或目标可能导致人们不把收入用于消费：（1）积聚一笔资金，储备起来以应急需。（2）预防将来的个人或家庭的收入和需求与现在有所不同，如有关养老费、子女教育费、亲属抚养费等。（3）获得利息或财产增值，即宁愿现在少消费一些，以获得将来较大的实物消费。（4）享受逐渐增加的开支……（5）享受独立感和能做出事业的成就感……（6）获得从事投机生意或从事某种事业的本钱。（7）遗留财产给后代。（8）满足纯粹守财奴的欲望……"

凯恩斯还指出：中央政府、地方政府、社团、公司的储蓄动机与个人不同，"其主要动机有如下四点：（1）经营动机，可以不必在市场上筹集资本而负债，就可以获得从事将来投资的资本。（2）流动动机，获得应付意外事件、困难情况和经营萧条的流动资本。（3）改善动机，使收入逐年增加，这样可使管理免遭责难……（4）谨慎动机，通过财政上推行稳健政策来解除对将来的忧虑。"②在这些动机下，政府和机构的这些动机也会导致社会消费需求的减少。

---

① 约翰·梅纳德·凯恩斯：《就业、利息和货币通论》，宋韵声译，北京：华夏出版社，2012，第 73–78 页。

② 约翰·梅纳德·凯恩斯：《就业、利息和货币通论》，宋韵声译，北京：华夏出版社，2012，第 84–85 页。在引文中，我把 1.、2.、…… 改为（1）、（2）、……。

3. 消费倾向的心理规律

凯恩斯提出了平均消费倾向和边际消费倾向的概念，平均消费倾向是消费与收入之比，边际消费倾向是消费增量与收入增量之比。他据此提出关于边际消费倾向的心理规律：“我们可以具有很大的信心来使用一条基本心理规律。这条规律就是：在一般的情况下平均说来，当人们收入增加时，他们的消费也会增加，但是消费的增加不会像收入的增加那样多。这就是说，如果用 C_w 代表消费量，用 Y_w 代表收入量（两者皆以工资单位计算）。那么，ΔC_w 和 ΔY_w 会具有相同的正负号，但前者少于后者，即 dC_w/dY_w 为正值，但比值小于 1。”① 在这里，以工资单位计算就是以一个普通劳动者 1 单位时间的工资作为单位计算。

既然储蓄是总收入减去消费后的余额，凯恩斯也就得到相应的储蓄倾向的心理规律。凯恩斯指出：“一般来说，我们可以得出这样的结论，即当实际收入增加时，储蓄在收入中所占的比例也将随之增加。但是无论储蓄所占的比例是否增加，我们认为任何现代社会都适用这样一条基本心理规律：即当实际收入增加时，其消费量不会以同一绝对量增加，所以绝对量增加的必定是储蓄，除非其他的因素同时也发生异常重大的变化。”② 由此可见，凯恩斯认为，边际消费倾向递减是普遍适用的心理规律。

二、投资需求的决定

1. 资本边际效率

凯恩斯认为，雇主在决定是否投资的时候，要考虑资本边际效率。在这里，所谓投资是指人们购买投资品或资本资产的行为。所谓投资品是指用于生产而不是用于消费的物品。所谓资本资产与投资品意思相同，但由于投资品在未来也能够获得收益，它也是一项资产。凯恩斯从资本资产的预期收益的概念和重置成本的概念推导出资本边际效率的概念。

---

① 约翰·梅纳德·凯恩斯：《就业、利息和货币通论》，宋韵声译，北京：华夏出版社，2012，第 76 页。

② 约翰·梅纳德·凯恩斯：《就业、利息和货币通论》，宋韵声译，北京：华夏出版社，2012，第 76–77 页。

凯恩斯指出："当一个人购买一件投资品或者资本资产时，实际上是购买取得它们一系列未来收益的权利。在投资品寿命的限度内，未来的收益等于他所预期的投资所带来的产品的卖价减去由于取得产品而支付的费用。设一资本资产的寿命为 n 年，在此 n 年中，每年的收入可以用 Q_1、Q_2…… Q_n 表示。我们把这组年收入称为预期收益。

"与投资的预期收益相对应的是资本资产的供给价格。所谓供给价格，并不是实际在市场上购买资产所付的市场价格，而是恰好能诱惑厂商每新增加一单位该资产产量所需价格。所以资本资产的供给价格，有时也称为该资产的重置成本。我们从资本资产预期收益和它的供给价格或重置成本之间的关系可以得到资本资产每增加一个单位的预期收益和该单位的重置成本之间的关系。这种关系向我们提供了资本边际效率的概念。更确切地说，我把资本边际效率定义为一种贴现率，而根据这个贴现率，在资本资产寿命期间所提供的预期收益的现值能等于该资本资产的供给价格。"①

凯恩斯的资本边际效率是一个令人感到困惑的概念，但是凯恩斯的表述还是比较清楚的。首先，它是一个边际的概念，它是把增加一单位资本资产所增加的收益与增加一单位资本资产所增加的成本（重置成本）加以比较。其次，它是一个预期的概念，它考虑的是增加一单位资本资产所增加的预期收益。最后，它是一个贴现率的概念，在数值上等于把未来的预期收益以贴现的方式折算为现值，正好等于重置成本的比率。通俗表述就是，资本边际效率相当于投资资本资产的预期收益率。

接着，凯恩斯提出资本边际效率函数。凯恩斯指出："在任何一个时期，假如某种类型的资本投资增加，则该类资本的边际效率将随着投资的增加而减少。其中原因一部分是因为当该类资本的供给增加时，其预期收益将下降。就通常情况而言，另一部分原因是当该类资产的产量增大时，其生产设备承受的压力很大，因而供给价格会提高。……我们也可以把各类表格或曲线加起来，得到一个总的表格或曲线……我们称这样的表格或曲线为投资需求表或投资需求曲

① 约翰·梅纳德·凯恩斯：《就业、利息和货币通论》，宋韵声译，北京：华夏出版社，2012，第 105 页。

线，或者资本边际效率表或资本边际效率曲线。”[①]

凯恩斯在论述资本边际效率递减的时候，没有像论述边际消费倾向递减时那样，明确指出它是普遍适用的心理规律。但凯恩斯在《通论》第18章“重述就业一般理论”中，把资本边际效率递减看作心理规律。

2. 投资函数

凯恩斯根据资本边际效率函数和利息率推导出最优投资量。凯恩斯指出：“显然可见，当前的实际投资量会达到这样的程度，使得各类资本的边际效率都不会超过现行的利息率。换句话说，投资量会增加到投资曲线上的一点，在该点上一般的资本边际效率等于现行的市场利息率。……由上可见，投资的诱导一部分取决于投资需求表或曲线，一部分取决于利息率。”[②]

如果对凯恩斯的话作一个解释，那么凯恩斯的话表明，资本边际效率是投资的边际收益，利息率是投资的边际成本，当投资量增加到边际收益等于边际成本的时候，厂商的利润达到最大化，厂商不再改变投资量，从而决定了最优的投资量。因此，投资量是资本边际效率和利息率的函数。在利息率为一定的情况下，资本边际效率越高，投资量越大；在资本边际效率为一定的情况下，利息率越低，投资量越大。

但是，我认为，凯恩斯把资本边际效率函数称为投资函数是不对的，很容易造成理解的混乱。就凯恩斯本人的论述来说，资本边际效率函数表示的是资本边际效率与投资量的函数关系，投资量是自变量，资本边际效率是因变量；而投资函数则表示投资量与资本边际效率和利息率的函数关系，资本边际效率和利息率是自变量，投资量是因变量。

另外，我还认为，资本边际效率函数并非表示资本边际效率与投资量的函数关系，而是表示资本边际效率与资本存量的函数关系，这是凯恩斯的分析存在的一个逻辑缺陷。由资本边际效率和利息率决定的是最优的资本存量，而不

① 约翰·梅纳德·凯恩斯：《就业、利息和货币通论》，宋韵声译，北京：华夏出版社，2012，第106页。

② 约翰·梅纳德·凯恩斯：《就业、利息和货币通论》，宋韵声译，北京：华夏出版社，2012，第106–107页。

是投资量。资本与投资是不同的范畴，资本是存量，投资是流量，资本的增量才是投资。

3. 投资的乘数作用

凯恩斯借助卡恩的乘数效应分析提出了投资的乘数作用，他指出："我们把 dC_w/dY_w 定义为边际消费倾向。这个变量是相当重要的，因为，这可以告诉我们，下一次产量的增加将如何在消费和投资之间分配。由于 $\Delta Y_w=\Delta C_w+\Delta I_w$，其中 ΔC_w 代表消费增量，ΔI_w 代表投资增量，所以，我们得到如下的等式：$\Delta Y_w=K\Delta I_w$，其中 $1-1/K$ 即为边际消费倾向。我们称 K 为投资乘数。它告诉我们，当增加一个单位的总投资时，收入的增量将是投资增量的 K 倍。"① 在凯恩斯的上述分析中，下标 w 表示以工资单位计算，即以一个普通劳动者 1 单位时间的工资作为单位计算。凯恩斯的投资乘数分析表明，如果某个社会边际消费倾向为 80%，1 单位的投资增加可以带来 5 倍的产值增加。

接着，凯恩斯指出："卡恩先生所说的乘数与这里说的投资乘数不同，我们可以把卡恩先生所说的乘数称之为就业乘数，用 k' 表示。因为就业乘数是计算总就业量与投资行业一特定初期就业量增量之间的比率。"②

第三节　有效需求不足及其应对方法

一、有效需求不足的原因

凯恩斯指出："以往的事实表明，充分就业或近似于充分就业的现象是少见的，即使有也是昙花一现。刚开始时波动是比较大的，但在还没有达到高峰之前，自身似乎早已筋疲力尽了，于是我们经常处于一种中间状态，既不绝望又不满意。正是基于这种波动在没有达到高峰之前就已筋疲力尽，后来竟向相反

① 约翰·梅纳德·凯恩斯：《就业、利息和货币通论》，宋韵声译，北京：华夏出版社，2012，第 89–90 页。

② 约翰·梅纳德·凯恩斯：《就业、利息和货币通论》，宋韵声译，北京：华夏出版社，2012，第 90 页。

的方向变化的事实，才会有经济周期理论的出现。”① 由此可见，凯恩斯认为，在现实的经济里，充分就业的均衡是很少出现的，小于充分就业的均衡是经常存在的。

但是，为什么经济处于小于充分就业的均衡状态呢？凯恩斯认为这是消费需求不足和投资需求不足也就是有效需求不足造成的。

凯恩斯指出：“当我们的收入增加时，我们的消费也随之增加，但不如收入增加得那么快。解决我们实际问题的关键就在这个心理法则上。因为按照这个法则我们可以得出：就业量越大，相应产量的总供给价格（Z）与雇主预期从消费者身上收回的那部分（D_1）（D_1 指消费需求——本书作者注）之间的差别就越大。所以，如果消费倾向不发生变化，就业量也不会有什么增加，除非 D_2（指投资需求——本书作者注）不断增加，用以弥补 Z 与 D_1 之间逐渐拉开的距离。”② 这就是说，消费需求不足是边际消费倾向递减造成的。

既然边际消费倾向递减造成消费需求不足，那么为什么投资需求不能弥补消费需求不足所留下的总需求缺口？凯恩斯指出：“如果消费倾向和新投资率导致有效需求不足，那么，就业的实际水平将低于现行实质工资制度下所可能得到的劳动力供给量。……这种分析，对为什么会有能富而不富的矛盾现象提供了一种解释。因为仅仅是有效需求不足的存在，就足以甚至经常会使就业量的增长在达到充分就业水平之前停止。……在一个富裕的社会中，不仅消费的边际倾向较弱，而且由于它的资本积累较大，致使进一步投资的机会也变小，除非利率迅速下降。这又涉及利息论，以及为什么利率不能自动降到适当水平的问题。”③ 这就是说，投资需求不足是由资本边际效率递减造成的。

投资是利息率的函数，那么利息率又起了什么作用？凯恩斯指出：“然而在实际上，除了社会体制和组织的因素以外，还有心理因素能使利息率降低到远

---

① 约翰·梅纳德·凯恩斯：《就业、利息和货币通论》，宋韵声译，北京：华夏出版社，2012，第 191 页。

② 约翰·梅纳德·凯恩斯：《就业、利息和货币通论》，宋韵声译，北京：华夏出版社，2012，第 23 页。

③ 约翰·梅纳德·凯恩斯：《就业、利息和货币通论》，宋韵声译，北京：华夏出版社，2012，第 24 页。

在零以上的限度。……在现实中，如果利息率下降时可能达到的最低数值高于零很多，那么，在利息率下降到最低水平之前，要使整个社会积累财富的愿望得到满足是有很大困难的。”① 凯恩斯在这里说的“心理因素”是指人们对流动性的偏好。所谓流动性是指货币具有随时可以支出的特性，对流动性的偏好就是对货币的偏好。在凯恩斯看来，利息率是由货币供给和货币需求决定的，流动性偏好形成对货币的需求，导致利息率难以降低，影响了投资需求的增加。关于利息率问题，将在本书第四篇“凯恩斯的利息率理论”进行详细讨论。

因此，凯恩斯认为“三个心理规律”造成了总需求不足。他指出：“最终的自变因素由以下三个部分组成：（1）三个基本心理因素，即心理上的消费倾向、心理上的流动偏好，以及心理上对资本资产的预期。（2）工资单位，由劳资双方议价决定。（3）货币数量，由中央银行决定。……这三个自变因素就决定了国民收入（或国民所得）和就业量。”②

二、经济危机爆发的过程

凯恩斯认为，经济危机是由于人们对资本未来收益预期变化造成资本边际效率崩溃而发生的。他写道：“资本边际效率不仅取决于现有的资本品数量的多少和生产它现在所需要的成本，而且还取决于对资本品将来收益的预期。……利息率的上升虽然有时会使事态变化，甚至引起危机，但我认为危机的真正起因并不在于利息率的上升，而是在于资本边际效率的突然崩溃，因为只有这样解释才能说明问题。”③

凯恩斯认为，人们之所以对资本未来收益的预期发生变化，是因为人们对资本未来收益从乐观转向悲观。他写道：“这种乐观的期望态度是经济繁荣后期的特征。……在这些购买者和投机者的影响之下，有组织的投资市场亦表现出

① 约翰·梅纳德·凯恩斯：《就业、利息和货币通论》，宋韵声译，北京：华夏出版社，2012，第 167、168 页。

② 约翰·梅纳德·凯恩斯：《就业、利息和货币通论》，宋韵声译，北京：华夏出版社，2012，第 189 页。

③ 约翰·梅纳德·凯恩斯：《就业、利息和货币通论》，宋韵声译，北京：华夏出版社，2012，第 242–243 页。

过于乐观和购买过度，这会造成市场价格急剧大幅度下降，严重时会造成灾难性创伤。不仅如此，当资本边际效率崩溃时，人们对未来看法也变得十分暗淡，心有余悸，结果会导致流动性偏好急剧增大，利息率随之上升。”①

三、小于充分就业的经济周期的形成

凯恩斯认为，在经济中存在四个稳定条件，使经济既不会太繁荣，也不会太萧条：

第一，投资乘数不大。凯恩斯指出：“社会的边际消费倾向必然会出现这样的状态：由该边际消费倾向推算出的乘数虽然大于 1，但数值并不很大。”对此，凯恩斯的解释是：“乘数的数值大于 1，但又不会太大，应该说是人性合情合理的心理特征。当实际收入增加时，对目前的需求的压力就会减少……由此可见，当就业量增加时，消费量也必然增加。但增加的程度要小于由于就业量的增加而引起的收入增加。这是一种正常的社会经济现象……”凯恩斯还用反证法来证明：“如果这条心理法则不成立，那么社会提供的现实情况就会大不相同。因为，当投资量增加时，不论其增加量多么微小，都能使有效需求作累积增加，一直到达充分就业为止。”

第二，投资对资本预期收益和利息率的反应不敏感。凯恩斯指出：“当资本的预期收益或利息率适当变化时，投资量的变化也不是很大。”对此，凯恩斯的解释是：“之所以会有这种情况，是因为从现有设备基础上去大量扩充产量，会引起成本的增加。”

第三，货币工资对就业量的反应不敏感。凯恩斯指出：“当就业量适当变化时，货币工资的变化也不能太大。”对此，凯恩斯的解释是：这“符合我们对人类本性的认识……劳动者不会由于就业量增加而要求增加很多的货币工资，也不会由于避免失业而允许大量削减货币工资”。

第四，资本边际效率受到投资持续变化的影响。凯恩斯指出：“如果每一期的投资量比前期的投资量增加（或减少），而且这种状态能够持续一段时间（以

① 约翰·梅纳德·凯恩斯：《就业、利息和货币通论》，宋韵声译，北京：华夏出版社，2012，第 243 页。

年为计算单位），那么就会对资本边际效率产生不利（或有利）影响。”对此，凯恩斯的解释是：“资本资产具有不同的使用寿命，它们会随着时间的流逝而损耗……因此，如果投资量低于某一最低水平，只要其他因素没有什么较大的波动，资本边际效率又要上升……”

凯恩斯的结论是：“前三个条件限制了经济萧条与经济复苏的程度，第四个条件使得经济萧条和经济复苏在持续相当长的时间以后，在没有其他因素干扰的情况下会自行向相反方向转化，直到同样的力量再次逆转运动的方向时为止。这四个条件结合起来，足以解释我们经验中的显著特征，即就业量与物价的变化不趋向于两个极端方向，而是围绕中间位置上下波动。这个中间位置，低于充分就业很多，也高于最低就业量很多。所谓最低就业量是指，如果就业人数低于这个水平，生活将要受到威胁。”①

凯恩斯利用上面的四个条件只是分析了经济为什么在中间状态波动，但是没有解释为什么不能达到充分就业的均衡。如果前三个因素解释了经济处于“粘着”状态，后一个因素解释了经济的逆转状态，那么为什么这种“粘着”状态不会被突破，造成充分就业的均衡只是罕见的偶然现象？

凯恩斯无法以严谨的逻辑解释为什么难以达到充分就业的均衡，只能求助于“经验”和“心理倾向”。凯恩斯写道：“由于这些经验得来的事实没有逻辑上的必然性，所以我们只能假定，现代社会的环境和心理倾向必定会有产生这种结果的某些特征。因此，我们有必要考虑，什么样的心理倾向能够导致稳定的经济体制。此外，还须考虑，根据现代人的本性，我们是否说当代社会确实存在着这种心理倾向。”②

凯恩斯这个关于“经济既不会太繁荣，也不会太萧条”的分析实际上就是凯恩斯的经济周期理论。

---

① 约翰·梅纳德·凯恩斯：《就业、利息和货币通论》，宋韵声译，北京：华夏出版社，2012，第192–194页。

② 约翰·梅纳德·凯恩斯：《就业、利息和货币通论》，宋韵声译，北京：华夏出版社，2012，第191–192页。

四、增加有效需求的方法

凯恩斯认为，在发生严重失业的情况下，政府可以举债支出。他说：“我们经常使用‘举债支出’这个名词，它既包括政府以借贷的方式从私人手里筹集资金进行公共投资，也包括其他用举债来维持的经常性的政府开支。……举债支出的一种形式是用于增加投资，而另一种形式则用于增加消费倾向。”

凯恩斯还举了一个极端的例子：“如果财政部把用过的旧瓶子装满钞票。然后选择适当的深度，把这些旧瓶子埋在废弃的煤矿中，再用垃圾把煤矿填满，择取自由放任的原则，让私人企业再把这些钞票开采出来，如果这个计划能够实现的话，失业的问题就解决了。”①

从本章的分析可以看到，凯恩斯的有效需求理论实际上就是关于总收入如何决定和变化的理论。因为凯恩斯从有效需求的角度解释总收入的决定和变化，所以被称为有效需求理论。凯恩斯的有效需求理论解释了总收入如何由储蓄和投资决定，如何随着消费需求和投资需求的变化而变化，为什么会处于小于充分就业的水平，应该如何使总收入达到充分就业的水平。

① 约翰·梅纳德·凯恩斯：《就业、利息和货币通论》，宋韵声译，北京：华夏出版社，2012，第 99 页附注、第 100 页。

第四章　凯恩斯有效需求理论的解释和发展

第一节　对凯恩斯总收入决定理论的解释

一、关于凯恩斯储蓄和投资等式的争论

凯恩斯的《通论》出版以后，储蓄为什么总是等于投资引起了西方经济学界的争论。克莱因在1948年出版的《凯恩斯的革命》中对此进行了解释。克莱因认为，应该区分储蓄或储蓄表以及投资或投资表中的储蓄或投资值。储蓄表或投资表是储蓄函数或投资函数，是储蓄或投资与总收入之间的关系，而储蓄表或投资表中的储蓄或投资值是对应于某个总收入的某个储蓄值或投资值。凯恩斯所说的储蓄和投资相等，是由作为储蓄表和投资表的几何表现的曲线相交时的储蓄值和投资值，克莱因把它们称为可观察值。至于其他的储蓄值和投资值，并不相等。克莱因提到："凯恩斯自己也没有作出适当的区分，对此他应当负点责任。"①

汉森在1953年出版的《凯恩斯学说指南》中也试图对此进行解释。汉森指出："紊乱发生的一个原因，是由于他的批评者没有认识到，储蓄与投资虽然经常相等，但它们并不经常处于均衡状态。……可是他（指凯恩斯——本书作者注）从没有明白讲过，无疑是因为他对这桩事情还没有清晰地全盘考虑过。"②

① 劳伦斯·克莱因：《凯恩斯的革命》，薛蕃康译，北京：商务印书馆，2021，第118–119页。

② 汉森：《凯恩斯学说指南》，徐宗士译，北京：商务印书馆，1963，第57–58页。

汉森是这样解释这个问题的："假设这个经济是处于移动均衡状态，因而各种变数彼此间保持常态的（要求的）函数关系，则储蓄与投资确将不但相等而且维持均衡。但若变化过程中包含若干变数的时间落后调整在内，则情况就不是如此了。例如，若有支出落后（即若消费者支出的调整缓慢于收入的变化），则，除非落后过程业已调整完毕，实际的消费不会等于要求的消费（并且实际的储蓄也不会等于要求的储蓄）。……在上述任何一种情况之下（支出落后或生产落后），储蓄与投资虽然相等，但并不均衡。……在均衡状态时（落后业已克服），储蓄和投资既是相等又是均衡……"①

我认为，克莱因的解释是有道理的，但导致储蓄表和投资表的可观察值相等的机制究竟是什么，这才是问题的关键。随后，克莱因利用几何图形解释了均衡的形成机制。汉森的解释却令人感到费解，为什么储蓄与投资相等并不意味着均衡？这样储蓄与投资相等是何意义？美国经济学者阿克利（Gardner Ackley）在 1963 年出版的《宏观经济理论》也许能够解释储蓄和投资相等与储蓄和投资均衡的区别。阿克利指出，储蓄与投资总是相等是实际国民收入核算中的相等，储蓄和投资均衡是理论分析中总产值不再变化的条件。阿克利写道："我们不应该把各个定义混为一谈，并首先争辩说，储蓄和投资必定总是相等的；然后又主张它们两者的均等是收入均衡的条件，而不说明这个术语或哪个术语在使用时的意义的改变。凯恩斯和他的一些追随者偶尔遭受到批评，正是因为他们犯了这种错误。"②

二、对凯恩斯研究方法的解释

由于凯恩斯的《通论》晦涩难懂，凯恩斯学派经济学者对凯恩斯《通论》的研究工作，相当大的一部分是对凯恩斯的《通论》进行解释。

凯恩斯本人没有说明他采用什么研究方法。汉森在 1953 年出版的《凯恩斯学说指南》中，把凯恩斯的分析方法称为比较静态的分析方法。他指出："通论主要是以均衡分析方法构成的。凯恩斯在本书中的许多地方其实可以称之为比

① 汉森：《凯恩斯学说指南》，徐宗士译，北京：商务印书馆，1963，第 58 页。

② 加德纳 · 阿克利：《宏观经济理论》，陈彪如译，上海：上海译文出版社，1981，第 353–354 页。

较静态论。但比较静态论在他的手中变成一种有用的方法，即以主要是动态的方式去思考实际问题。……从一种均衡状态到另一种均衡状态的变化，是比较静态论的主题。”① 汉森的这种看法被经济学界广泛接受，经济学者们都认可凯恩斯的研究方法是比较静态的方法。

比较均衡的分析方法并非凯恩斯首创，萨缪尔森曾经指出：“帕累托‘奠定比较静态学说的基础，指出一个数据的变化怎样移置均衡状态’。”② 这种方法是指从一种均衡状态开始分析，引入一个因素，观察在这个因素影响下，原来的均衡状态如何走向另一种均衡状态。在这里，所谓“比较”是指对不同的均衡状态进行比较。

另外，凯恩斯主要研究“小于充分就业的均衡”，也就是在现有生产能力为一定的条件下去研究总收入的决定和变化，因而凯恩斯的研究方法又被称为短期的研究方法，这种研究方法与在生产能力可变条件的长期研究方法相区别。因此，概括起来，凯恩斯的研究方法被称为短期的比较静态的均衡研究方法。

三、投资—储蓄分析方法的解释

如前所述，凯恩斯的有效需求理论指出，当投资等于储蓄时，决定了均衡的总收入。但凯恩斯没有解释投资等于储蓄的形成机制，他认为投资依照定义等于储蓄，这意味着投资与储蓄总是保持相等。这样，在凯恩斯的总收入决定理论里，总收入的决定和总收入的变化两个部分的分析发生矛盾：凯恩斯一方面说，投资总是与储蓄相等；另一方面又说，投资的变化导致总收入的变化，那么当投资发生变化时，储蓄如何与投资相等？

克莱因是美国凯恩斯学派经济学家，他在 1948 年出版的《凯恩斯的革命》中，基于凯恩斯的思想，采用几何图形的分析方法，对凯恩斯的投资—储蓄分析方法进行了解释。③ 但克莱因并没有给予详细说明。我根据克莱因的几何图

① 汉森：《凯恩斯学说指南》，徐宗士译，北京：商务印书馆，1963，第 45–46 页。

② Paul Anthony Samuelson, Foundations of Economic Analysis, Cambridge(Mass: Harvard University Press), p.351. 转引自汉森：《凯恩斯学说指南》，徐宗士译，北京：商务印书馆，1963，第 46 页。

③ 劳伦斯·克莱因：《凯恩斯的革命》，薛蕃康译，北京：商务印书馆，2021，第82–84页。

形分析方法，按照经济学界的通常理解，作出如下解释：

凯恩斯认为消费是许多客观因素和主观因素的函数，其中主要的自变量是总收入，消费随着总收入增加而增加。由于储蓄 = 总收入 − 消费，从消费函数可以得到储蓄函数，储蓄也随着总收入的增加而增加。在以纵轴表示投资或储蓄、以横轴表示总收入的坐标系里，储蓄曲线（S）是一条与横轴相交的向右上方倾斜的曲线（如图 4–1 所示）。储蓄曲线之所以与横轴相交，是因为人们在短期保持消费稳定的倾向，在总收入较低时，消费有可能超过总收入，储蓄成为负数。

另外，凯恩斯认为投资是资本边际效率和利息率的函数，不受总收入影响。因此，在以纵轴表示投资或储蓄，以横轴表示总收入的坐标系里，投资曲线（I）是一条与横轴平行的水平线。

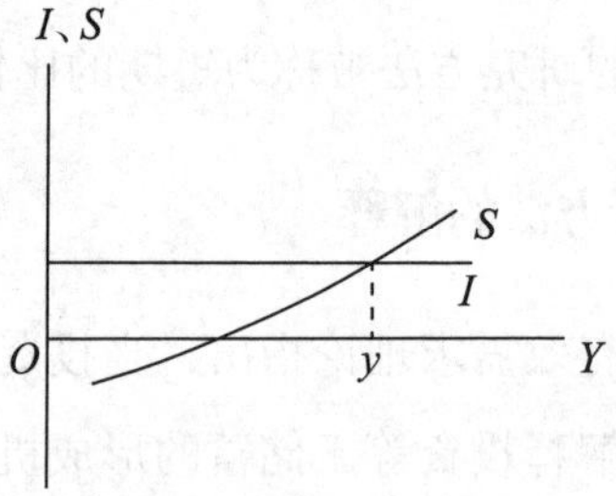

图 4–1　总收入的决定

投资是一种需求，在物质形态上是投资品；储蓄是一种供给，在物质形态上也是投资品。在图 4–1 中，如果总收入在 Oy 的左侧，投资大于储蓄，对投资品的需求大于投资品的供给，投资品供不应求，厂商扩大投资品的生产，总收入增加。随着总收入增加，储蓄也在增加。相反，如果总收入在 Oy 的右侧，投资小于储蓄，对投资品的需求小于投资品的供给，投资品供过于求，厂商收缩投资品的生产，总收入减少。随着总收入减少，储蓄也在减少。最后，如果总收入是 Oy，投资等于储蓄，厂商既不扩大也不缩小投资品的生产，总收入既不增加也不减少，从而形成了均衡的总收入。

图 4–1 不仅能够解释总收入的均衡，还能够解释总收入的变化。例如，当

投资增加而储蓄不变时，投资曲线向上移动，在形成新的均衡时，总收入增加了。再如，如果消费增加，也就是储蓄减少，储蓄曲线向下移动，在形成新的均衡时，总收入增加了。

这样，克莱因的解释弥补的凯恩斯总收入决定理论的一个逻辑缺陷：投资与储蓄通过什么机制实现相等。按照克莱因的解释，当投资与储蓄不等的时候，投资品的需求与投资品的供给不等，厂商作出反应，总收入发生变化，随着总收入的变化，储蓄也会变化，直到投资和储蓄相等。这就是说，投资与储蓄的均衡是通过市场机制的调节实现的。

四、总支出分析方法的解释

凯恩斯指出，当总收入（*Y*）等于消费（*C*）与投资（*I*）之和时，总收入形成均衡。凯恩斯又指出，消费是总收入的函数，投资是投资边际效率和利息率的函数，不受总收入影响。克莱因在1948年出版的《凯恩斯的革命》中，还根据凯恩斯上述基本思想提出了总收入的“总支出分析方法”。① 克莱因没有详细阐述总支出分析法，我根据克莱因的几何图形分析方法，按照经济学界的通常理解，作出如下解释：

参看图4–2，坐标系的纵轴表示消费（*C*）与投资（*I*），横轴表示总收入（*Y*）。在坐标系中，45° 线是一条辅助线。由于它平分直角，这条线任何一点上的总收入都等于消费与投资之和。在坐标系中，*C* 表示消费曲线，消费曲线向上平行移动，相应地在总收入水平上形成投资，便形成 *C+I* 曲线，这就是后来经济学界所说的总支出曲线。②

在 *C+I* 曲线与45° 线交点对应的总收入 *Oy* 左侧，*C+I* 曲线位于45° 线的上方，这意味着总支出大于总收入，即总需求大于总供给，厂商将扩大生产，

① 劳伦斯·克莱因：《凯恩斯的革命》，薛蕃康译，北京：商务印书馆，2021，第122–124页。

② 在克莱因的分析中，总支出曲线并非由消费曲线向上平行移动形成，而是在各个总收入水平上，总支出曲线的斜率要大于消费曲线的斜率，这与他提出的投资—储蓄分析方法存在矛盾，笔者在这里采用了总支出曲线由消费曲线向上平行移动形成，保持两种分析在逻辑上的一致。

Oy 向右移动。当 *Oy* 向右移动时，总支出值在增加。在 *C+I* 曲线与 45° 线交点对应的总收入 *Oy* 的右侧，*C+I* 曲线位于 45° 线的下方，这意味着总支出小于总收入，即总需求小于总供给，厂商将收缩生产，*Oy* 向左移动。当 *Oy* 向左移动时，总支出值在减少。当 *C+I* 曲线与 45° 线相交，总支出等于总收入，即总需求等于总供给，厂商不会扩大生产，也不会收缩生产，从而形成均衡的总收入，也就是形成均衡的总产值。

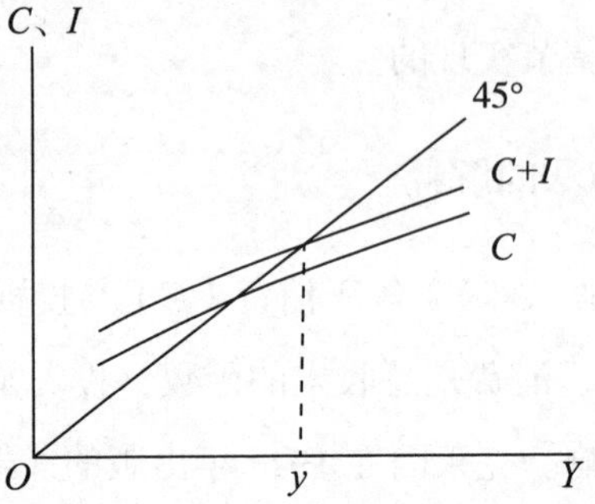

图 4–2　总收入（总产值）的决定

利用总支出分析方法同样可以分析总收入的变化。当消费或投资由于非总收入的因素增加了，总支出曲线向上移动，到形成新的均衡时，总收入增加了。相反，当消费或投资由于非总收入的因素减少了，总支出曲线向下移动，到形成新的均衡时，总收入减少了。

与投资—储蓄分析方法一样，克莱因的总支出分析方法指出总收入的均衡是通过总供给和总支出的相互作用形成的，也就是通过市场的调节机制形成的，从而回答了凯恩斯没有回答的一个核心问题：总支出与总收入如何形成均衡?

实际上，投资—储蓄分析方法与总支出分析方法是一致的。在图 4–2 中的消费曲线决定以后，图 4–1 中的储蓄曲线就被决定了；图 4–2 中消费曲线向上移动的距离，决定了图 4–1 中的投资曲线。因此，当总支出等于总收入形成均衡的总收入时，在这个均衡的总收入水平上，投资一定等于储蓄。

我认为，克莱因的解释简单明了，既遵循了凯恩斯的思想，又解释了投资等于储蓄或者总支出等于总收入的形成机制，因而被凯恩斯学派广泛接受。

凯恩斯在分析总供给价格和总需求价格时，曾用 $D=f(N)$ 表示总需求函数，其中 N 是产量或者就业量。① 汉森纠正了凯恩斯一个表达不准确的地方，他在 1953 年出版的《凯恩斯学说指南》中指出："凯恩斯在使 $Z=\Phi(N)$ 时，他弄错了。……总需求函数其实应该写成下列：$D = D_2+x(N)$ 我们已经知道，D 大多时被自主的因素所决定的，虽然它一部分是 N 变化的函数。" ② 在这里，$Z=\Phi(N)$ 是指总供给函数，D 表示总需求量，D_2 是指投资需求量，$x(N)$ 是指消费需求。

对于投资—储蓄分析方法和总支出分析方法，萨缪尔森提出了下述告诫："把投资永远当作自主的因素而把消费永远当作取决于收入的被动因素，是一种过于简单化的说法。的确，这种过分简单化是能解决问题的。但我们曾经看到，在短期中，某些净投资是可以被收入的变动'引致'出来。" ③

五、事前和事后的分析

如前所述，人们对凯恩斯关于储蓄总是等于投资的说法百思不得其解，克莱因、汉森等凯恩斯学派经济学者按照自己的理解作出了解释。值得注意的是，1937 年，瑞典经济学者奥林（Bertil Gotthard Ohlin）在《经济学杂志》上发表了题为《略论斯德哥尔摩学派的储蓄和投资理论》的论文，通过区分事前（ex ante）和事后（ex post）的储蓄和投资，对储蓄和投资相等作出了瑞典学派的解释。

按照奥林的解释，储蓄与投资总是相等是事后的恒等。这就是说，如果要对一个时期已经发生的国民收入进行核算，那么储蓄恒等于投资。按照定义，社会收入包括用于购买消费品的部分和没用于购买消费品的部分，社会产品包括已被消费者购买的部分和没有被消费者购买的部分。既然消费者用于购买消费品的收入等于被消费者购买的消费品价值，那么没用于购买消费品的收入一

---

① 约翰·梅纳德·凯恩斯：《就业、利息和货币通论》，宋韵声译，北京：华夏出版社，2012，第 99 页附注、第 20 页。

② 汉森：《凯恩斯学说指南》，徐宗士译，北京：商务印书馆，1963，第 36 页。

③ 萨缪尔森：《经济学》（第 10 版）（上册），高鸿业译，北京：商务印书馆，1979，第 348 页。

定恒等于没被消费者购买的产品的价值，即储蓄恒等于投资。

我举例说明如下，假定社会收入是 10000 亿元，由于社会收入是出售社会产品的收入，社会产品的价值也是 10000 亿元。现在人们拿出 7000 亿元用于消费，3000 亿元用于储蓄，但社会未必正好生产 7000 亿元的消费品，假如生产 7100 亿元消费品、2900 亿元投资品。这样，人们用 7000 亿元的收入购买 7000 亿元的消费品，多出来的 100 亿元消费品没能卖出去便成了存货。但按照国民收入核算体系的定义，存货属于投资品。这样，人们用 3000 亿元收入买下 2900 亿元的投资品和 100 亿元的存货，储蓄恒等于投资。

但在事前，也就是没有进行国民收入核算之前，国民收入在储蓄和投资的相互作用下不断变化，储蓄与投资并非恒等。为了把事后的储蓄与投资的恒等和事前的储蓄与投资的不等区分开来，奥林把事前的储蓄和投资称为预期的储蓄和投资，但这种预期是经济主体可以相当确切地表述的。预期的储蓄和投资未必相等，两者的不等导致经济主体调整他们的预期。正是经济主体在预期的储蓄和预期投资的相互作用下，形成储蓄和投资的均衡。①

美国经济学者阿克利做了一个明确的总结：“我们可以看到，事前储蓄可以同事后储蓄不一致，事后储蓄必定等于事后投资，而事后投资依次又可以同事前投资不一致。只有当所有预期同所有计划相符合时，这四者才会相等；那时，预期收入将等于现实收入，预期销售额将等于现实销售额。我们不妨把这叫做一种‘均衡’。”②

显然，凯恩斯没有意识到事前和事后的储蓄的投资的区别，他所强调的储蓄等于投资是根据储蓄和投资定义的成立，实际上是在事后的统计意义上说的。但是，凯恩斯进行的是理论分析，而理论分析要研究的是事前的情形，显然事后的情形就成为事实了。我认为，这就是凯恩斯有效需求理论出现逻辑错误的

---

① Bertil Gotthard Ohlin, Some Note on the Stockholm Theory Saving and Investment.Economic Journal47,March 1937,pp.221–240. 转引自加德纳·阿克利：《宏观经济理论》，陈彪如译，上海：上海译文出版社，1981，第 354 页。

② 加德纳·阿克利：《宏观经济理论》，陈彪如译，上海：上海译文出版社，1981，第 355–356 页。

根源。尽管凯恩斯学派经济学者都轻描淡写地认为，这是凯恩斯没有表述清楚的问题，然而实际上这是凯恩斯没有考虑清楚的问题。

凯恩斯学派经济学者解释了凯恩斯的储蓄与投资相等的形成机制，凯恩斯的总收入决定理论变得较为清晰和完善。在西方经济学界，通常把这个调节机制称为“收入调节”。这就是说，投资的变化导致总收入的变化，由于储蓄是总收入的函数，随之变化，从而导致储蓄与投资相等。我认为，这个表述在逻辑上仍然存在问题。在现实的经济活动中，储蓄总是被动地随着投资的变化带来的总收入的变化而调整吗？

在我看来，投资与储蓄相等是市场机制的作用结果。储蓄是供给方，投资是需求方，储蓄和投资任何一方的变化，都会导致总供给和总需求相互关系的变化，从而导致总收入变化。如果总收入出现不适当的反应，如在投资大于储蓄的情况下过度扩张，或在投资效用储蓄的情况下过度收缩，储蓄和投资都会重新进行调整。在市场机制的调节下，储蓄和投资趋向是相等的。

应该指出的是，凯恩斯学派经济学者对凯恩斯产值决定理论的解释已经不完全是凯恩斯经济学，而是凯恩斯主义经济学了。

第二节　对凯恩斯有效需求理论其他方面的解释

一、对凯恩斯消费函数的解释

美国经济学者阿克利曾经这样评价凯恩斯的消费函数理论：“凯恩斯在他的《就业、利息和货币通论》中第一次对消费是收入的稳定函数这个观念给予充分而清晰的说明。然而不难发现其他人在更早一些时候已经接近于提出同样的思想了。正如庇古所指出的，艾尔弗雷德·马歇尔曾经明白地承认总收入和储蓄之间存在一种关系，虽然他明明是从长期的角度而不是从短期波动的角度来观察的。……不过克拉克在他所著的《商业循环的战略性因素》一书中不仅明确地从收入波动的角度表述这一思想，而且非常清楚地谈到它的关系。尽管如此，消费函数要适当地认为是凯恩斯的发明，因为它构成凯恩斯理论体系的核心。”[①] 阿克利所说的克拉克是指美国经济学者约翰·贝茨·克拉克（John Bates Clark）。

虽然凯恩斯在《通论》中指出消费量取决于收入量、客观环境、社会居民的主观需要、心理倾向、个人习惯以及收入分配原则，但是凯恩斯明确提出：“消费倾向是一个相当稳定的函数。在通常情况下，总消费量多取决于总收入量。”[②]

因此，凯恩斯学派的经济学者基本上把凯恩斯的消费函数表述为，居民消费需求是居民收入的函数。但是，如何理解凯恩斯所说的收入呢？美国经济学者托宾（James Tobin）在 1951 年发表了题为《相对收入、绝对收入和储蓄》的论文，采用三种方法对凯恩斯的消费函数进行检测：同样的家庭连续三年的预算，同一城市中黑人和白人家庭在同一年份的预算，不同城市中一些家庭在同一年份的预算。托宾证明，居民的消费需求取决于居民的绝对收入。[③] 从此以后，经济学界把凯恩斯的消费函数理论称为“绝对收入的消费理论”，以便与别的消费理论相区别。

另外，一些经济学家根据历史统计数据对凯恩斯的消费函数理论进行验证，认为凯恩斯的消费函数理论得到历史统计数据的支持。例如，阿克利在 1963 年出版的《宏观经济理论》中，利用 1929 ~ 1941 年的统计数据进行验证，认为凯恩斯的消费函数理论得到经验证明。[④]

二、对凯恩斯投资函数的解释

凯恩斯的资本边际效率函数表示的是资本边际效率与投资量的函数关系，

① 加德纳·阿克利：《宏观经济理论》，陈彪如译，上海：上海译文出版社，1981，第 239–240 页。

② 约翰·梅纳德·凯恩斯：《就业、利息和货币通论》，宋韵声译，北京：华夏出版社，2012，第 99 页附注、第 72 页、第 76 页。

③ 詹姆斯·托宾：“相对收入、绝对收入和储蓄”，载《货币、贸易和经济增长》，麦克米伦书店，1951，第 135–156 页；转引自爱华德·夏皮罗：《宏观经济分析》，杨德明等译，北京：中国社会科学出版社，1985，第 170 页附注；米尔受（Johan Myhrman）：“詹姆斯·托宾对经济学的贡献”，《现代外国哲学社会科学文摘》，龚亚铎摘译，1983 年第 1 期。

④ 加德纳·阿克利：《宏观经济理论》，陈彪如译，上海：上海译文出版社，1981，第 247–259 页。

但是从他的分析过程来看，他所说的资本边际效率是指增加 1 单位资本资产所增加的净收益，他所说的投资量是指资本边际效率相等时的最优资本存量，因此他的资本边际效率函数实际上是资本边际效率与资本存量的函数关系。这就是说，资本边际效率函数的自变量是资本存量，并非投资量，资本存量的增量才是净投资，但凯恩斯并未完成投资函数的分析。

凯恩斯学派经济学者对凯恩斯的资本边际效率函数作了补充。究竟是哪一位经济学者最早作出这个补充已经无从查询，克莱因 1947 年出版的《凯恩斯革命》中没有涉及这个问题，汉森 1953 年出版的《凯恩斯学说指南》只是复述了凯恩斯的资本边际效率函数。汉森对凯恩斯的资本边际效率作出如下评价："第十一章虽非独创，确是对投资需求表的卓越的表述。在这方面，维克赛尔是先驱者，在凯恩斯以前还有欧文 · 菲歇尔。可是凯恩斯对此作了一些贡献：其中一部分是由于他作了透彻清晰的表述，使若干概念更觉鲜明；另一部分是由于他比他的先驱者更强调预期的作用。"①

对凯恩斯资本边际效率函数的补充，在美国经济学者夏皮罗（Edward J. Shapiro）1978 年出版的《宏观经济分析》中得到较好的体现。②

先来看图 4-3（a），这个坐标系的横轴表示资本存量，以亿美元为单位；纵轴表示资本边际效率（*MEC*）和利息率（*i*），以百分比为单位。从图中可以看到，由于厂商总是按照资本边际效率等于利息率的最大利润原则（*MEC*=*i*）决定资本存量，当资本边际效率高于 5% 而利息率等于 5% 的时候，厂商的资本边际效率高于利息率，厂商将进一步增加资本存量。随着资本存量的增加，资本边际效率下降，直到等于利息率时，厂商不再增加资本存量，从而形成最大利润的资本存量 400 亿美元。

当资本边际效率仍然是 5% 而利息率下降到 4% 的时候，上述过程将会重复，直到形成最大利润的资本存量 420 亿美元。其余照此类推。把资本边际效率与资本存量的对应点连接起来形成 *MEC* 曲线，就是凯恩斯所说的资本边际

① 汉森：《凯恩斯学说指南》，徐宗士译，北京：商务印书馆，1963，第 103 页。

② 爱华德 · 夏皮罗：《宏观经济分析》，杨德明等译，北京：中国社会科学出版社，1985，第 238–248 页。

效率函数的图像。从资本边际效率曲线可以看到，资本边际效率随着资本存量的增加而下降。

再来看图 4–3（b），这个坐标系的横轴表示投资，以亿美元为单位；纵轴表示利息率，以百分比为单位。假定这个经济社会目前的资本存量是 400 亿美元，每个时期的更新投资是 40 亿美元，现在从图 4–3（a）的资本边际效率曲线推导出图 4–3（b）的投资曲线。从图 4–3（a）可以看到，当利息率为 5% 时，最优的资本存量是 400 亿美元，而目前这个经济社会的资本存量是 400 亿美元，厂商既不会增加资本存量，也不会减少资本存量，净投资为 0，更新投资是 40 亿美元，总投资 40 亿美元，如图 4–3（b）的 *A* 点所示。当利息率下降到 4% 时，从图 4–3（a）可以看到，最优的资本存量是 420 亿美元，而目前这个经济社会的资本存量是 400 亿美元，厂商将增加资本存量 20 亿美元，净投资为 20 亿美元，更新投资是 40 亿美元，总投资 60 亿美元，如图 4–3（b）的 *B* 点所示。其余照此类推。把图 4–3（b）投资与利息率的对应点连接起来，便得到投资函数的图形投资曲线（*I*）。

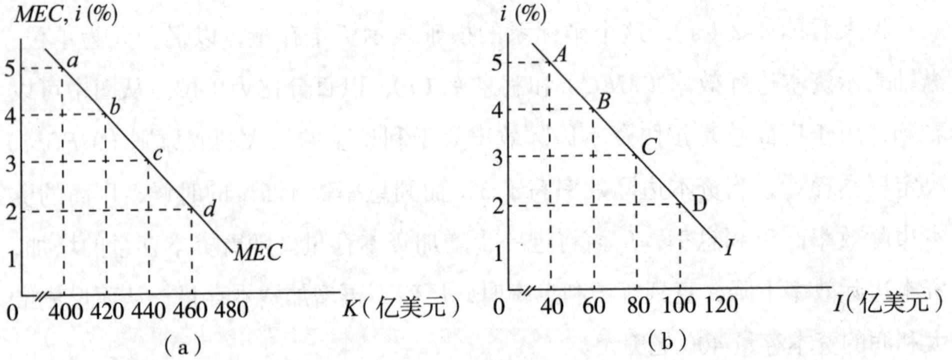

图 4–3　投资函数的形成

从图 4–3（b）的投资曲线（*I*）可以看到，投资随着利息率的下降而增加。从逻辑上看，凯恩斯学派投资函数的形成过程如下图所示：

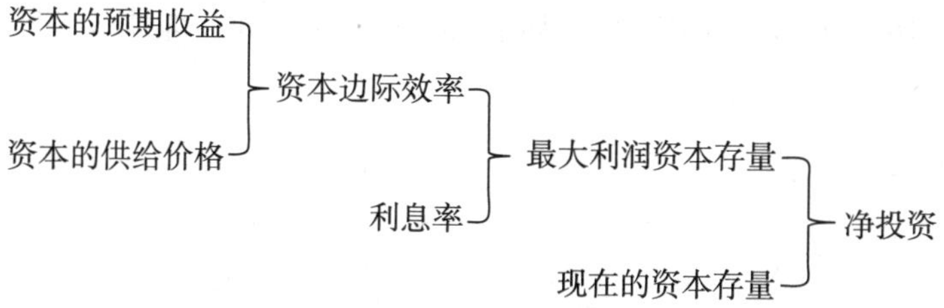

图 4-4　投资函数形成的逻辑过程

图 4-4 说明，厂商根据资本预期收益和资本供给价格决定资本边际效率，再根据资本边际效率和利息率决定最大利润的资本存量，最后把最大利润的资本存量与实际的资本存量相比较来决定净投资，净投资加上本时期的更新投资形成本时期的总投资。但凯恩斯从资本边际效率函数论证投资函数还差了最后一步，凯恩斯学派经济学者弥补了凯恩斯资本边际效率函数分析的逻辑缺陷。

从上面的分析可以看到，凯恩斯的有效需求理论在一些方面存在逻辑缺陷，一些论述含混不清，凯恩斯学派经济学者对凯恩斯有效需求理论做了不少解释性工作，从而在一定程度上完善了凯恩斯的有效需求理论。

三、对凯恩斯通货膨胀理论的解释

凯恩斯认为，达到充分就业的总收入水平以后，总需求的增加将会导致真正的通货膨胀。克莱因在第二次世界大战中发现，由于政府战争支出大规模增加，导致价格水平上升，也就是发生了通货膨胀。在 1947 年出版的《凯恩斯的革命》中，克莱因对凯恩斯的通货膨胀理论进行了解释。

克莱因认为，在战争时期，私人投资实际上已经不起作用，非战争状态下的总支出是消费支出与投资支出之和，战争状态下的总支出是消费支出和政府支出之和。图 4-5 是克莱因图形的简化形式，该图形是克莱因诠释凯恩斯的总收入决定理论的总支出方法。克莱因假定，总支出曲线 AE_0 与 45° 线的交点所形成的总产值 Oy_0，是生产能力得到全部运用条件下生产的总收入。他认为，如果政府战争支出的增加导致总支出曲线从 AE_0 向上移动到 AE_1，将会发生通货膨胀。在这种情况下，政府应该采用财政政策防止总产值从 Oy_0 增加到 Oy_1，以防止通货膨胀。收缩总支出（消费支出 + 政府战争支出）导致总支出曲

线 AE_1 向下移动到 AE_0 的位置时，其中的消费支出曲线与曲线 AE_0 的垂直距离，克莱因称为通货膨胀缺口。

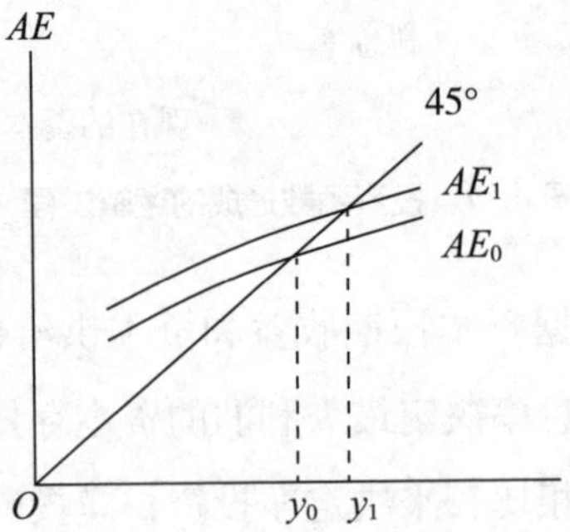

图 4–5 通货膨胀的形成

克莱因的分析得到凯恩斯学派的认可，这种分析被广泛运用在各种宏观经济学教科书上，并被称为需求拉上通货膨胀理论。萨缪尔森在他的《经济学》中沿用了这种分析方法，但把总支出还原为消费支出与投资支出之和，并认为既然 Oy_0 是充分就业的总收入，从理论上看就不会继续扩大到 Oy_1；在充分就业总产值水平上过度的总支出，即曲线 AE_1 与曲线 AE_0 的垂直距离，称为通货膨胀缺口。①

我在本书第三章第一节阐述凯恩斯的通货膨胀理论的时候，曾指出凯恩斯学派经济学者把凯恩斯通货膨胀理论绝对化了，而这种绝对化正是来自克莱因的解释。实际上，按照凯恩斯的看法，即使还没有达到充分就业的总收入水平，总需求的增加也会导致价格水平的上升，只是所形成的压力主要不在价格水平上。

第三节 凯恩斯有效需求理论的发展

一、凯恩斯有效需求理论的部门扩展

凯恩斯的《通论》出版以后，凯恩斯学派经济学者除了对凯恩斯有效需求

① 萨缪尔森：《经济学》（上册），高鸿业译，北京：商务印书馆，1979，第 341 页。

理论进行解释，还对凯恩斯有效需求理论进行补充和发展。由于我重点讨论的是凯恩斯经济学，而不是凯恩斯主义经济学，所以拟简略概述凯恩斯有效需求理论的发展情况。凯恩斯在有效需求理论中常用“收入”或“总收入”的表述，但是凯恩斯学派常用“产值”或“总产值”的表述，我从本节开始采用“产值”的表述。

凯恩斯是在私人封闭经济条件下分析产值的。所谓私人经济是指某经济社会只有居民和厂商两个经济部门；所谓封闭经济是指该经济社会没有对外经济往来。凯恩斯的这种分析方法是可取的，资本主义经济的核心是私人经济，只有理解私人经济的运行情况，才能理解现实经济的情况。但是，现实的国内经济并非只有居民和厂商两个部门，还有政府部门。另外，现实经济并非封闭经济，而是开放经济。因此，凯恩斯学派经济学家把凯恩斯二部门经济产值决定的分析扩展到三部门、四部门产值决定的分析。

三部门经济是指经济社会存在居民、厂商、政府三个部门。关于谁最先把凯恩斯二部门经济产值决定的分析扩展到三部门产值决定的分析，按照美国经济学者夏皮罗的提示，应该是美国经济学者汉森。① 汉森在 1958 年出版的《财政政策的经济理论》中，分析了三部门经济产值的决定。

按照凯恩斯的产值决定理论，如果用 Y 表示产值，用 C 表示消费支出，用 I 表示投资支出，用 S 表示储蓄，那么产值在 $Y-C+I$ 或者 $S=I$ 的条件下形成均衡。如果其他条件不变，消费支出增加、投资支出增加，储蓄减少，将导致产值减少；相反，将导致产值增加。另外，投资支出具有乘数作用。

按照三部门经济的产值决定理论，如果用 G 表示政府支出，用 T 表示政府税收，其他符号含义不变，那么产值在 $Y=C+I+G$ 或者 $S+T=I+G$ 的条件下形成均衡。如果其他条件不变，消费支出增加、投资支出增加，政府支出增加、储蓄减少、税收减少，将导致产值减少；相反，将导致产值增加。另外，不仅投资支出具有乘数作用，消费支出、政府支出也具有乘数作用。②

---

① 爱华德·夏皮罗：《宏观经济分析》，杨德明等译，北京：中国社会科学出版社，1985，第 119 页附注。

② 爱华德·夏皮罗：《宏观经济分析》，杨德明等译，北京：中国社会科学出版社，1985，第 117–143 页。

四部门经济是指经济社会存在居民、厂商、政府、国际市场四个部门。关于谁最先把凯恩斯二部门经济产值决定的分析扩展到四部门经济产值决定的分析，已经无从查起。实际上，随着第二次世界大战以后国民经济核算体系的形成以及国民生产总值（GNP）的采用，即使经济学界没有提出四部门经济的产值决定理论，在国民经济核算中也会提出四部门经济国民生产总值的构成。

按照四部门经济的产值决定理论，如果用 X 表示出口，用 M 表示进口，其他符号含义不变，那么产值在 $Y=C+I+G+(X-M)$ 或者 $S+T+M=I+G+X$ 的条件下形成均衡。如果其他条件不变，消费支出增加、投资支出增加，政府支出增加、出口增加、储蓄减少、税收减少、进口减少，将导致产值减少；相反，将导致产值增加。另外，不仅投资支出、消费支出、政府支出具有乘数作用，出口也具有乘数作用。①

二、凯恩斯有效需求理论的动态化

如前所述，凯恩斯主要采用短期的和比较静态的研究方法分析产值的决定。1939 年，英国经济学者哈罗德（Roy Forbes Harrod）发表了关于动态理论的一篇论文，把凯恩斯的产值决定理论长期化和动态化，提出了基于凯恩斯经济学的经济增长理论。

哈罗德的经济增长理论表明，如果用 G_w 表示有保证的增长率即均衡增长率，用 s 表示储蓄率即储蓄对产值的比率，用 C 表示资本产量比率即生产 1 单位产值需要投入的资本，要保持储蓄等于投资状态下的产值均衡增长，必须是 $G_w = s / C$。哈罗德模型证明，上一年的产值将形成今年的储蓄，今年产值要增加多少才能使投资全部吸收储蓄。由于哈罗德从不同的时期来讨论产值增长，这是一个动态的分析；加上哈罗德从资本可变的条件来讨论产值增长，这是一个长期的分析。②

1946 年和 1947 年，美国经济学者多马（Evsey Domar）接连发表了《资本

---

① 爱华德·夏皮罗：《宏观经济分析》，杨德明等译，北京：中国社会科学出版社，1985，第 144–160 页。

② Roy Forbes Harrod, An Essay in the Dynamic Theory, Economic Journal,49, March 1939.

扩张、增长率和就业》和《扩张与就业》两篇论文，同样把凯恩斯的产值决定理论长期化和动态化，提出了他的经济增长理论。多马用 $\Delta I/I$ 表示投资增长率；用 s 表示储蓄率即储蓄对产值的比率；用 σ 表示资本生产率，平均每单位资本存量所带来的产量（Y/K），那么产值（Y）均衡增长的条件是：$\Delta Y/Y=\sigma s$。多马经济增长模型表明，要实现产值均衡增长，产量增长率必须等于资本生产率与储蓄率的乘积。①

多马模型中的产值增长率 $\Delta Y/Y$ 相当于哈罗德模型的有保证增长率 G_w，资本生产率是哈罗德的资本产量比率 C 的倒数，所以多马经济增长模型与哈罗德经济增长模型是一致的。尽管哈罗德早于多马提出经济增长模型，但由于多马论证的角度不一样，被认为是独立地提出自己的经济增长模型，所以经济学界把他们两人的经济增长模型称为哈罗德—多马经济增长模型。

1939 年，美国经济学者萨缪尔森在《经济学与统计评论》发表了题为《乘数分析和加速原理的相互作用》的论文，把凯恩斯的产值决定理论长期化和动态化，提出了他的经济周期理论。加速原理是指产量的变化对投资支出的影响。设 I 是净投资即资本存量的增量，Y 是产量，t 是时期，那么加速原理可以表达为 $I_t=\omega(Y_t-Y_{t-1})$，即本时期的净投资 I_t 等于本时期的产量 Y_t 与上一个时期的产量 Y_{t-1} 之差与系数的乘积，其中 ω 就是加速数。关于加速法则的研究最早可以追溯到美国经济学者克拉克（John Maurice Clark）于 1917 年 3 月在《政治经济学杂志》发表的论文《商业加速和需求率》。

设上面提及的各种符号的含义不变，萨缪尔森提出了下面三个等式：

$$Y_t=C_t+I_t \quad (4\text{-}1)$$

$$Y_t=C_a+cY_{t-1} \quad (4\text{-}2)$$

$$I_t=I_a+\omega(C_t-C_{t-1}) \quad (4\text{-}3)$$

等式（4-2）是凯恩斯产值决定的等式：现期的产值等于现期的消费支出与现期投资支出之和。等式（4-2）是消费函数：现期的消费支出 Y_t 等于自发消费支出 C_a 与上一期产值 Y_{t-1} 导致的引致消费支出 cY_{t-1} 之和，其中 c 是边际消费

① Evsey Domar, Capital Expansion, Rate of Growth, and Employment, Economitrica 14, April 1946; Expansion and Employment. American Economic Review 37, March 1947.

趋向。自发消费支出 C_a 是指不随着收入变化而变化的消费支出。另外，边际消费倾向在长期里趋向等于平均消费倾向。等式（4–3）是投资函数：现期的投资支出 I_t 等于自发投资支出 I_a 与现期消费支出增量（$C_t–C_{t-1}$）导致的引致投资支出 ω（$C_t–C_{t-1}$）之和，其中 ω 是边际消费趋向。自发投资支出 I_a 是指由预期的资本边际效率和利息率决定的投资支出，它不随着消费支出或产值的变化而变化。

根据等式（4–1）、等式（4–2）、等式（4–3），可以得到方程式：

$$Y_t=C_t+I_t=C_a+cY_{t-1}=I_a+\omega(C_t-C_{t-1}) \quad (4\text{–}4)$$

根据方程式（4–4），假如预期资本边际效率或者利息率的变化导致第一个时期自发投资增加，那么第一个时期产值就会增加。第一个时期产值增加会导致第二个时期引致消费支出增加，引致消费支出的增量通过加速数导致引致投资支出增加，这个过程一直继续下去，将会导致产值上下波动。① 这意味着经济周期是由乘数和加速数的交织作用造成的。

三、总供给—总需求分析方法

凯恩斯的有效需求理论解释了产值的决定和变化，但是凯恩斯是在没有考虑价格水平的条件下讨论产值的决定和变化的。凯恩斯的通货膨胀理论指出，在有效需求不断增加的情况下，特别是在接近充分就业的时候，价格水平将会上升。在西方经济学的文献中，往往把凯恩斯关于产值和通货膨胀关系的理解称为反 L 形关系，即左边是水平线，拐角处代表充分就业水平，右边是垂直线。我认为，这种表述把凯恩斯的看法绝对化了，凯恩斯并不认为直到充分就业才会发生通货膨胀，他只是认为在存在普遍失业的情况下，价格水平上升不明显。

从 20 世纪 70 年代开始，凯恩斯学派经济学者们如费希尔（Stanley Fischer）、费尔普斯（Edmund S. Phelps）和泰勒（John B. Taylor）等，开始从整体劳动力

① Paul. A. Samuelson, Interaction between Multiplier Analysis and Acceleration Principle,The Review of Economics and Statistics, 1939(5).

市场推导社会产品的总供给曲线，这实际上是讨论产值和价格水平的关系。①美国经济学者萨缪尔森 1985 年出版的《经济学》（第 12 版）中，在前人研究的基础上，提出了总供给总需求分析方法。下面以萨缪尔森《经济学》（第 14 版）的分析为例，来阐述总供给—总需求分析方法。

在图 4-6 中，横轴表示总产值，纵轴表示价格水平。图中的 *AD* 曲线是总需求曲线，*AS* 曲线是总供给曲线。总需求曲线表示在不同的价格水平下对社会产品的总需求量，包括消费需求、投资需求、政府支出、净出口。总供给曲线表示在不同的价格水平下社会产品的总供给量。

按照萨缪尔森的解释，总需求曲线之所以向右下方倾斜，是因为当价格水平上升时，许多因素都会引起总需求量减少，其中最主要的因素是货币供给效应。所谓货币供给效应是指在假定名义货币供给不变的条件下，价格水平上升导致实际货币供给的减少，货币变得短缺，利率趋向上升，消费需求和投资需求收缩，总需求量减少。

总供给曲线之所以向右上方倾斜，是因为当价格水平上升时，在生产成本呈黏性而不会发生同等幅度上升的条件下，厂商的利润增加，厂商扩大生产，总供给量增加。所谓生产成本黏性是指多项生产成本在短期是保持稳定的，如工资由劳资合同决定，原材料价格由供货合同决定，租金存在租期，这些生产成本在价格水平上升的情况下保持稳定。

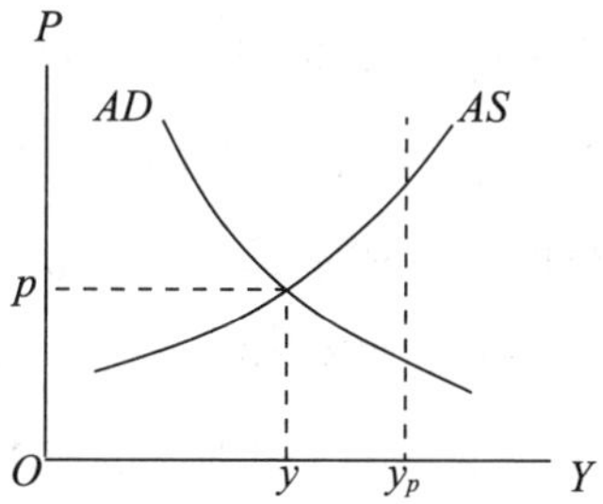

图 4-6　总供给—总需求分析方法

① Stanley Fischer, Long Term Contracts, Rational Expectation and the Optimum Money Supply Rule. Journal of Political Economy85, 1977, pp.191–205; Edmund S. Phelps and John B. Taylor, The Stabilizing Power of Monetary Policy under Rational Expectation. Journal of Political Economy85, 1977, pp.163–190.

在图 4–6 中，当总需求量等于总供给量的时候，形成均衡的价格水平 Op 和均衡的总产值 Oy。如果在总供给不变的条件下总需求增加，总需求曲线向右方移动，将导致价格水平上升和总产值增加。如果在总需求不变的条件下总供给增加，总供给曲线向右方移动，将导致价格水平下降和总产值增加。

萨缪尔森指出，总产值的增加存在潜在总产值的制约，如图中横轴 Oy_p 所示。所谓潜在总产值是指在存在自然失业率的条件下的总产值，也就是充分就业的产值。由于社会资源利用率已经很高，总产值不可能突破潜在总产值而继续大幅度增加。①

由此可见，总供给—总支出分析方法超越了凯恩斯的总支出分析方法，它指出，在总需求增加导致总产值增加的时候，价格水平也会趋向上升，从而更能解释现实中的经济现象。

四、凯恩斯通货膨胀理论的发展

英国经济学者贝弗里奇（William Beveridge）在 1944 年出版的《一个自由社会的充分就业》中，讨论过货币工资上升和价格水平上升的关系②，但是没有引起人们的注意。到了 20 世纪 50 年代，经济学者们意识到，不仅需求方的因素会导致价格水平的上升，供给方的因素如工资成本的上升，也会导致价格水平的上升，从而出现了工资推进通货膨胀和利润推进通货膨胀理论。

工资推进通货膨胀是指货币工资的增长快于劳动生产率增长所导致的价格水平上升。对于厂商来说，单位产量的工资成本等于货币工资除以劳动生产率之商。例如，如果每小时劳动的产量即劳动生产率是 10 单位，货币工资是每小时 5 美元，那么每单位产量的工资成本是 0.5 美元。因此，如果货币工资增长率等于劳动生产率的增长率，工资成本不会上升。当货币工资增长率高于劳动动生产率增长率时，工资成本将会上升。如果其他成本不变，工资成本的上升将导致产品价格的上升。如果这是一种普遍现象，就会导致价格水平的上升。

① 保罗 · A. 萨缪尔森：《经济学》（第 14 版），胡代光等译，北京：北京经济学院出版社，1996，第 853–864 页。

② 胡代光等：《凯恩斯主义的发展和演变》，北京：清华大学出版社，2004，第 48 页。

按照工资推进通货膨胀理论，工资推进通货膨胀在完全竞争的劳动力市场是不会发生的。在完全竞争的劳动力市场上，如果货币工资上升过快，劳动力供给量会增加而劳动力需求量则会减少。所产生的失业会抑制货币工资的过快上升。但现实的劳动力市场因工会的存在而不会是完全竞争的社会，当工会不断要求提高货币工资时，就会出现工资推进通货膨胀。

利润推进通货膨胀是指厂商为了获得更大利润而提高价格所导致的价格水平上升。同样，利润推进通货膨胀在一个完全竞争的商品市场是不会发生的。如果某个厂商为了获得更大的利润而提高价格，买方将不会购买这个厂商的产品转而选择购买别的厂商的产品。但现实的商品市场存在寡头垄断的情况，寡头企业可以通过控制价格导致利润推进通货膨胀。

工资推进通货膨胀和利润推进通货膨胀被经济学界称为成本推进通货膨胀。

五、凯恩斯赤字财政主张的发展

1. 财政政策

凯恩斯根据有效需求理论提出赤字财政的主张，建议通过举债支出的方法解决有效需求不足的问题。但在凯恩斯看来，“小于充分就业的均衡”是一种常态，这是否意味着只要存在有效需求不足，政府就要举债支出？这就是说，实行赤字财政政策的原则是什么？政府债务是否存在界限？凯恩斯对于这些问题都没有给予回答。

美国经济学者汉森在 1941 年出版的《财政政策与经济周期》中提出了补偿性的财政政策的思想。汉森指出：“于是出现了这样一个新的财政政策目标：确保生产要素的充分利用。对于这个目标一些人激烈地反对，而另一些人则坚定地捍卫。这项政策要大规模扩大政府支出。但一旦达到充分就业的收入水平，一些人主张全部通过累进税为前期政府支出筹措资金，从而实现‘预算平衡’；另一些人则主张部分通过公共债务的缓慢增长为前期政府支出筹措资金。但是，债务的发展的可能局限性肯定比通常想象的要大得多……”①

汉森还指出：“如果通过累进税来筹措资金，从而利用可能无法在生产活动

① Alvin Hansen, Fiscal Policy and Business Cycles(New York: Norton, 1941), p. 117.

中找到出路的储蓄流，那么充足的支出将通过一个累积的过程推动国民收入达到充分收入和充分就业水平。最初，当国民收入在增长中的时候，支出可能主要来自举债。但在国民收入接近充分就业水平后，通过累进幅度较大的税收制度可以征收到足够大数量的税收以平衡预算，包括运营和资本支出的预算。”①

汉森主张在经济衰退时期采用赤字财政的方法增加就业和国民收入，他比较了各种可能的为财政赤字筹措资金的方法，提出了这样一种方法：采用增加政府支出来对付经济衰退将会产生财政赤字，但是在政府支出的刺激下，国民收入会逐渐接近充分就业的水平，累进的税收制度会带来税收的增加，从而有可能在一个经济周期内达到预算平衡。后来，经济学界把这样的财政政策称为“补偿性的财政政策”。

美国经济学者勒纳（Abba P. Lerner）在 1943 年发表了题为《功能财政和联邦债务》的论文，提出了“功能财政”（Functional Finance）的思想。所谓“功能财政”是指财政的功能是维持经济平衡，只要能达到没有通货膨胀的充分就业的目的，财政预算本身是否平衡并不重要。勒纳反对在一段时期内保持预算平衡的原则，他主张在总支出过低时，用政府支出调整总支出，在总支出过高时用税收调节总支出，以消除失业和通货膨胀。另外，勒纳还主张调整公众持有的货币、政府债券、政府借入或偿还债务，以达到能够产生最合适的投资水平的利息率。②

汉森的“补偿性的财政政策”属于比较稳健的财政政策，顾及如何避免政府债务积累的问题。勒纳的“功能财政”属于比较激进的财政政策，没有考虑政府债务积累的问题。在实践中，体现凯恩斯赤字财政思想的扩张性的财政政策主要包括两个手段：一是增加政府支出，二是减少政府税收，其中增加政府支出主要是举办公共工程和增加社会福利支出。

根据凯恩斯学派经济学者的论证，增加政府支出可以直接增加总需求，但减少政府税收，如降低个人所得税率，只能间接通过个人实际收入增加来促进消费需求的增加。从乘数原理可以知道，设 MPC 是边际消费倾向，在挤出效

① Alvin Hansen, Fiscal Policy and Business Cycles (New York: Norton, 1941), pp. 182–183.

② Abba P. Lerner,Functional Finance and the Federal Debt,Social Research, 10: 38–51, 1943.

应为 0 也就是政府支出没有挤出私人支出的前提下，政府支出乘数 $K_G=1/(1-MPC)$。但政府减少 1 美元个人税收仅仅导致 MPC 美元的消费需求的增加，因此政府减税乘数 $K_T=MPC/(1-MPC)$，减少政府税收的作用小于增加政府支出的作用。

随着第二次世界大战以后通货膨胀的发生，财政政策又被用于对付通货膨胀，具体的方法与扩张性的财政政策相反：减少政府支出或增加政府税收。这样的财政政策被称为收缩性的财政政策。

2. 政府债务的分析

尽管经济学者们提出各种财政政策主张，到了 20 世纪 70 年代，正如萨缪尔森在 1976 年出版的《经济学》所说的，除了下面两个要点以外，政府已经没有什么财政原则可以选择：第一，政府预算必须避免浪费和提高效率；第二，以民主的方式决定政府使用多少资源和如何使用资源。① 这就是说，经过国会和政府博弈决定的财政赤字，就是可以接受的财政赤字了。另外，在实践上，主要资本主义国家的政府不管是否接受凯恩斯主义，都接受了凯恩斯赤字财政的主张，于是政府债务不断膨胀。

20 世纪 50 年代，经济学界曾经发生过关于政府债务的争论，其中英国经济学者米德的看法值得关注。米德（James Edward Meade）在 1958 年发表了一篇题为《公债是一种负担吗？》的论文，指出财政赤字导致公债大量的增加将对经济产生下述不利影响：第一，公债的增加通过“庇古效应”对储蓄造成不利影响。在这里，所谓“庇古效应”是指财富效应，即人们持有更多的公债意味着他们拥有更多的财富，这样储蓄倾向将下降，从而对投资的源泉形成不利影响。第二，公债的增加通过“卡尔多效应”对工作造成不利影响。所谓“卡尔多效应”是指公债的增加使依靠利息维持生活的食利者增加，从而减弱了人们工作的积极性。第三，为偿还高额的公债而征收的赋税将使投资和工作的收益减少，从而对投资和工作造成不利影响。第四，由“庇古效应”导致的储蓄

① 萨缪尔森，《经济学》（第 10 版）（上册），高鸿业译，北京：商务印书馆，1979，第 514 页。

减少将导致利息率的上升，从而对消费和投资产生不利影响。①

直到20世纪70年代，凯恩斯学派经济学者没有在意实行赤字财政政策带来的政府债务膨胀问题。萨缪尔森在1976年出版的《经济学》（第10版）中提到："在对公债的增长进行冷静分析时，我们必须避免一个错误：我们不要忘记，一个国家的实际国民生产总值是一个永远上升的数字。……这个增长的事实可以解释，为什么在GNP每十年增长一倍的美国，如果公债在同一时期再增长六七千亿美元，那也不会使公债的相对数字有任何变动。"②

进入21世纪以后，主要资本主义国家不断积累的政府债务引起了经济学者的注意。美国经济学者萨缪尔森在2005年出版的《经济学》中，分为短期和长期、少量和大量等不同的情况讨论政府债务的利弊问题。

萨缪尔森指出，从时期来看，如果政府短期增加债务是用增加政府支出或减少政府税收来克服衰退，这对增加产值和就业是有利的。从数量来看，如果政府债务是少量的，这将对社会需求发挥调节作用又不会产生不良的影响。但从长期来看，巨额的政府债务对经济造成下述不利影响：

第一，政府债务的增加导致利率的上升。利率的上升通过挤出效应导致投资的减少，另外通过资本流入导致货币汇率升值，从而对对外贸易产生不利影响。但萨缪尔森强调，由于经济衰退时期的利率很低，上述现象只发生在接近充分就业的时期。

第二，政府债务的增加最终还要依靠增加赋税来偿还，即使是向同一个人征税来支付他持有的政府债务的利息，也会导致激励机制的扭曲。这个人将会因持有政府债务的增加而减少储蓄，因税收的增加而减少工作。

第三，政府对内债务的增加意味着人们更多地持有政府债券而不是公司股票和公司债券，从而造成了私人资本存量给政府债务替代的情况。这样，资本的形成将受到不利影响，经济效率将会下降。

第四，政府对外债务的增加最终还是需要以增加出口的方式来偿还，这意

---

① J. E.米德：《公债是一种负担吗？》，载《牛津经济文丛》，1958；转引自汉森：《二十世纪六十年代的经济问题》，张伯健等译，北京：商务印书馆，1964，第176–179页。

② 萨缪尔森：《经济学》（第10版）（上册），高鸿业译，北京：商务印书馆，1979，第525页。

味着该国居民可支配的社会资源减少，从而对该国社会福利造成不利影响。①

六、收入政策的提出

按照凯恩斯的看法，非自愿性失业是有效需求不足造成的，通货膨胀是有效需求过度造成的，因此可以采用“需求管理”的方法，用扩张性的财政政策来应对总需求不足的失业，用收缩性的财政政策应对总需求过度的通货膨胀。20 世纪 60 年代以后，凯恩斯学派经济学者认为，除了需求拉上通货膨胀，还有成本推进通货膨胀，凯恩斯的财政政策无法对付成本推进通货膨胀，于是提出了收入政策。

所谓收入政策是指通过抑制工资和利润来控制成本推进通货膨胀的政策，主要包括工资—价格指导和工资—价格管制。前者是敦促工会和企业分别执行政府规定的工资指导线和价格指导线；后者主要用法律的手段冻结现行的工资和价格。由于这项政策是抑制工资收入和利润收入，因而被称为收入政策。

工资—物价指导是美国总统经济顾问委员会在 1962 年 6 月提交的《经济顾问委员会年度报告》中提出的，工资指导线的制定原则是每个劳动者每个小时的货币工资增长率不得超过劳动生产率增长率的长期趋势。② 正如我在前文分析成本推进通货膨胀时曾指出的，单位产量的工资成本等于货币工资除以劳动生产率之商。因此，如果货币工资增长率不超过劳动生产率增长率，单位产量的工资成本就不会提高，价格水平也不会上升。

另外，价格指导线的制定原则是，企业根据工资成本的变化来调整价格。这就是说，对于劳动生产率增长率等于全国平均劳动生产率增长率的企业，货币工资按照全国劳动生产率增长率调整，企业的工资成本不变，企业不可以提高价格；对于劳动生产率增长率低于全国平均劳动生产率增长率的企业，货币工资按照全国劳动生产率增长率调整，企业的工资成本上升，企业可以按幅度提高价格；对于劳动生产率增长率高于全国平均劳动生产率增长率的企业，货

① 萨缪尔森：《经济学》（第 17 版），北京：人民邮电出版社，2008，第 619–623 页。

② 转引自爱德华：《宏观经济分析》，杨德明等译，北京：中国社会科学出版社，1985，第 691 页。

币工资按照全国劳动生产率增长率调整，企业的工资成本下降，企业应该按幅度降低价格。

在实践中，美国政府在 1964 ~ 1966 年曾经实行过工资—价格指导，工资指导线确定在 3.2%。这个时期由于失业率达到 5%，工会和企业都较好地遵守指导线。1966 年，失业率降到 3.8%，劳动力市场需求增加导致工资指导线受到很大压力。1968 年，美国政府放弃了工资指导线。1971 年，美国通货膨胀加剧，尼克松总统宣布从 8 月 15 日开始实行为期 90 天的冻结工资和价格。解冻以后，尼克松政府继续实行半自愿的工资—价格指导政策，直到 1973 年 1 月 11 日才终止。

1973 年 6 月，由于通货膨胀再次加剧，尼克松总统再次宣布冻结现行工资和价格 60 天。在再次解冻以后，尼克松政府再次实行半自愿的工资—价格指导政策。在 1974 年 4 月 30 日以后，美国的工资和价格恢复由市场调节。美国政府为了执行收入政策，还专门成立了工资局和价格委员会的管理机构，前一个机构管理工资，后一个机构管理价格。①

七、非凯恩斯主义经济学者的消费函数理论

如前所述，凯恩斯的消费函数理论认为，个人的消费支出是随收入的变化而变化，凯恩斯的消费函数理论被西方经济学界称为绝对收入理论。在凯恩斯之后，经济学者们继续开展对消费函数的研究，出现了一些具有广泛影响的消费函数理论，如杜森贝里的消费函数理论和弗里德曼的消费函数理论。

美国经济学者杜森贝里（James Stemble Duesenberry）在 1949 年出版了《收入、储蓄和消费行为》，提出了他的消费函数理论。杜森贝里认为，在经济社会里，人们会受到其他人消费示范的影响。如果某个家庭的收入与其他家庭的收入以同样幅度增加，这个家庭相对收入地位没有变化，它与其他家庭的绝对消费和绝对储蓄将会增加，但绝对消费在收入的比例保持稳定。但是，如果某个家庭收入不变而其他家庭收入增加，这个家庭相对收入地位发生变化。虽

① 爱华德·夏皮罗:《宏观经济分析》，杨德明等译，北京：中国社会科学出版社，1985，第 693–701 页。

然这个家庭的绝对收入不变，但这个家庭也会受其他家庭的影响，把更多的收入用于消费支出。由于杜森贝里强调人们的消费支出取决于他们的相对收入，他的消费函数理论被经济学界称为相对收入理论。①

美国经济学者弗里德曼（Milton Friedmann）在 1957 年出版了《消费函数理论》，提出了他的消费函数理论。弗里德曼把家庭的收入分为持久收入和暂时收入，持久收入是这个家庭预期的长期收入，暂时收入是实际收入偏离持久收入的部分，它取决于短期因素。同样，消费被划分为持久消费和暂时消费，持久消费是家庭安排的长期消费，暂时消费是实际消费偏离持久消费的部分，受短期因素的影响。暂时消费既不受持久消费影响，也不受暂时收入影响，因此持久消费是持久收入的函数。由于弗里德曼强调人们的持久消费支出取决于他们的持久收入，他的消费函数被经济学界称为持久收入理论。②

我认为，人们的消费行为是复杂的，杜森贝里和弗里德曼的消费函数理论与凯恩斯的消费函数理论没有对错之分，它们只是从不同角度研究消费行为，都具有理论价值。我主要研究凯恩斯《通论》，因而不对其他消费函数理论发表意见。

---

① 爱华德・夏皮罗：《宏观经济分析》，杨德明等译，北京：中国社会科学出版社，1985，第 172–175 页。

② 爱华德・夏皮罗：《宏观经济分析》，杨德明等译，北京：中国社会科学出版社，1985，第 175–181 页。

第五章　对凯恩斯有效需求理论的逻辑和统计检验

第一节　对凯恩斯边际倾向递减规律的检验

一、对凯恩斯边际消费倾向递减规律的逻辑检验

我认为，凯恩斯的消费函数在逻辑上是成立的，可以在一定程度上解释人们的消费行为。但是，我对凯恩斯的边际消费倾向递减规律提出疑问。凯恩斯在《通论》中没有对这个规律进行严谨的论证，只是说："无论我们是从已了解的人类本性来看，还是从经验中的具体事实来看，我们具有很大的信心来使用一条基本心理规律（指边际消费需求递减规律——本书作者注）。"① 然而，在我看来，无论是从人类本性来看，还是从经验事实来看，这个心理规律似乎都不存在。

人们消费是为了获得商品的效用，经济学上存在所谓的边际效用递减心理规律。这个规律源于德国经济学者戈森（Hermann Heinrich Gossen）1854 年出版的著作《人类交换法则及由此产生的人类行为准则的发展》，在 18 世纪 70 年代以后被奥地利学派广泛用于分析消费行为。凯恩斯在《通论》中并没有用边际效用递减心理规律来论证边际消费倾向递减的心理规律，但他很有可能参考了这个规律，否则他的边际消费趋向递减心理规律无从谈起。

所谓边际效用是指增加 1 单位某种商品消费所增加的心理满足，所谓边际

① 约翰·梅纳德·凯恩斯：《就业、利息和货币通论》，宋韵声译，北京：华夏出版社，2012，第 76–77 页。

效用递减心理规律是指人们在消费更多的某一种商品时，他们在心理上不断得到满足。虽然他们在消费过程中得到的心理上的总效用在增加，但是边际效用却是递减的。且不论这个规律如何，在逻辑上从边际效用递减规律推论不出边际消费倾向递减的规律。

首先，边际效用递减规律是指对某一种或某一类商品消费出现的现象。当人们持续增加某一种或某一类商品消费时，这种或这类商品的增量给人们带来的生理或心理满足会递减。例如，德国统计学者恩格尔（Ernst Engel）发现，随着家庭收入的增加，用于购买食物支出的比例趋向下降，这就是恩格尔定律。但是，对于整个消费支出而言，随着人们收入的增加，人们消费的商品结构是会发生变化的，人们还会进行消费的升级换代，不可能持续消费同样的商品，边际消费倾向如何会递减？

其次，边际效用递减规律是指收入持续增加情况下出现的现象。但是，凯恩斯的消费函数是短期的消费函数，短期里，人们的收入是相对稳定的，不可能持续增加。以美国为例，我根据美国商务部经济分析局提供的美国雇员名义工资和薪金的统计数据，以及美国劳工部统计局提供的消费者价格指数（CPI），计算了美国在 1946 ~ 2023 年这 78 年间的实际工资和薪金年平均增长率，结果是 2.94%。设想一下，平均来说，各个家庭每年收入增长不到 3%，在短期里如何会带来边际消费趋向递减？

从横截面来看，低收入者因许多消费需求没有得到满足而消费倾向比较高，高收入者因许多消费需求得到满足而消费倾向比较低，这种情况是客观存在的。但是，这是在收入出现很大差距的条件下才会出现的。从宏观经济的角度来看，收入和消费是包括低收入者和高收入者的平均数，而收入平均数的增长是缓慢的，人们的消费偏好和理念还会发生变化，静态上横截面发生的现象即使会在动态的时间序列中产生，也是一个很长时间的变化过程。

因此，在逻辑上，凯恩斯用边际消费倾向递减心理规律解释消费需求不足是不成立的。

二、凯恩斯边际消费倾向递减规律的统计检验

既然边际消费倾向递减规律是普遍的心理规律，它将会落实在人们的消费行为上，并且在历史统计数据上表现出来。美国是宏观经济统计数据最为完整

的国家，我利用美国的历史统计数据来检验是否存在边际消费倾向递减规律。

首先对短期消费倾向的变化情况进行检验。美国商务部经济分析局提供了从 1947 年开始的季度个人可支配收入和个人消费支出数据。我用当季个人消费支出减去上季个人消费支出得到本季个人消费支出的增量，用当季个人可支配收入减去上季个人可支配收入得到本季个人可支配收入的增量，本季个人消费支出增量与本季个人可支配收入增量相比，便得到本季边际消费倾向。个人可支配收入和个人消费支出均采用以现行价格计算的数据，但把两者相比可抵消价格水平变化的影响。另外，1950 ~ 2023 年的数十年间包含了 292 个数据，难以在一个坐标系反映，我采用距离凯恩斯《通论》出版最近的 20 世纪 50 年代的统计数据来进行检验。

图 5-1 为 1950 ~ 1959 年美国的季度边际消费倾向，横轴表示时期，Q 表示季度；纵轴表示边际消费倾向。需要注意的是，由于边际消费倾向跳跃幅度很大，纵轴的单位很大，1 个刻度表示 500%。从图中可以看到，季度边际消费倾向是不稳定的。如果排除 1950 年第 2 季度与 1954 年第 2 季度的特别激烈的变化，不论把 1 年、2 年还是 3 年看作 1 个短期，均不存在边际消费倾向递减的趋势。

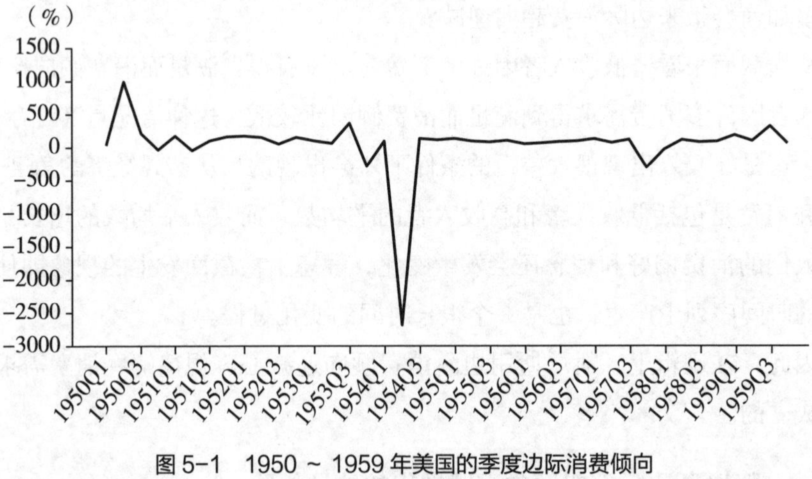

图 5-1　1950 ~ 1959 年美国的季度边际消费倾向

资料来源：Bureau of Economic Analysis U.S., Gross Domestic Product, https://www.bea.gov/index.php/data/gdp。

边际消费倾向在短期里必然是不稳定的。从收入角度分析，工资发放和租金支付每月进行，股息和奖金一般在一年中的某个时间派放，利息收入则没有确定时间。从消费的角度看，人们知道当年收入大概有多少，并以此来安排当年的支出。对生活必需的消费品和消费性服务的支出是均匀的，但对耐用消费品的支出是非均匀的，某些消费性服务，如旅游还有季节性特点。因此，收入和消费的变化是不同步的，人们往往在某个季度用提取储蓄的方法保持当季的支出，也往往在某个季度把得到的收入很大一部分储蓄起来，所以每个季度的边际消费倾向会发生很大波动，甚至出现远大于 1 或者远小于 0 的情况。例如，在 1954 年的第 2 季度，个人可支配收入增量是 −1 亿美元，但是个人消费支出的增量是 27 亿美元，边际消费倾向达到 −2700%。又如，在 1950 年第 2 季度，个人可支配收入增量是 4 亿美元，但是个人消费支出的增量是 39 亿美元，边际消费倾向达到 975%。

再来对长期消费倾向的变化情况进行检验。我收集了 1950 ～ 2023 年美国个人可支配收入和名义个人消费支出的数据，计算了每年的边际消费倾向，如图 5-2 所示。

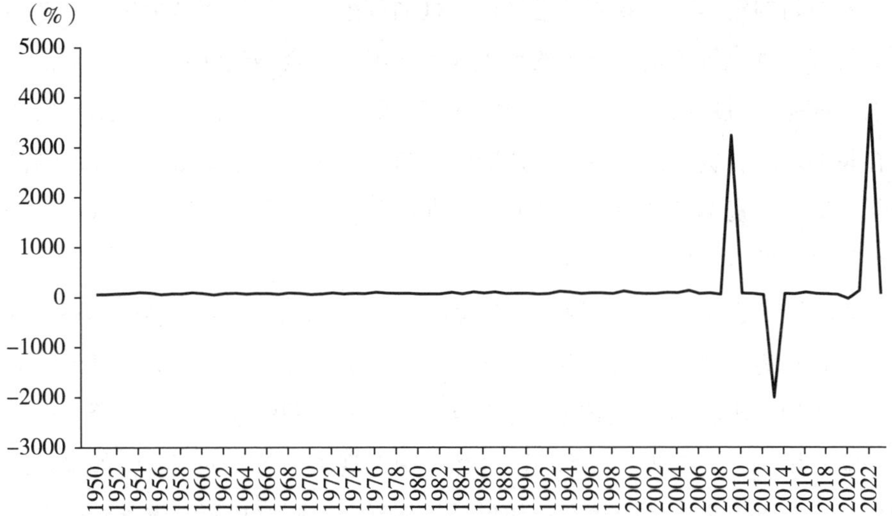

图 5-2　1950 ～ 2023 年美国的年度边际消费倾向

资料来源：Bureau of Economic Analysis U.S., Gross Domestic Product, https://www.bea.gov/index.php/data/gdp。

从图 5-2 中可以看到，以年度为单位计算的边际消费倾向要比以季度为单位计算的边际消费倾向稳定得多，除了个别非常时期出现很大的正数或者负数，边际消费倾向在大多数年份是小于 1 的正数。但是，从长期来看，也不存在边际消费倾向递减规律。

最后以中国为例来进行检验。按照世界银行的标准，中国属于中高收入国家，与凯恩斯当年所处的英国具有一定的相似性。从 2010 年到 2023 年的 13 年时间里，2023 年中国居民可支配收入是 2010 年的 3.13 倍，恩格尔系数从 33.4% 下降到 29.8%，下降了 3.6 个百分点，但是居民的平均消费倾向（居民消费支出 / 居民可支配收入）从 84.43% 提高到 89.15%，提高了 4.72 个百分点。[①] 居民的平均消费趋向没有随着可支配收入增加而递减，反而随着可支配收入增加而递增。

从上面的分析可以看到，不论是短期还是长期的统计检验，历史统计数据均不支持凯恩斯边际消费倾向递减规律，凯恩斯用边际消费倾向递减解释有效需求不足是不能成立的。

三、对凯恩斯资本边际效率递减规律的检验

1. 资本边际效率递减规律的逻辑问题

凯恩斯的资本边际效率是指这样一种贴现率，厂商按照这个贴现率把预期收益折算为现值等于资本资产的重置成本。因此，资本边际效率实际上是指预期的利润率。凯恩斯认为，资本边际效率是资本资产存量的函数，随着资本资产存量的增加，资本边际效率是递减的。凯恩斯对资本边际效率递减原因的解释是：第一，资本资产数量增加时，预期收益率会下降。第二，对资本资产需求增加时，供给价格会提高。

采用资本边际效率递减规律解释投资需求不足，在逻辑上存在一系列疑问：第一，资本边际效率递减是不是规律？第二，资本边际效率递减规律说明资本存量对预期资本利润率的影响，能否反过来说明预期资本利润率对资本存量产生影响？第三，资本边际效率递减规律是短期现象还是长期现象？如果是短期现象，则对投资需求影响较大；如果是长期现象，则对投资需求未必会有什么影响。第四，资本边际效率递减规律的递减幅度如何？如果幅度较大，对投资

① 中国国家统计局，年度数据，https://data.stats.gov.cn。

需求影响很大；如果幅度很小，对投资需求影响不大。第五，资本边际效率是单位资本存量的预期利润率，厂商关注的并非单位资本的利润率而是利润总量，厂商是否有可能反而扩大投资总量以增加预期利润总量？

我利用美国商务部经济分析局的统计数据，对私人产业利润率和固定资产净存量的长期关系进行了检验。各项统计指标的定义如下：

私人产业的利润 = 公司制企业的税前利润 + 非公司制企业的税前业主收入

私人产业垫付的资本 = 雇员和工资薪金 + 固定资产净存量 + 固定资产折旧 + 中间产品投入

私人产业耗费的成本 = 私人产业垫付的资本 – 固定资产净存量

私人产业垫付资本利润率 = 私人产业的利润 / 私人产业垫付的资本

私人产业成本耗费利润率 = 私人产业的利润 / 私人产业耗费的资本

其中，固定资产净存量包括厂房建筑、机器设备、生产工具、知识产权等，其中“净”是指不包括折旧费。

2. 资本边际效率递减规律的统计检验

我对资本边际效率递减是否规律的问题进行了统计检验。图 5–3 反映的是 1950 ~ 2022 年美国私人产业固定资产净存量的变化情况。横轴表示时间，纵轴表示美国私人产业固定资产净存量，以亿美元为单位。图 5–4 反映的是美国私人产业垫付资本利润率和成本耗费利润率的变化情况，横轴表示时间，纵轴表示利润率。

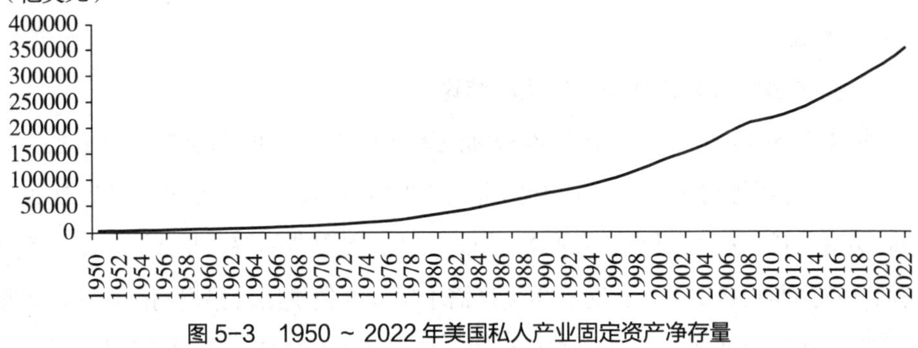

图 5–3　1950 ~ 2022 年美国私人产业固定资产净存量

资料来源：Bureau of Economic Analysis U.S., Gross Domestic Product, https://www.bea.gov/index.php/data/gdp。

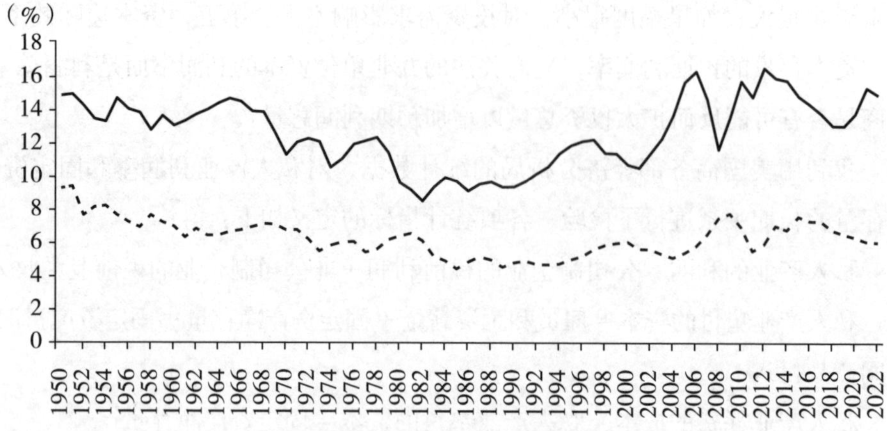

图 5–4　1950 ~ 2022 年美国私人产业利润率

资料来源：Bureau of Economic Analysis U.S., Gross Domestic Product, https://www.bea.gov/index.php/data/gdp。

从图 5–3 中可以看到，美国私人产业固定资产一直在积累，规模越来越大。另外，从图 5–4 中可以看到，不论从垫付资本的角度计算利润率，还是从成本耗费的角度计算利润率，在 20 世纪 80 年代以前趋向下降，在之后就趋向上升。

统计检验结果表明，资本边际效率递减规律存在于一定的历史时期。20 世纪 80 年代以后，利润率趋向上升是科学技术迅速发展所致。按照我的理解，固定资产的积累一方面提高了生产成本，另一方面也提高了劳动生产率。前者导致利润率下降，后者导致利润率提高。在科学技术迅速发展的时期，后者发挥了主要作用。

3. 资本边际效率递减规律的检验结论

根据图 5–4 所揭示的美国资本边际效率变化情况，可以得到下述结论：

第一，美国资本边际效率从 1950 年到 1982 年趋向递减，从 1983 年到 2022 年趋向递增。对于资本边际效率递减，如前所述，凯恩斯的解释是，资本资产数量增加导致预期收益率下降，对资本资产需求增加导致供给价格提高。由于凯恩斯认定资本边际效率递减，并看作是规律，他无法解释资本边际效率递增。

按照马克思的解释，一般利润率的变化（资本边际效率的变化）是资本有机构成和剩余价值率共同作用的结果。在这里，资本有机构成是指不变资本与可变资本之比，不变资本是指投在生产资料上的资本，可变资本是指投在劳动力上的资本。剩余价值率表示剩余价值与可变资本之比，剩余价值包括利润、租金和利息。如果剩余价值率下降和资本有机构成提高，利润率将趋向下降；相反，利润率则趋向提高。因此，在一定历史时期里，在某个因素的主导下，资本边际效率递减会成为规律，但并非各个历史时期普遍存在的规律。

第二，从 1950 年到 1982 年，成本耗费利润率从 16.21% 下降到 8.56%，在 32 年的时间里下降了 7.65 个百分点，即平均每年下降 0.24 个百分点。在同样的期间里，垫付资本利润率从 9.32% 下降到 4.49%，在 32 年的时间里下降了 4.83 个百分点，即平均每年下降 0.15 个百分点。在这个时期里，两种利润率平均下降幅度均很小。

第三，成本耗费利润率和垫付资本利润率不是直线趋向下降，而是震荡趋向下降。如果是直线趋向下降，对厂商预期可能会造成较大影响。在震荡下降的情况下，未来利润率可能上升也可能下降，对厂商预期影响会小一些。

第四，20 世纪 80 年代以后，不论是成本耗费利润率还是垫付资本利润率，都随着资本资产的积累震荡上升。前面对美国边际消费倾向的统计检验表明，美国的边际消费倾向保持稳定。现在对美国资本边际效率的统计检验表明，美国的资本边际效率趋向上升。按照凯恩斯的逻辑，美国有效需求不足的情况应该是不再存在，但在实际上，美国有效需求不足的现象并没有消失。

在现实的经济中，投资是资本边际效率和利息率的函数，受资本边际效率影响很大。但是，对投资产生影响的，是厂商对未来宏观经济变化的预期所导致的资本边际效率的变化，而不是因为存在一个资本边际效率递减规律。

统计检验表明，资本边际效率递减存在于一定的历史时期，但是年平均递减幅度很小，其中以成本耗费计算的利润率的下降倾向还是波动的。不能说在这个阶段的资本边际效率趋向下降对投资需求没有影响，但对投资需求影响不大。我根据美国商务部经济分析局的统计数据，计算了 1951 ~ 2022 年私人产业固定资产投资年平均增长率。在 1951 ~ 1982 年资本边际效率趋向递减时期，私人产业固定资产投资的年平均增长率高达 8.14%；在 1983 ~ 2022 年资本边际效率趋向递增时期，私人产业固定资产投资的年平均增长率却只有 5.40%。这充分说明所谓资本边际效率递减规律不是导致投资需求不足的原因。

4. 与马克思一般利润率下降规律的比较

克莱因在 1947 年出版的《凯恩斯的革命》中，曾对凯恩斯的资本边际效率下降规律与马克思的一般利润率下降规律进行了比较，他指出："凯恩斯利用表（指函数表——本书作者注）的概念，探究在任何既定的一点时间上决定资本边际效率的力量是什么。马克思则研究在某个社会环境中，决定利润率的历史力量是什么。但关于私人企业报酬的时间型式，凯恩斯和马克思所得结论并没有两样。两位作者都预言过这一变数的下降趋势，这是由于过去资本积累率高的缘故。凯恩斯为近代的萧条论题提供了基础，……"①

凯恩斯的资本边际效率递减规律与马克思的一般利润率趋向下降两个规律有相似的地方，都说明资本积累对利润率的影响。但两者有下述区别：

第一，马克思所说的一般利润率是剩余价值与垫付资本之比，凯恩斯所说的资本边际效率是预期的利润与垫付资本之比，而剩余价值除了利润，还包括利息和租金。

第二，凯恩斯认为资本边际效率递减的原因是资本存量的增加。马克思认为一般利润率下降受到两个因素的影响：剩余价值率和资本有机构成。为了突出资本积累的因素，马克思假定剩余价值率不变而考察资本有机构成提高对一般利润率的影响。

第三，凯恩斯的资本边际效率递减规律除了解释投资函数，还用于解释投资需求不足。马克思的一般利润率趋向下降规律主要说明资本主义资本积累的矛盾：资本家为了获得剩余价值不断进行资本积累，反而导致利润率下降。但是，马克思没有排斥在一般利润率下降的条件下，资本家为了获得更多的利润而增加投资。

第四，凯恩斯提出的资本边际效率递减规律是一种心理规律，马克思提出的一般利润率下降规律是一种描述客观现实的经济规律。

我曾经利用历史统计数据对马克思的一般利润率下降规律进行了检验，得

① 劳伦斯·克莱因：《凯恩斯的革命》，薛蕃康译，北京：商务印书馆，2021，第141页。

到图 5–5。图中的一般利润率是指剩余价值与预付资本的比率。比较图 5–5 和图 5–4 可以看到，马克思的一般利润率与凯恩斯的资本边际效率变化趋势相似，都是在 20 世纪 80 年代之前趋向下降，又在之后趋向上升。马克思的一般利润率在 20 世纪 80 年代后趋向上升的原因是：一方面是 20 世纪 80 年代以后剩余价值率上升，另一方面是科学技术进步促使资本家盈利能力提高。

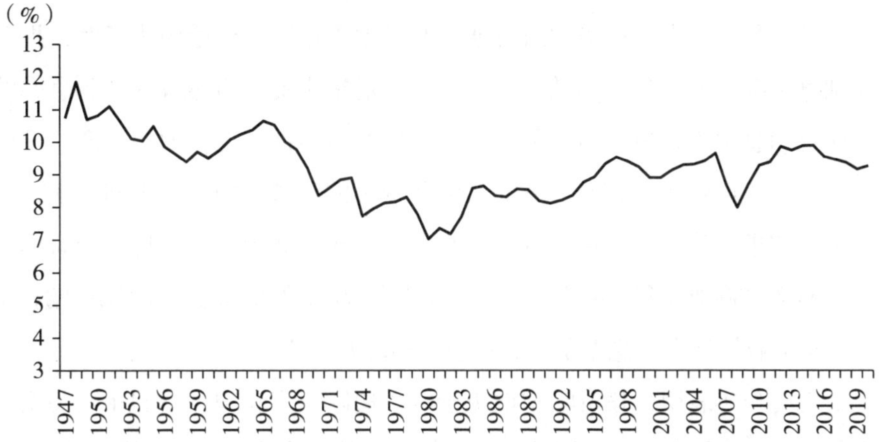

图 5–5　1947 ~ 2020 年美国私人企业一般利润率变化趋势

资料来源：Bureau of Economic Analysis, Gross Domestic Income by Type of Income, http://www.bea.gov。

四、对凯恩斯流动性偏好心理规律的检验

凯恩斯的流动性偏好是指人们对货币所具有流动性的偏好，它决定人们对货币的需求。凯恩斯认为，利息率是由货币的需求和供给决定的，由于存在流动偏好心理规律，人们对货币的需求导致利息率不能低到足够低的水平。因为投资需求是利息率的函数，所以较高的利息率导致投资需求不足。① 关于凯恩斯流动性偏好理论，将在本书第五篇“凯恩斯的货币理论”中详细分析，在这里只讨论流动性偏好心理规律与有效需要不足的关系。

如前所述，投资需求是资本边际效率和利息率的函数。如果假设资本边际

① 约翰·梅纳德·凯恩斯：《就业、利息和货币通论》，宋韵声译，北京：华夏出版社，2012，第 151–158 页。

效率不变，利息率越高，投资需求越小。但是，在现实的经济中，厂商不会假设资本边际效率不变，而是同时根据资本边际效率和利息率来决定是否投资。如果厂商根据宏观经济的变化，预期到利润率很高，即使利息率很高，厂商也会增加投资需求；相反，即使利息率很低，厂商也不会增加投资。正因如此，在经济繁荣时期，由于预期利润率很高，即使利息率很高，厂商仍然增加投资。在经济衰退时期，由于预期利润率很低，即使利息率很低，厂商也不愿意投资。

另外，我在本书第四篇“凯恩斯的利息率理论”的讨论中将证明，投资需求与利息率存在相互作用的关系，不仅投资需求是资本边际效率和利息率的函数，而且利息率也是投资需求的函数。假定其他条件不变，如果厂商的预期利润率提高，厂商将增加投资，从而对借贷资金的需求增加。由于利息率是由借贷资金的需求和供给决定的，利息率将上升。正因如此，在经济繁荣时期，投资需求的增加将带动利息率上升，但厂商投资需求热情不减。在经济衰退时期，投资需求的收缩导致利息率下降，但投资需求热情不增。

上文的分析表明，投资需求取决于资本边际效率和利息率的相互关系，利息率也受到投资需求的直接影响，与人们是否偏好货币的流动性没有什么关系，这是凯恩斯用流动性偏好心理规律解释投资需求不足的一个逻辑缺陷。另外，凯恩斯“流动性偏好”的概念本身是一个可疑的概念。人们是以随时可以支付的形态持有货币，还是以定期存款、债券、股票等形态持有资产，各有利弊。前者可以随时支付，但没有收益；后者有收益，但不能随时支付。人们总是在保留适度流动性的同时尽量获得更多的收益，没有多少人因为偏好流动性而放弃收益，也没有多少人因为偏好收益而放弃流动性，用“流动性偏好”表达货币需求是不准确的。

既然凯恩斯强调流动性偏好通过利息率对投资需求产生影响，下面观察一下在现实的美国和日本经济中，投资需求与利息率存在什么关系。

首先，我根据美国联邦储备委员会和美国商务部经济分析局提供的历史统计数据，分析了利息率对投资需求的影响。图 5-6 和图 5-7 分别反映了 1956 ~ 2023 年美国银行优惠贷款年利息率和美国私人产业固定资产投资额，其中美国银行优惠贷款年利息率是指美国银行向信誉较好的企业发放贷款利息率，是一种基础性的贷款利率。图 5-6 的纵轴表示利息率，图 5-7 的纵轴以亿美元为单位。

美国银行优惠贷款利率之所以在 20 世纪 70 年代末和 80 年代初急剧上升，是因为美国发生了严重的通货膨胀。当时，美国消费者价格指数（CPI）月度同比增长率均在 10% 以上，在 1980 年 3 月达到峰值 14.6%，美国联邦储备系统大规模收缩货币，提高基准利率。

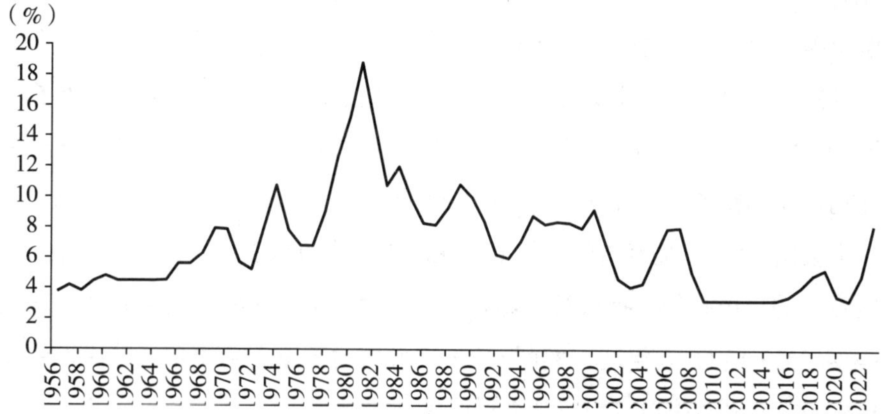

图 5-6　1956 ~ 2023 年美国银行优惠贷款利率

资料来源：Board of Governors of the Federal Reserve System, Selected Interest Rates, https://www.federalreserve.gov/。

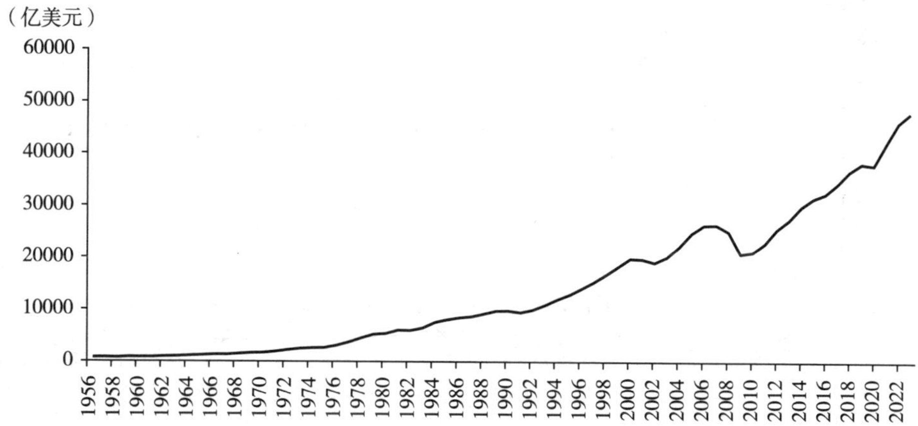

图 5-7　1956 ~ 2023 年美国私人产业固定资产投资额

资料来源：Bureau of Economic Analysis, Gross Domestic Income by Type of Income, http://www.bea.gov。

我根据图 5-6 和图 5-7 的数据，计算了 1956 ~ 2023 年美国私人产业固定资产投资额与优惠贷款年利息率的相关关系，得到的相关系数是 −32%。虽然投资需求与利息率属于弱负相关，还是说明投资需求与利息率存在反向联系。1956 ~ 2023 年中，1978 ~ 1991 年共 14 年是高利息率时期，银行优惠贷款利率均在 8% 以上；2008 ~ 2022 年属于低利息率时期，银行优惠贷款利率都在 6% 以下。但在高利息率时期，私人产业固定资产投资的年平均增长率达到 7.05%，而在低利息率时期，却只有 4.03%。这充分说明在资本边际效率和利息率两个因素中，资本边际效率起到主导作用。

其次，我根据日本中央银行和国际货币基金组织的统计数据，分析了 1990 年到 2023 年日本银行优惠贷款利息率与实际国内生产总值（GDP）增长率的变化情况（如图 5-8 所示）。日本在 1990 年发生泡沫经济破裂，接着陷入被称为“失去的 30 年”的经济停滞时期。从图 5-8 中可以看到，日本中央银行实行超级宽松的货币政策，把银行优惠贷款利息率降低到 1.48% 的超低水平，但是 1994 ~ 2023 年的 30 年间，实际 GDP 年平均增长率只有 0.81%。这说明日本的投资需求对利息率已经没有什么反应了。

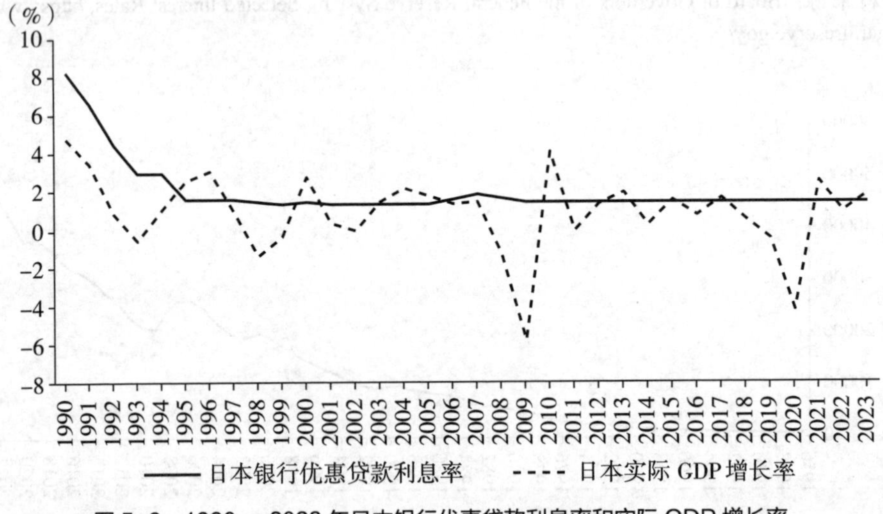

图 5-8　1990 ~ 2023 年日本银行优惠贷款利息率和实际 GDP 增长率

资料来源：Bank of Japan, Statistics, https://www.boj.or.jp; International Monetary Fund, Data Mapper, https://www.imf.org。

值得关注的是，自2009年以来，瑞典、丹麦、欧元区、瑞士、日本5个经济体相继实行负利率政策，部分政策性利息率为负数，市场利率接近于0，达到了凯恩斯所认为的理想状态，但各个经济体的经济仍然不景气。2024年3月，随着日本最后放弃负利率政策，5个经济体负利率政策的历史告一段落。

前面的历史统计检验结果证明，投资需求与利息率只存在一定的反方向变化关系。我在本书第四篇“凯恩斯的利息率理论”将会证明，利息率是由借贷资金的供给和需求决定的，不是凯恩斯所说的利息率是由货币供给和需求决定的，流动性偏好对利息率的影响不大。这就是说，利息率对投资需求产生影响，但流动性偏好对利息率影响不大，凯恩斯用流动性偏好心理规律解释投资需求不足难以成立。

但是，凯恩斯提出投资需求是利息率的函数，降低利息率有助于刺激投资需求，这是正确的。凯恩斯指出利息率偏高会影响投资需求的增加，中央银行应该增加货币供给降低利息率，这也是正确的。

第二节　关于凯恩斯有效需求不足分析的比较

一、对总产值均衡条件分析的比较

在本书第二章第三节中曾提到，凯恩斯提出了总产值均衡的条件 $Y=C+I$ 或者 $S=I$，但是凯恩斯只是说这两个等式依据定义成立，而没有解释总产值形成均衡的机制。后来，凯恩斯学派经济学者对总产值形成均衡的机制作了补充说明。

在本书第二章第三节中也提到，马克思《资本论》比凯恩斯《通论》早出版51年，从马克思社会资本再生产理论也可以得到总产值均衡的条件 $Y=C+I$ 或者 $S=I$，那么马克思是如何解释总产值形成均衡的机制的？在马克思的社会资本再生产理论中，$Y=C+I$ 或者 $S=I$ 是作为社会资本再生产的条件提出来的，也就是作为总供给和总需求达到均衡的条件提出的。但是，马克思并不认为社会资本再生产的条件总是能够得到满足的。

马克思指出："商品生产是资本主义生产的一般形式这个事实，已经包含着在资本主义生产中货币不仅起流通手段的作用，而且也起货币资本的作用，同时又会产生这种生产方式所特有的、使交换从而也使再生产（或者是简单再生产，或者是扩大再生产）得以正常进行的某些条件，而这些条件转变为同样多的造成过程失常的条件，转变为同样多的危机的可能性；因为在这种生产的自发形式中，平衡本身就是一种偶然现象。"① 马克思的话表明，均衡只是偶然的，非均衡是必然的，当非均衡积累到严重程度时，将通过经济危机的方式实现总供给和总需求的暂时均衡。

马克思在 150 多年前的分析给了我们一个重要启示：接受凯恩斯有效需求理论的经济学者，一般都认为总产值是在均衡的条件下决定的。而马克思的分析却告诉我们，总产值往往是在非均衡的条件下决定的。这就是说，从国民收入核算的角度看，由于统计指标定义，总供给量与总需求量是恒等的。但是在现实的经济里，一个经济社会在一定的时期生产出一定的总产值，但这个时候期望的总供给量未必等于期望的总需求量。当总供给量大于期望的总需求量时，总产值由期望的需求量决定；当总供给量小于期望的总需求量时，总产值由期望的供给量决定。

二、对生产过剩原因分析的比较

1. 凯恩斯对生产过剩的解释

如前所述，凯恩斯的《通论》是 20 世纪 30 年代经济大萧条的产物，凯恩斯用"三个心理规律"从需求的角度解释为什么会发生生产过剩。这"三个心理规律"分别是边际消费倾向递减规律、资本边际效率递减规律、流动偏好规律。

我认为，生产过剩是指总供给过剩，而总供给过剩就是总需求不足，这是同一问题的两个方面的表述。因此，凯恩斯从有效需求不足的角度解释生产过剩是合理的。但遗憾的是，正如前文所证明的，凯恩斯用"三个心理规律"解

① 马克思：《资本论》第 2 卷，《马克思恩格斯全集》第 24 卷，北京：人民出版社，1972，第 558 页。

释有效需求不足，在逻辑上或历史统计数据上得不到证实。下面选择几种在凯恩斯以前提出的有代表性的有效需求不足的分析，与凯恩斯有效需求不足的分析相比较。

2. 西斯蒙第对消费不足的分析

瑞士经济学者西斯蒙第也许是最早研究生产过剩经济危机的经济学者，他在 1819 年出版的《政治经济学新原理》中，专门讨论了生产和消费不平衡问题。

西斯蒙第认为，生产必须适应消费，但是财产分配的两极分化，导致生产和消费的不平衡。他写道："一种只改变占有者的收入绝不是新的收入。……当一个工厂主增加的收入只是他从工人手中扣除的工资时，国民收入也丝毫没有增加。……一个富有的农场主家庭加上五十个贫穷的短工家庭所用的消费，与都不富裕但又能维持温饱的五十个农民家庭的消费是不相等的。同样，一个拥资百万、手下支配着仅能维持生活的一千个工人的城市工业主的消费量，对于一个国家来说，不等于一百家都不富裕、每家手下只有不太贫困的十个工人的劳动的业主的消费量。……资本增加的结果，一般都是使劳动集中在大工厂里，而大量财富生产的结果却几乎完全排斥这些大工厂的产品和富人的消费。……由于财产集中在少数私有者手中，国内市场就必定要日益缩小，……"①

在西斯蒙第看来，由于财产集中在少数私有者手中，广大的工人消费不足，而农场主和工厂主的消费又不能弥补短工和工人消费的不足，生产过剩是必然的。

如前所述，凯恩斯关于边际消费倾向递减造成消费需求不足的解释难以成立，而西斯蒙第比凯恩斯早 100 多年就分析了消费需求不足的问题。如果用凯恩斯消费函数的语言来表达，在西斯蒙第看来，消费需求不仅是收入水平的函数，而且是收入分配的函数。由于富人的各种需求已经得到充分满足而穷人基本需求尚未得到满足，富人的平均消费倾向和边际消费倾向远低于穷人。因此，在财产集中于少数人的条件下，收入同样会集中在少数人手中，从而造成总消费需求不足，生产超过消费，出现生产过剩。由于财产所有制度根植于资本主

---

① 西斯蒙第：《政治经济学新原理》，何钦译，北京：商务印书馆，1983，第215-217页。

义制度，所以资本主义生产过剩是不可避免的。

如果再用凯恩斯有效需求理论来补充西斯蒙第的理论，由于收入大于消费的差额形成储蓄，如果投资能够吸收全部储蓄，未必会发生生产过剩。如果投资不能全部吸收储蓄，将会发生生产过剩。但即便投资在一定时期能够全部吸收储蓄，投资又会形成更高的生产能力，只要资本主义财产所有制度不改变，迟早会发生生产过剩的经济危机。

3. 马尔萨斯对生产过剩的解释

英国经济学者马尔萨斯（Thomas Robert Malthus）在 1819 年出版的《政治经济学原理》中，批评了萨伊等经济学者认为不会发生一般生产过剩的观点，提出一般生产过剩是会发生的。

马尔萨斯的论证如下：“有些很有才能的学者（指萨伊等经济学者——本书作者注）认为，某些特殊商品的过剩虽然易于出现，但是一般商品过剩则不可能发生，因为按照他们对这个问题的观点来说，商品总是和商品交换的，这一半商品将为另一半商品提供市场。因此生产就是需求的唯一来源，一种物品的供给过多不过是说明另一些商品供给不足，而一般的过剩是不可能的。……

“事实上，商品绝不是都和商品交换，很多商品是直接和生产性劳动和私人服务相交换的。显然，这很多的商品，和它们所要交换的劳动比较起来，它们的价值可能因过剩而下降，正像任何一种商品的价值，与货币和劳动比较起来，会因供给过剩而下跌一样。

“在上面的假定情况下，由于资本积累，本来从事私人服务的人都转变为生产性劳动者，于是，市场上各种商品的数量显然就会异常增加；可是这两类劳动者的总数并没有增加，而地主和资本家为了消费而购买的意愿和能力根据假定是下降的……这种过剩显然是普遍的而不是局部的。”①

英国第一次普遍的生产过剩经济危机发生在 1825 年，马尔萨斯在这之前就批评了当时主流经济学关于资本主义经济不会出现一般的生产过剩的观点，这说明马尔萨斯是有眼光的。马尔萨斯指出发生一般生产过剩的原因是：第一，

① 马尔萨斯：《政治经济学原理》，厦门大学翻译组译，北京：商务印书馆，1962，第 261–262 页。

商品并非都与商品交换，当商品与劳动交换时，将会出现商品过剩。第二，从事私人服务的人转变为生产性劳动者，从而导致商品供给增加，而人口没有变化，也就是商品的需求没有变化，因而出现商品过剩。

马尔萨斯的分析存在两个问题：第一，当商品与劳动交换时，也就是资本家卖出商品用得到的收入雇用劳动力时，为什么商品会过剩？马尔萨斯是这样解释的："如果固定资本的采用进展很快，以致来不及为它所生产的较多的产品和过去失业而现在被雇用的劳动的新产品找到足够的市场，那么就会普遍感到劳动需求的减少和社会上劳动阶级的困苦。"① 这就是说，资本家把收入分为购买设备和雇用劳动力，投入设备的收入增加导致生产能力提高，对劳动力需求减少导致对消费品的需求减少。第二，为什么从事私人服务的人会转变为生产性劳动者？为什么地主和资本家为了消费而购买的意愿和能力是下降的？马尔萨斯对前一个问题的解释是资本积累导致从事私人服务的人会转变为生产性劳动者，对后一个问题则解释为假定。

因此，总体来看，马尔萨斯认为，固定资本的扩张导致供给增加，但与此同时会导致对劳动力需求的减少，从而导致消费需求减少和一般的生产过剩；即使是导致非生产性劳动者转变为生产性劳动者，对劳动力需求没有减少，但消费需求也没有增加，因而会导致一般的生产过剩。

4. 马克思对生产过剩的解释

西斯蒙第从总需求角度分析资本主义生产过剩经济危机，马克思则从总供给和总需求两个角度分析资本主义生产过剩经济危机。

马克思从资本积累的角度分析了资本主义生产不断扩张的趋势，他在1867年出版的《资本论》（第 1 卷）中指出："把剩余价值当作资本使用，或者说，把剩余价值再转化为资本，叫做资本积累。"② 马克思还指出："不管怎样，工人阶级总是用他们这一年的剩余劳动创造了下一年雇用追加劳动的资本。这就是所

① 马尔萨斯：《政治经济学原理》，厦门大学翻译组译，北京：商务印书馆，1962，第 198 页。

② 马克思：《资本论》第1卷，《马克思恩格斯全集》第23卷，北京：人民出版社，1972，第 635 页。

谓‘资本生资本’。”①

剩余价值是资本积累的源泉，资本积累是资本主义扩大再生产的源泉。不断地利用占有的剩余价值来扩大资本规模，以继续占有更多的剩余价值，这就是资本积累的本质。所以，在获取剩余价值冲动的支配下，资本不断积累，资本主义生产存在不断扩张的趋势。

但马克思认为，在资本积累不断扩大的过程中，却产生了相对贫困的工人阶级。他指出：“同样，规模扩大的再生产或积累再生产出规模扩大的资本关系：一极是更多的或更大的资本家，另一极是更多的雇佣工人。……生产剩余价值或赚钱，是这个生产方式的绝对规律。”②

他还指出：“由此可见，不管工人的报酬高低如何，工人的状况必然随着资本的积累而日趋恶化。……这一规律制约着同资本积累相适应的贫困积累。因此，在一极是财富的积累，同时在另一极，即在把自己的产品作为资本来生产的阶级方面，是贫困、劳动折磨、受奴役、无知、粗野和道德堕落的积累。”③

马克思在 1894 年出版的《资本论》（第 3 卷）里，从总供给和总需求两个方面对资本主义生产过剩经济危机进行了总结。马克思指出：“一切真正的危机的最根本的原因，总不外乎群众的贫困和他们的有限的消费，资本主义生产却不顾这种情况而力图发展生产力，好像只有社会的绝对的消费能力才是生产力发展的界限。”④

由此可见，马克思认为，一方面资本主义生产不断扩张，另一方面劳动人民消费需求相对减少，总供给超过总需求，资本主义生产过剩经济危机由此爆

---

① 马克思：《资本论》第1卷,《马克思恩格斯全集》第23卷，北京：人民出版社，1972，第 639 页。

② 马克思：《资本论》第1卷,《马克思恩格斯全集》第23卷，北京：人民出版社，1972，第 673–674、679 页。

③ 马克思：《资本论》第1卷,《马克思恩格斯全集》第23卷，北京：人民出版社，1972，第 708 页。

④ 马克思：《资本论》第 3 卷,《马克思恩格斯全集》第 25 卷（上册），北京：人民出版社，1974，第 548 页。

发。由于这个矛盾产生于资本主义生产日益社会化而生产资料却集中在少数私人手里的基本矛盾，因此资本主义生产过剩经济危机是不可避免的。

5. 霍布森对消费不足的分析

英国经济学者霍布森在他的多本著作中都指出了资本主义经济的消费不足导致生产过剩的问题。美国经济学者克莱因曾作出这样的评价："异端者霍布森肯定是最好的消费不足论者之一。"①

霍布森在 1902 年出版的《帝国主义》中指出："经过一段时间的残酷竞争之后，继之而起的是激烈的合并过程，这使大量财富落入少数工业巨头手中。这个阶级收入的增长远远超过其奢侈生活的需要，于是自发的储蓄以空前的规模发展起来。这些储蓄投资到其他工业上，会使得这些工业受到同样的集中力量的支配。……但是，实际的储蓄率以及对现有资本的节约利用，大大超过了全国对工业品消费的增长。同旧经济理论相反，生产力远远超过实际的消费率，即使降低产品的价格也不能保证消费有相应的增长。"②

霍布森还指出："为什么有消费能力的群体不去消费而把储蓄保留下来呢？换个问法，为什么需求压力不能产生与之适应的消费量呢？要回答这个问题，我们不得不先弄清关于财富分配的争论。如果收入或消费力的分配能够一直契合市场需求的话，消费显然将会和生产同步提高，因为人类的需求是无限的，那样就不会出现储蓄过剩。但在一个经济社会中情况正好相反，分配和需求并不相关，而是取决于其他因素，有些人的消费力大大超过他们的需要，而其他人的消费能力则连其基本的生理需求都难以满足。"③

由此可见，在霍布森看来，资本主义社会消费需求不足主要源于不公平的收入分配；而不公平的收入分配，又源于资本主义财产占有制度。可见，霍布森的看法与西斯蒙第是相似的。

---

① 劳伦斯·克莱因：《凯恩斯的革命》，薛蕃康译，北京：商务印书馆，2021，第145页。

② 约翰·阿特金森·霍布森：《帝国主义》，卢刚译，北京：商务印书馆，2017，第74–75页。

③ 约翰·阿特金森·霍布森：《帝国主义》，卢刚译，北京：商务印书馆，2017，第81页。

6. 各种分析比较的结论

美国经济学者克莱因曾经这样评论在凯恩斯以前分析过生产过剩或者有效需求不足的经济学者："这些先驱者的心目中大多数没有系统的理论概念，我们须在字里行间揣摩，以调和他们的观点和今日的观点。""大多数消费不足理论家都是如此。他们仅仅充分地分析过程的一部分。他们很了解整个的储蓄和消费的一面，但是他们常不能恰当地把它和投资的一面结合为一个整体。"①

我认为，如果克莱因评论的是西斯蒙第或者霍布森的分析，也许有些道理。但是，如果霍布森评论的是马克思的分析，则缺乏说服力。马克思对生产过剩或者总需求不足的分析，是建立在严谨的资本积累理论和剩余价值理论之上，而资本积累理论就是关于投资的理论，剩余价值理论是涉及资本主义生产本质的理论。即使是就西斯蒙第或者霍布森的分析而言，他们对消费需求不足的分析也是基于资本主义财产占有制度和收入分配制度，与凯恩斯基于"三个心理规律"分析相比，要严谨得多和深刻得多。西斯蒙第、马克思、霍布森指出了资本主义生产过剩发生的必然性，已经为西斯蒙第 1819 年出版《政治经济学新原理》以来的 200 多年的历史事实所证明。

但我认为，尽管凯恩斯没有对有效需求不足提出有说服力的解释，但是凯恩斯有效需求不足的思想，却在之后的数十年中给予各国政府重要的启示。如果把凯恩斯的二部门经济分析扩展到四部门经济分析，总需求 = 消费需求 + 投资需求 + 政府支出 + 净出口（出口 − 进口）。当一个国家出现短期总需求不足的时候，消费需求、投资需求、净出口难以增加，可以利用政府支出的增加来弥补私人的总需求缺口，以避免经济过度衰退。在未来，只要实行市场经济体制，不论是社会主义国家还是资本主义国家，都可以在一定条件下采用这个方法来维持经济的稳定。

① 劳伦斯·克莱因：《凯恩斯的革命》，薛蕃康译，北京：商务印书馆，2021，第 133、135 页。

第三节　凯恩斯赤字财政政策的实践检验

一、凯恩斯赤字财政政策的效果

随着凯恩斯《通论》的广泛传播，并被誉为“凯恩斯革命”，赤字财政就成为“凯恩斯革命”的一个标志性的政策主张。从此以后，不论是宣称赞成还是反对凯恩斯的政府干预经济主张的政府，都在实行赤字财政的政策。图 5-9 反映了 1946 年到 2023 年美国政府财政赤字率的变化情况，财政赤字是决算的数据而不是预算的数据，财政赤字率是指当年的财政赤字对当年国内生产总值的比率。图 5-9 的横轴表示时间，纵轴表示财政赤字率。

从图 5-9 中可以看到，自从 1946 年以后，美国政府财政赤字常态化，财政盈余的年份屈指可数。另外，美国政府的财政赤字不仅规模不断扩大，相对于国内生产总值来说比率还不断提高。这就带来一个问题：“凯恩斯革命”发生至今已经近 90 年了，凯恩斯开出的“药方”有效吗？

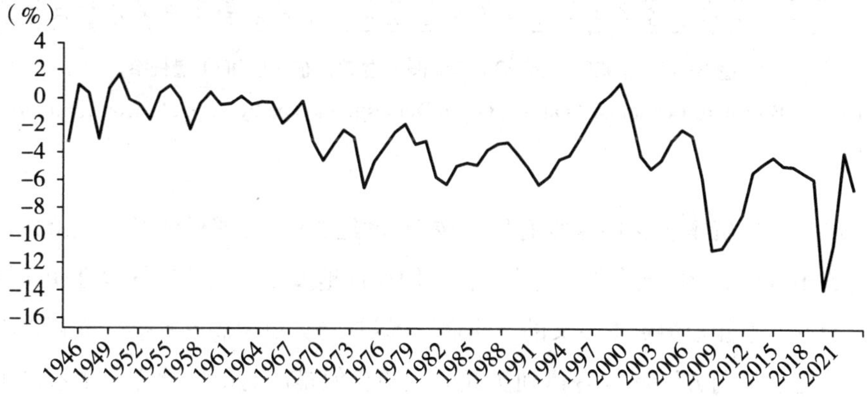

图 5-9　1946 ~ 2023 年美国政府的财政赤字率

资料来源：Bureau of Economic Analysis, Gross Domestic Income by Type of Income, http://www.bea.gov。

应该指出的是，资本主义经济危机是生产过剩的危机，总供给过剩与总需求不足是同一个问题的两种表述，即总供给过剩就是总需求不足，总需求不足就是总供给过剩。政府采用举债支出的方法刺激总需求，必然可以缓和生产过剩经济危机的程度。图 5-10 反映了 1930 ~ 2023 年美国国内生产总值（GDP）增长率的变化情况，图中横轴表示时间，纵轴表示增长率。

从图 5-10 中可以看出，第二次世界大战以后，以美国为代表的主要资本主义国家政府采用凯恩斯的政策主张干预经济，再也没有发生 20 世纪 30 年代那样严重的经济大萧条，这就是对凯恩斯开出的“药方”的实践检验。因此，凯恩斯的“药方”是有一定疗效的。

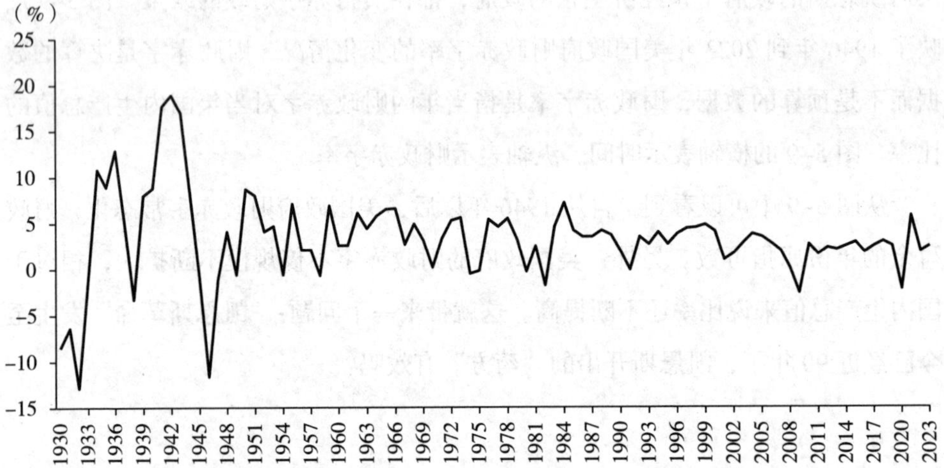

图 5-10　1930 ~ 2023 年美国国内生产总值（GDP）增长率

资料来源：Bureau of Economic Analysis, Gross Domestic Income by Type of Income, http://www.bea.gov。

尽管主要资本主义国家没有发生像 20 世纪 30 年代那样的经济大萧条，但是图 5-10 显示，生产过剩的经济危机仍周期性地发生，实践同样也证明凯恩斯的“药方”不能根治资本主义的“病症”。尽管马克思设想的社会主义还没有出现，马克思“药方”还没有得到实践的检验，但是所有的“药方”都不能根治资本主义这个“病症”，也就在反证马克思“药方”的有效性。

二、凯恩斯赤字财政政策带来的问题

凯恩斯的“药方”不但没有根治资本主义经济的“病症”，而且还带来了副作用。政府借入债务是要还本付息的，凯恩斯的“药方”的本质是用未来的需求来弥补现在的需求。因此，政府债务的积累取决于经济周期的波动情况，以及政府用经济繁荣时期的财政盈余来弥补经济衰退时期的财政赤字的自觉性。如果在一个经济周期中经济衰退的时期短一些，政府债务积累就慢一些，反之就快一些；如果政府自觉用经济繁荣时期的财政盈余来弥补经济衰退时期的财政赤字，政府债务积累就慢一些，反之就快一些。

以美国为例，根据美国财政部提供的数据，美国 1946 年以来的财政年度结束时的政府债务存量的情况如图 5-11 所示。在图 5-11 中，横轴表示当年财政年度结束的时间。在 1976 年以前，美国财政年度是上一年的 7 月 1 日到当年 6 月 30 日。在 1976 年以后，美国财政年度是上一年的 10 月 1 日到当年 9 月 30 日。纵轴表示债务余额，以亿美元为单位。

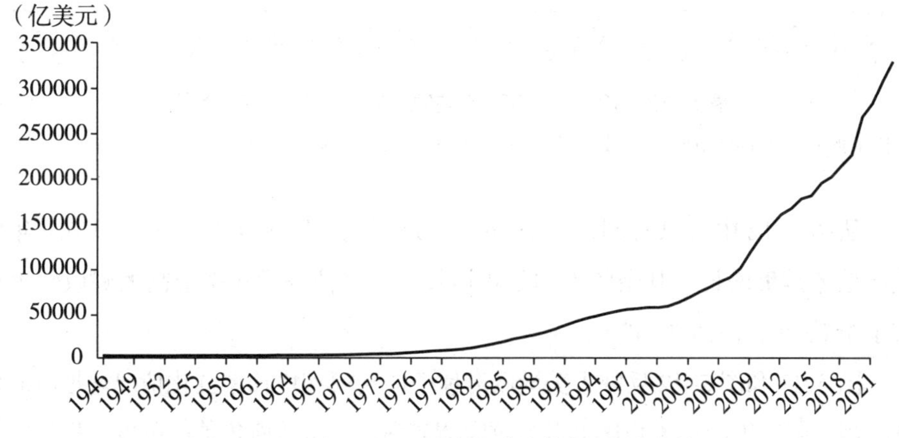

图 5-11　1946 ~ 2023 年美国政府债务余额变化情况

资料来源：U.S. Department of The Treasury, Data, http://www.ustreas.gov。

从图 5-11 中可以看到，第二次世界大战结束以后，美国政府债务规模不断扩大。到 2023 年 9 月 30 日，美国政府债务已经达到惊人的 331673 亿美元，超过了当年国内生产总值 273609 亿美元。1945 年以后，美国政府债务突破第一个 10 万亿美元用了 63 年，突破第二个 10 万亿美元用了 9 年，突破第三个 10 万亿美元只用了 5 年。

为了更加具体和深入地分析美国政府债务的积累情况，根据图 5-11 美国财政部提供的政府债务的数据，得到了 1946 年以来各个财政年度美国政府债务的增长情况（如图 5-12 所示）。在图 5-12 中，横轴表示财政年度，以当年财政年度结束往前延伸一年为单位，纵轴表示增长率。

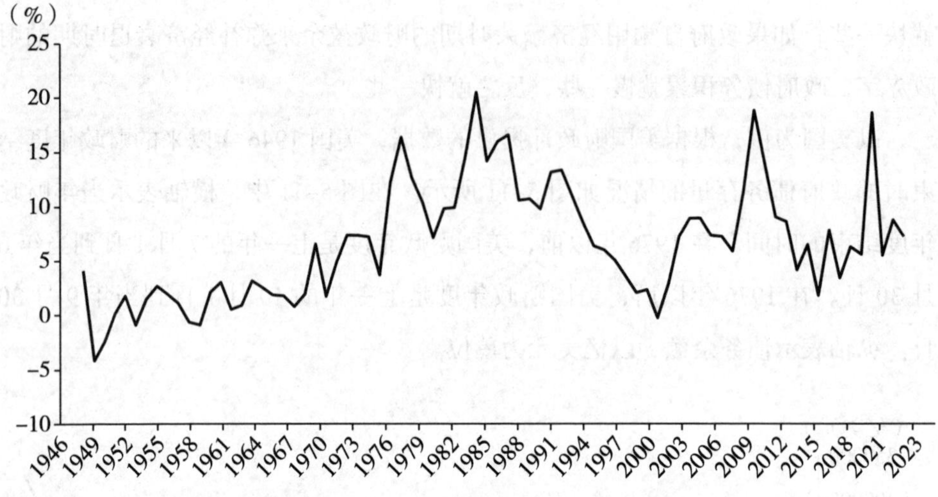

图 5-12　1946 ~ 2023 年美国政府债务增长率变化情况

资料来源：U.S. Department of The Treasury, Data, http://www.ustreas.gov。

从图 5-12 中可以看到，在 1946 ~ 2023 年长达 78 年时间里，只有 6 年的政府债务是负增长，其余年份均是正增长。政府债务增长率最高的财政年度结束于 1983 年，高达 20.49%。

图 5-11 和图 5-12 反映了美国政府债务的规模和增长率变化情况。把政府债务与当年国内生产总值相比可得到政府债务率，表示政府负债的程度。根据国际货币基金组织提供的统计数据，可以得到 1950 年以来美国政府债务率的变化情况（如图 5-13 所示）。在图 5-13 中，横轴表示自然年度，纵轴表示政府债务率。

从图 5-13 中可以看到，1950 年以来，美国政府债务率趋向下降有两个时期：第一个时期是 1950 ~ 1980 年，这个时期是凯恩斯主义盛行的时期；第二个时期是 1993 ~ 2001 年，这个时期是克林顿执政时期。1980 年以后政府债务率迅速上升的时期，正是里根总统宣布告别凯恩斯主义的时期。这是否意味着美国政府债务规模不断扩大与凯恩斯的赤字财政的主张无关？我认为，凯恩斯赤字财政的主张从本质上是会导致政府债务规模不断扩大的，美国政府债务率在 1950 ~ 1980 年趋向下降，是两方面因素造成的：

第一，第二次世界大战以后的一段时期，是美国政府理财观念逐渐转变的

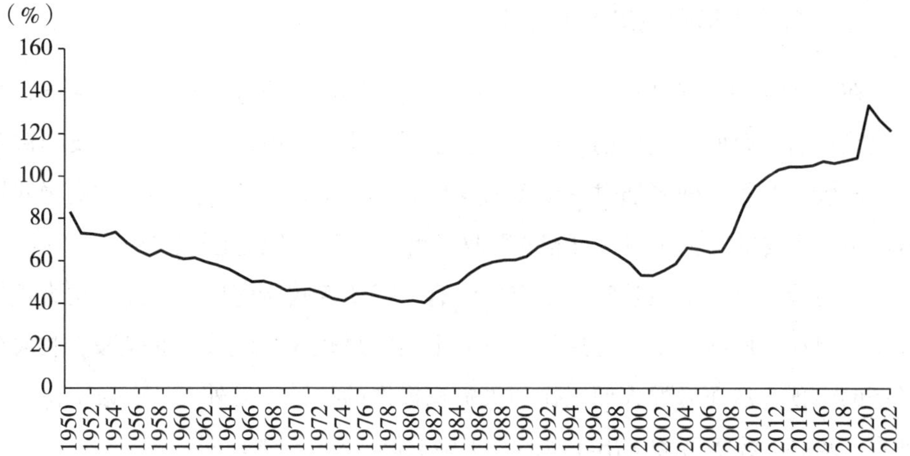

图 5-13　1950 ~ 2022 年美国政府债务率变化情况

资料来源：International Monetary Fund, Data Mapper, https://www.imf.org。

时期。由于长期受平衡预算观念影响，美国政府接受赤字财政观念要有一个过程。虽然美国政府接受凯恩斯主义，但在实行赤字财政政策方面还比较谨慎。从图 5-12 中可以看到，在 20 世纪 60 年代中期以前，财政赤字情况不严重，政府债务增长率比较低。

第二，第二次世界大战以后的一段时期，是美国经济史上一段经济增长率较高的时期。根据美国经济分析局的统计数据，从 1950 年到 1980 年，美国 GDP 的年平均增长率是 3.86%，而在其后里根执政的 1981 ~ 1989 年，美国 GDP 年平均增长率是 3.51%。[①] 由于政府债务率是政府债务与 GDP 的比例，美国 GDP 较高的增长率降低了美国政府债务率。

在里根执政的 8 年里，尽管他宣称告别凯恩斯主义，但他实行了大规模的减税。不管减税是从需求方起作用，还是从供给方起作用，都会导致财政赤字增加和政府债务增加。里根政府打破了前任美国政府的两个纪录：一个纪录是年度预算赤字超过 1000 亿美元，另一个纪录是政府债务余额超过 10000 亿美元。也就是在里根担任总统的时期，一方面政府债务急剧增加，另一方面美国 GDP 增长率趋缓，美国政府债务率迅速上升。

---

① Bureau of Economic Analysis U.S., Data, https://apps.bea.gov.

三、财政支出政策出现中性化

在 1979 年英国撒切尔政府和 1980 年美国里根总统分别宣布放弃凯恩斯主义政策以后，政府实践中的财政政策发生了变化。财政政策包括财政支出政策和财政收入政策，前者通过调整政府支出影响经济，后者通过调整政府税收影响经济。主要资本主义国家政府的财政支出政策出现中性化的趋向。

以美国为例，里根政府、小布什政府、特朗普政府先后实行过三次大规模减税，但这三届政府不认为这是凯恩斯主义的财政收入政策，而是减少政府对经济的干预，从而激发人们工作和投资积极性的举措。另外，从财政支出政策来看，政府的经济事务支出在政府支出中的比例趋于下降。

图 5-14 显示了美国经济事务支出在政府支出中的比例变化情况。图中横轴表示年份，纵轴表示比例。在主要资本主义国家，政府支出有两种功能：一种是社会功能，另一种是经济功能。在美国，政府支出的社会功能包括国防、公共服务、公共安全、社区服务、社会保险、教育、医疗、文化等方面的支出。政府支出的经济功能称为经济事务（Economic affairs），包括公路、铁路、空运、水运等支出。

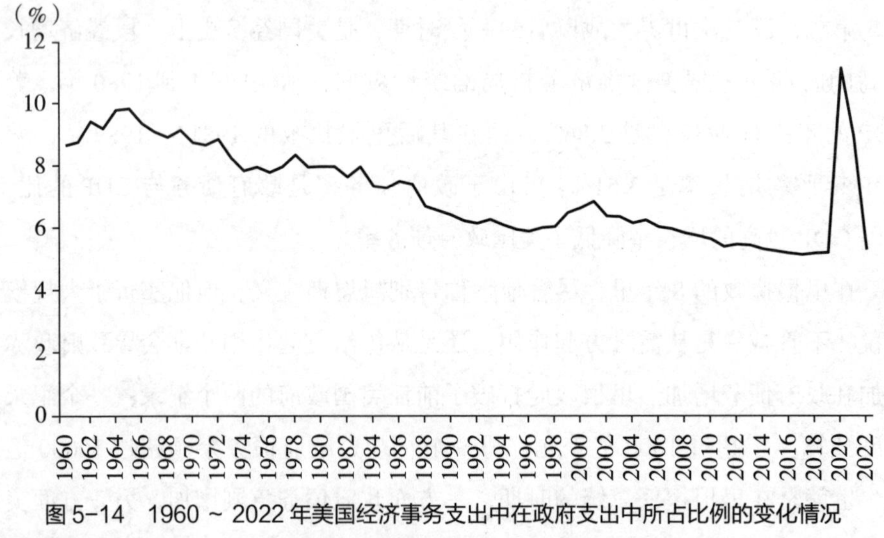

图 5-14　1960 ~ 2022 年美国经济事务支出中在政府支出中所占比例的变化情况

资料来源：Bureau of Economic Analysis, National Data, https://www.bea.gov。

从图 5-14 中可以看到，从里根总统执政开始，美国政府支出的经济功能在下降，这意味着政府支出的社会功能在增强。但是，2020 年，受新冠疫情影响，美国经济陷入衰退，特朗普政府又大规模地增加经济事务支出，以克服经济衰退。

四、应该重新认识赤字财政

凯恩斯认为，在发生严重失业的情况下，不必恪守预算平衡的理念，应该采取赤字财政的方法减少失业。凯恩斯主张的这种政府理财观念的转变是正确的，但是他没有分析政府举债支出的原则和后果，因而也就打开了赤字财政这只“潘多拉魔盒”，各主要资本主义国家的赤字财政越发不可收拾，政府债务率不断上升。如果在 20 世纪 40 年代自嘲乡巴佬的杜鲁门总统直率地说出“谁也不能叫我相信，政府能把还没弄到手的钱给花出去”，那么到 21 世纪 20 年代，各主要资本主义国家的政府已经不知道正在花的是未来何年何月的钱了。

在组建欧元区的时候，《马斯特里赫特》条约曾经规定，成员国政府债务对国内生产总值的比例不得超过 60%，这个规定被国际社会视为政府债务率的警戒线。但是，到了 2022 年，根据国际货币基金组织的统计数据，主要国家的政府债务率如下：日本，261.29%；美国，121.38%；法国，111.67%；英国，101.36%；德国，66.54%。[①] 政府债务不是可以无限借下去的，一旦政府债务崩溃，将对经济造成破坏性的影响。

值得注意的是，在 20 世纪 90 年代，后凯恩斯主义经济形成了一种货币理论，称为现代货币理论（Modern Money Theory，简称 MMT），把凯恩斯赤字财政的主张推向了极端。

现代货币理论的核心思想是在财政赤字的情况下，政府可以发行货币支出（government spending by printing money）。现代货币理论倡导者雷（L. Randal Wray）指出：“政府发行本国货币，其支出行为是我们的研究重点。”

现代货币理论认为，在不考虑外部经济的条件下，只有政府部门出现赤字，私人部门才有盈余，因此政府应该实行赤字财政的政策。现代货币理论还指出，

① International Monetary Fund, Data Mapper, https://www.imf.org.

保证私人部门盈余和发挥功能财政作用，将会导致财政赤字和政府债务的增加，但是政府可以发行货币支出。拥有主权货币的政府能够在到期前偿还所有的债务，它是不会破产的。

虽然现代货币理论也承认政府过度支出会带来一系列问题，如通货膨胀、损害私人部门利益、本币汇率贬值等，但是该理论始终没有说明如何既发行货币支出又不会导致通货膨胀。[①]

我认为，赤字财政是政府理财观的重要转变，在经济严重衰退时期实行赤字财政政策是正确的，但是必须通过控制赤字财政政策的"度"来控制政府债务的"度"，否则不断积累的政府债务终究是要崩溃的。可能到了若干主要资本主义国家债务危机爆发的时候，才会促使人们重新思考和认识经济稳定、赤字财政、政府债务相互之间的关系。

第二篇小结：凯恩斯有效需求理论的历史地位

根据本篇的分析，我对凯恩斯有效需求理论在经济思想史的地位得出下述结论：

第一，凯恩斯独立提出了总收入如何决定的思想，但这并非凯恩斯的独创，马克思和卡列茨基在凯恩斯之前就已经提出了总收入如何决定的思想。但由于马克思对资本主义的批判被西方经济学界排斥，卡列茨基的研究成果以波兰文出版没有被西方经济学界关注，因此，凯恩斯的有效需求理论在西方经济学界产生广泛影响。

第二，凯恩斯总收入决定的理论存在逻辑缺陷，特别是未能揭示储蓄等于投资的形成机制，但经过凯恩斯学派经济学者的解释和补充，凯恩斯总收入决定的理论在逻辑上是可以成立的，在实践上能够解释现实经济中总收入决定和变化的现象，并且已经得到历史事实的验证。

第三，凯恩斯把有效需求不足归因于"三个心理规律"的说法经不起

① L. 兰德尔·雷：《现代货币理论：主权货币体系的宏观经济学》，张慧玉等译，中信出版集团，2017，第 55、12–54、264–267 页。

逻辑检验和历史统计检验，在这方面的论证不如马克思深刻，甚至还不如西斯蒙第和霍布森深刻。虽然总供给过剩就是总需求不足，这在理论上属于没有意义的同义反复，但是在自由的市场经济体制下，政府难以对总供给进行干预，政府对总需求进行干预是可操作的。凯恩斯把对总供给的关注转向总需求，可以为政府制定经济政策奠定经济理论的基础。

第四，马克思等经济学者认为资本主义生产过剩经济危机根植于资本主义制度，只要资本主义制度还存在，资本主义生产过剩经济危机就会存在，这已经为马克思《资本论》出版以来的历史事实所证实。凯恩斯认为，资本主义生产过剩经济危机是人们心理原因所致，但他发现用政府干预的方法可以缓和生产过剩。第二次世界大战结束以后的历史事实证明，凯恩斯的政策主张不能避免资本主义生产过剩经济危机的发生，但可以缓和资本主义生产过剩经济危机的程度。

第五，凯恩斯的赤字财政主张，对于维持第二次世界大战以后主要资本主义国家的经济稳定发挥了重要作用，可以预测在未来仍然会发挥作用。但是，凯恩斯的赤字财政主张也带来了很大的负面影响，如反复刺激经济导致经济增长乏力，长期预算赤字导致政府债务急剧膨胀，等等。因此，如何合理和适度使用凯恩斯主张的财政政策，保持经济可持续发展，成为各国政府需要考虑的问题。

第三篇

凯恩斯的就业理论

第六章　凯恩斯本人表述的就业理论

第一节　凯恩斯关于劳动力供求和就业的分析

一、劳动力供给函数

凯恩斯的就业理论部分与他的有效需求理论相互重叠，主要表现在两个方面：非自愿性失业原因和解决非自愿性失业的方法。在凯恩斯看来，就业与产值是相互联系的。在经济衰退时期，产值减少，就业也在减少；在经济繁荣时期，产值增加，就业也在增加。凯恩斯在有效需求理论中分析了为什么产值处于小于充分就业的均衡状态，也就解释了为什么存在非自愿性失业。另外，凯恩斯在有效需求理论分析了如何使产值接近充分就业的均衡，也就解释了如何解决非自愿性失业。

但是，非自愿性失业的原因和解决非自愿性失业的方法并非凯恩斯就业理论的全部内容。所以，我在分析了凯恩斯的有效需求理论以后，再来分析凯恩斯的就业理论，但其中与有效需求理论重叠的部分就不再详细讨论了。

凯恩斯区分了货币工资和实际工资，提出劳动力的总供给量是货币工资的函数。所谓货币工资是以货币形式度量的工资，实际工资是以对工资物品的购买力度量的工资。凯恩斯在《通论》所说的真实工资或者实质工资，就是实际工资。

凯恩斯指出："降低现行货币工资，固然可以导致一部分劳工退出劳工市场，但是由于工资物品的价格上升，以工资物品来换算的现行货币工资的价值的下降却不一定造成同样的结果。换句话说，也许在某种范围之内，劳动者所要求的乃是一个最低限度的货币工资，而不是一个最低限度的真实工资。”①

凯恩斯还指出：“现在日常的经验毋容置疑地告诉我们：劳动者坚持要求的（在一定限度内）是货币工资而不是实质工资，这种情况绝不仅仅是一种可能性，而是一种通则。……有时人们会说，劳动者只抵制货币工资的下降而不抵制实质工资的下降似乎不合逻辑。下面我们将列举理由说明这并不是像看上去那样的不符合逻辑。……但是，不论这种做法是否符合逻辑，经验表明劳动者实际上就是这样行事的。”②

凯恩斯所说的“下面我们将列举的理由”是：“然而他们并不抑制那些可以增加总就业量并保持相应货币工资不变的实质工资的降低，除非实质工资的降低程度过大，使得实质工资低于目前就业量的边际负效用。每个工会都要对货币工资的降低进行抵制，不管其降低的幅度可能是多么的小。但工会也并不想在每次生活费用略有上涨时就举行罢工……”③

凯恩斯还用反证的方法说明劳动的供给量取决于货币工资：“一般说来，在货币工资不变的情况下，由于物价上涨所引起的实质工资的下降，并不会导致现行货币工资制度下劳动力的供应量低于涨价前的实际就业量。如果认为在现行货币工资制度下劳动力的供应量可能低于涨价前的就业量，那就无异于在说现行货币工资制度下愿意工作而实际并未就业的人，只要生活费略有提高就不愿意再去谋求职业。”④

凯恩斯的这种看法被西方经济学界称为工人的货币幻觉。所谓货币幻觉

---

① 约翰·梅纳德·凯恩斯：《就业、利息和货币通论》，宋韵声译，北京：华夏出版社，2012，第 7 页。

② 约翰·梅纳德·凯恩斯：《就业、利息和货币通论》，宋韵声译，北京：华夏出版社，2012，第 8 页。

③ 约翰·梅纳德·凯恩斯：《就业、利息和货币通论》，宋韵声译，北京：华夏出版社，2012，第 12 页。

④ 约翰·梅纳德·凯恩斯：《就业、利息和货币通论》，宋韵声译，北京：华夏出版社，2012，第 10–11 页。

（monetary illusion）是由美国经济学者费雪 1928 年提出的概念，意思是人们往往关注货币的名义价值，而忽略货币的实际购买力。凯恩斯认为工人往往关注货币工资，而忽略用货币工资所能购买到的消费品，即实际工资。

二、劳动力需求函数

凯恩斯明确提出劳动力的供给量取决于货币工资率而不是实际工资率，那么劳动力的需求量由什么决定呢？凯恩斯在《通论》中多次提到劳动边际生产力[①]，并认为实际工资是由劳动边际生产力决定的。这意味着凯恩斯接受新古典学派关于劳动边际生产力的概念，但是新古典学派明确提出劳动力的需求量是实际工资的函数，凯恩斯则提出劳动力需求不仅是实际工资的函数，还是有效需求的函数。

美国经济学者克莱因在 1947 年出版的《凯恩斯的革命》中，曾对这个问题进行过解释："在劳力投入量方面，利润也能最大限度地扩充。从这一点可以引出下一个命题：平均实际工资率等于劳力边际产品，即一个人在最后一小时内完成的工作量对出产的贡献。这样我们就可得到劳力量与实际工资之间的关系：对劳力的需求决定于实际工资水平。"[②]

但是，凯恩斯认为劳动力的需求量并非仅仅取决于反映劳动力边际生产力的实际工资水平，他认为还取决于有效需求。在凯恩斯看来，均衡的就业量是劳动力的总需求等于总供给的就业量，但这种均衡未必是充分就业的均衡。凯恩斯在《通论》的两处地方讨论就业量的决定：一处是把就业量看作自变量，把产值看作因变量，但是在就业量变化导致产值变化过程中，雇主对劳动力的需求取决于有效需求；另一处是把消费倾向、资本边际效率曲线、利息率看作自变量，把产值和就业量看作因变量，分析消费倾向等因素对产值和就业量的影响。[③] 因此，可以认为，在凯恩斯看来，劳动力的需求量取决于劳动边际生

① 约翰 · 梅纳德 · 凯恩斯：《就业、利息和货币通论》，宋韵声译，北京：华夏出版社，2012，第 9、14 页。

② 克莱因：《凯恩斯的革命》，薛蕃康译，北京：商务印书馆，2015，第 80 页。

③ 约翰 · 梅纳德 · 凯恩斯：《就业、利息和货币通论》，宋韵声译，北京：华夏出版社，2012，第 22–24、188–189 页。

产力和有效需求。

三、就业量的决定

凯恩斯明确指出，劳动力的总就业量取决于有效需求。凯恩斯指出："在每单位就业量的技术、资源和要素成本皆不变的情况下，每一个厂家、每一个行业或社会总体的就业量，决定于雇主对相应产量所能带来的收益的预期。雇主们必须设法使就业量达到某一水准，在该水准下，预期收益将最大限度地超过要素成本。"①

接着，凯恩斯提出了我前面在分析凯恩斯有效需求理论时曾引用过的看法："设 Z 为雇用 N 个人所生产产品的总供给价格，那么 Z 与 N 的关系可表达为 $Z=\Phi(N)$，这可称之为总供给函数。同样，设 D 为雇主所预期的由雇用 N 个人所获得的收益，那么 D 与 N 的关系可表达为 $D=f(N)$，这可称之为总需求函数。现假设 N 为一个给定的值，预期收益大于总供给价格，即 D 大于 Z，雇主见有利可图，必欲增加雇 Z 的人数，必要时不惜提高价格，争购生产要素，直至 N 值使 Z 等于 D 时方肯罢休。因此，就业量决定于总需求函数与总供给函数的相交点，因为只有在这一点上雇主的预期利润才能达到最高值。……如果情况果真如此，那么雇主间的竞争必然使就业量扩大到这样一种程度，在这个程度上，总产量的供给不再有弹性。即当有效需求的值进一步增加时，产量不会再增加了。显然，这就是充分就业。"②

在这里，总就业量是自变量，社会产品的总供给量或总需求量是因变量。社会产品的总供给量是由劳动者提供劳动力的总供给量决定的，社会产品的总需求量是由雇主们对劳动力的总需求量决定的，当社会产品的总供给量等于总需求量时，均衡的就业量便决定了，这就是充分就业的就业量。

凯恩斯在阐述了他的总就业量决定的理论以后，对就业量取决于货币工资

---

① 约翰·梅纳德·凯恩斯：《就业、利息和货币通论》，宋韵声译，北京：华夏出版社，2012，第 20 页。

② 约翰·梅纳德·凯恩斯：《就业、利息和货币通论》，宋韵声译，北京：华夏出版社，2012，第 20–21 页。

或实际工资提出了否定意见。他指出："如此说来，就业量并不取决于以实质工资来衡量的劳动力边际负效用。在给定实质工资的情况下所可能有的劳动力供给量，只决定就业量的最高水平。就业量取决于消费倾向和新投资量，就业量还与一定水平的实质工资有着一定的关系，而不是相反。如果消费倾向和新投资率导致有效需求不足，那么，就业的实际水平将低于现行实质工资制度下所可能得到劳动力供给量，而且，均衡实质工资将大于均衡就业量的边际负效用。"①

这样就产生了一个问题：既然劳动力的供给量和需求量取决于工资水平，就业量是劳动力总需求量等于总供给量时的就业数量，从逻辑上看，就业量理应受到工资水平的影响。但是，凯恩斯又明确否定就业量取决于工资水平，这是否自相矛盾？

从前面引用的凯恩斯的话可以看到，凯恩斯所说的"就业量并不取决于以实质工资来衡量的劳动力边际负效用"，是指均衡总就业量的形成并不是由劳动力的总供给主导，劳动力的总供给量"只决定就业量的最高水平"。这就是说，劳动力的总供给量提供了可能利用的劳动力的上限，至于有多少劳动力能够就业则取决于雇主对劳动力的总需求量。在劳动力的总供给量和总需求量的相互作用中，雇主们对劳动力的总需求量发挥主导作用。在一定的实际工资水平下，即使劳动者愿意提供更多的劳动力，如果雇主们因有效需求不足不雇用这么多劳动力，这部分劳动者仍然不能就业。

但是，凯恩斯认可，从对劳动力的需求角度看，雇主们所支付的实际工资取决于劳动的边际生产力。另外，凯恩斯还接受新古典学派关于实际工资取决于劳动边际负效用的概念。② 那么，凯恩斯的就业理论仍然存在一个问题：与就业量有关的工资水平是如何决定的？

凯恩斯指出："工资物品工业中劳动力的边际生产力，随 N 值（指总就业量——本书作者注）的增加而递减，前者还决定着实质工资。……当实质工

① 约翰·梅纳德·凯恩斯：《就业、利息和货币通论》，宋韵声译，北京：华夏出版社，2012，第 23–24 页。

② 约翰·梅纳德·凯恩斯：《就业、利息和货币通论》，宋韵声译，北京：华夏出版社，2012，第 12–13 页。

资降低到与劳动力的边际负效用相等时，N就达到其最大值。因此，并不是D（指社会产品的总需求量——本书作者注）取任何值都能使货币工资保持不变。”①这意味着，在充分就业的条件下，雇主们支付的实际工资等于劳动者要求的实际工资，劳动力的边际生产力等于劳动的边际负效用。

这样，就可以理解前面所引用的凯恩斯的话了：“那么，就业的实际水平将低于现行实质工资制度下所可能得到劳动力供给量，而且，均衡实质工资将大于均衡就业量的边际负效用。”在这里，均衡的实质工资是由劳动力的边际生产力决定的并由雇主们支付给工人的实际工资。这意味着在小于充分就业的均衡条件下，雇主按照劳动的边际生产力支付实际工资，结果均衡就业量的劳动边际生产力将大于均衡就业量的边际负效用。随着有效需求的增加导致的均衡就业量的增加，劳动力的边际生产力递减，最终有可能在充分就业的情况下与劳动的边际负效用相等。

凯恩斯认为劳动力的供给量取决于货币工资，而实际工资是排除消费品价格水平因素的货币工资。这意味着在充分就业的条件下，从货币工资中排除消费品价格水平因素以后，将等于由劳动力的边际生产力所决定的实际工资。

由此可见，新古典学派认为，在任何均衡的就业量下，从劳动力需求一方看的劳动力边际生产力都等于从劳动力供给一方看的劳动负效用。但是，凯恩斯认为，在小于充分就业的均衡就业量下，劳动力边际生产力与劳动负效用是不等的。

第二节　凯恩斯对非自愿性失业的分析

一、非自愿性失业的定义

凯恩斯对新古典经济学的失业概念提出了批评：“由于估计上的差错或者由于需求的时断时续，以致各种专门资源的相对数量的暂时失调，或者由于某些

① 约翰·梅纳德·凯恩斯：《就业、利息和货币通论》，宋韵声译，北京：华夏出版社，2012，第 23 页。

变化始料未及而造成的时间间隔，或者由于从某一职业换成另一种职业所需的时日，中间也需要一段时间。凡此种种，都会在非静态的社会中造成一部分资源在‘变换职业’过程中失业。除了‘摩擦性’失业以外，还有‘自愿性’失业。所谓‘自愿性’失业是指由于立法、社会风俗、集体议价、反应迟钝或者人性的固执等诸多因素，工人拒绝或者不能接受相当于其边际生产力的产出价值为工资而导致的失业。‘摩擦性’失业与‘自愿性’失业包括了所有类型的失业。在古典学派的基本假设之下，不可能再有第三种类型的失业了，也就是说不存在我在下面就要讲的‘非自愿性’的失业。”①这就是说，古典学派提出了摩擦性失业和自愿性失业两个概念，凯恩斯则要提出第三个失业概念——非自愿性失业。

接着，凯恩斯给非自愿性失业下了定义：“我们所说的‘非自愿性’失业，并不是指劳动能力没有得到充分的利用，这一点是十分明显的。例如，我们不会因为人可以每天工作 10 个小时，就把 8 小时工作日称为‘非自愿性’失业。……我们的定义可陈述如下：如果工资物品的价格相对于货币工资有轻微的上升，而在现行货币工资制度下劳动力的总需求量和总供给量都增大，那么就会存在非自愿性失业现象。下一章中我们还要给出另外一个定义，不过两者就是在讨论同一个问题。”②

那么在“下一章”中，凯恩斯给出了什么定义呢？凯恩斯写道：“即当有效需求的值进一步增加时，产量不会再增加了。显然，这就是充分就业。在上一章中，我们已经以劳动者的行为给充分就业下过一个定义。我们现在达到了另外一个等值标准：即当对劳动力产出的有效需求增加时，总就业量不再增加了。”③

凯恩斯对非自愿性失业下的定义令人费解。他的第一个定义并不是非自愿

---

① 约翰·梅纳德·凯恩斯：《就业、利息和货币通论》，宋韵声译，北京：华夏出版社，2012，第 5–6 页。

② 约翰·梅纳德·凯恩斯：《就业、利息和货币通论》，宋韵声译，北京：华夏出版社，2012，第 12 页。

③ 约翰·梅纳德·凯恩斯：《就业、利息和货币通论》，宋韵声译，北京：华夏出版社，2012，第 21 页。

性失业的定义，而是出现非自愿性失业现象的条件：第一个条件是“工资物品的价格相对于货币工资有轻微的上升”，第二个条件是“在现行货币工资制度下劳动力的总需求量和总供给量都增大”。然而，产生非自愿性失业的这两个条件在逻辑上是不清楚的。凯恩斯认为，劳动力的总供给量取决于货币工资，而工资物品价格相对于货币工资轻微上升，意味着实际货币工资发生轻微下降，这如何导致劳动力总供给量的增加？

凯恩斯的第二个定义是关于充分就业的定义，似乎是要人们通过“充分就业”的定义去理解非自愿性失业的定义。凯恩斯曾经指出：“在实际生活中，没有非自愿性失业现象的存在。这种情况我们称之为充分就业。摩擦性失业与自愿性失业都与‘充分’就业不发生矛盾。”[①] 因此，如果确定了充分就业的定义，即便存在摩擦性失业和自愿性失业也达到了充分就业，那么目前实际就业与充分就业的差距就是非自愿性失业。我感到奇怪的是，凯恩斯为什么不能明确表达非自愿性失业的定义呢？

二、非自愿性失业的原因

凯恩斯认为，非自愿性失业的原因是有效需求不足。凯恩斯认为：“在技术、资源和成本给定的情况下，收入（货币收入和实际收入）取决于就业量 N。”[②] 以此为基础，凯恩斯描述了非自愿性失业发生的过程：“当就业量增加时，总实际所得也要增加。但是，社会心理往往都会是这样：当总实际所得增加时，总消费也增加，但不如所得增加得那么多。……因此，要维持一定的就业量，当前的投资量必须足以吸收在这个就业量下超过社会消费量的那部分总产量。因为如果投资量小于这个量，则雇主们的收入将不足以诱惑他们提供这一就业量。因此，我们可以得出结论：假定社会的消费倾向不变，那么就业量的均衡水平取决于当前的投资，在这一均衡水平上雇主们既不想扩大也不想缩

① 约翰·梅纳德·凯恩斯：《就业、利息和货币通论》，宋韵声译，北京：华夏出版社，2012，第 13 页。

② 约翰·梅纳德·凯恩斯：《就业、利息和货币通论》，宋韵声译，北京：华夏出版社，2012，第 22 页。

小其雇用的人数。当前的投资量还取决于投资诱惑，投资诱惑又取决于两组势力的相互关系，第一组为资本边际效率表，第二组则为各种期限不同、风险不同的贷款利率。”①

凯恩斯还指出：“如果假定消费倾向与新投资量不变，那么只有一个就业水平与均衡相符合。因为任何其他水平都将导致总产量的总供给价格与它的总需求价格不一致。这一水平不能大于充分就业，即实质工资不能小于劳动力的边际负效用。但一般说来，我们并没有理由可以期望这一均衡水平等于充分就业。与充分就业相吻合的有效需求只是一个特殊情况，仅当消费倾向与投资诱惑之间存在一种特殊关系时才能实现。”②

由此可见，与解释不能达到充分就业的总产值一样，不能达到充分就业的原因是有效需求不足，而有效需求不足的原因是边际消费倾向递减、资本边际效率递减、流动性偏好“三个心理规律”。

三、解决非自愿性失业的方法

凯恩斯在《通论》的第十九章，用了整整一章的篇幅去批评新古典学派关于货币工资具有伸缩性以及降低货币工资可以增加就业的看法。

凯恩斯认为：“这个问题可以分为两个部分来讨论：（1）假设其他条件不变，货币工资的降低是否有直接增加就业量的趋势？这里所说‘其他条件不变’，乃是指消费倾向、资本边际效率曲线和利息率三个因素保持不变。（2）货币工资降低，是否会通过对以上三个因素必然或可能的影响，在某一特定的方向上形成影响就业的必然的或可能的趋势。”③

关于第一个部分，凯恩斯指出：“对于第一个问题，我们已经在前面几章中作了否定的回答。我们已经明确表示，就业量只跟以工资单位衡量的有效需求

---

① 约翰·梅纳德·凯恩斯：《就业、利息和货币通论》，宋韵声译，北京：华夏出版社，2012，第 22 页。

② 约翰·梅纳德·凯恩斯：《就业、利息和货币通论》，宋韵声译，北京：华夏出版社，2012，第 22 页。

③ 约翰·梅纳德·凯恩斯：《就业、利息和货币通论》，宋韵声译，北京：华夏出版社，2012，第 199–200 页。

有关，又由于有效需求是预期消费与预期投资的总和，所以，如果消费倾向、资本边际效率和利息率这三个因素保持不变，有效需求就不可能改变。”

关于第二个部分，凯恩斯在各种条件下进行了分析。首先，关于货币工资率的下降是否提高消费倾向，凯恩斯的结论是：“根据各种考虑，对转移的纯粹影响是什么，我们只能姑妄猜之。它对消费倾向的影响可能是降低，而不是提高。”

其次，关于货币工资的下降是否有利于投资，凯恩斯的结论是：“如果货币工资的降低被认为是相对于将来的货币工资的降低，那么，这种降低有利于投资……另一方面，如果货币工资降低能导致一种预期，或者甚至导致具有很大可能性的预期，认为将来的工资还会进一步降低，那么其效果完全相反，因为在这种情况下货币工资降低会降低资本边际效率……”

最后，关于货币工资的下降是否降低利息率，凯恩斯的结论是：“工资总额的减少，再加之物价及收入的普遍下降，会减少为收入和经营目的所必备的现金数量，因而在该范围内会减少全社会的流动偏好曲线。如果其他条件不变，这将引起利息率下降，对于投资有利。……如果预期今后工资与物价还会上涨，公众的反映肯定将有利于长期贷款而不利于短期贷款，此外，如果工资降低引起公众不满，进而削弱他们对社会政治前途的信心，从而引起流动性偏好的增强，也许并非从实际流通中腾出一点现金便能补偿人们对现金需求的增长。”①

货币工资下降对消费倾向、资本边际效率、利息率的影响是一个复杂的过程，这里没有详细阐述凯恩斯的分析过程，只是陈述凯恩斯的分析结论。凯恩斯的最终结论是：“在当前世界的现实和制度中，比较恰当的目标是寻求货币工资固定不变的政策，而不是随着失业量的变化而轻易实行有波动性的工资政策。”②

既然降低货币工资不能增加就业，那么可以用什么方法减少非自愿性失

① 约翰·梅纳德·凯恩斯：《就业、利息和货币通论》，宋韵声译，北京：华夏出版社，2012，第 200–202 页。

② 约翰·梅纳德·凯恩斯：《就业、利息和货币通论》，宋韵声译，北京：华夏出版社，2012，第 203 页。

业？凯恩斯的建议是政府采取赤字财政的方法举债支出，以增加有效需求。凯恩斯推崇的卡恩的乘数效应，即政府增加公共过程支出对就业的效应。关于这个问题在讨论凯恩斯有效需求理论的时候已经进行了分析，这里就不再赘述了。

第三节　凯恩斯对庇古失业理论的批评

一、凯恩斯批评庇古《失业论》的要点

凯恩斯在《通论》第十八章专门设了一个附录，对庇古的著作《失业论》提出批评，其要点如下：①

第一，庇古的《失业论》名不符实。凯恩斯指出："他的书名《失业论》有点名不符实。实际上他的书讨论的并不是失业问题，而是在讨论当就业函数不变，充分就业的条件完全满足时，就业人数将是多少。"

第二，庇古的分析难以应用于现实。凯恩斯指出："庇古教授也许会否定我在前面已经下过定义的非自愿失业存在的可能性。如果这样，仍然难以看出他的分析如何能被应用于现实，因为他没有论述什么决定 x 与 y 之间的关系，即工资品行业就业量与非工资品行业就业量之间的关系是由什么决定的。这一疏漏构成了这本书致命的弱点。"

第三，庇古的分析在逻辑上存在问题。凯恩斯指出："他同意，在某种限度之内，劳动者经常要求规定的实际上并不是特定的实际工资，而是特定的货币工资。……这样一来，他先前的分析即告崩溃，因为这里必须引进一个增添的因素，但却没为这一增添的未知数提供一个增添的方程。"

第四，对如何解决失业问题的看法不同。凯恩斯指出："庇古教授相信，调整工资政策可以解决失业问题。而我却认为，实际工资有一个限度，即由就业的边际负效用决定的最低限度，但它主要不是由货币的'工资调整'所决定的（尽管这些调整也许对实际工资有所影响），而是由经济体制中其他因素所决

① 约翰·梅纳德·凯恩斯：《就业、利息和货币通论》，宋韵声译，北京：华夏出版社，2012，第 208–215 页。

定的。”

第五，对失业原因的分析忽略总需求。凯恩斯指出：“当庇古教授讨论‘失业原因’时，同我一样，也提到需求状况的波动，但他把需求状况与对劳动的实际需求函数等同起来，而忘记了按照这一定义，后者的含义是多么狭窄。”

根据《新帕尔格雷夫经济学大辞典》的记载，在凯恩斯出版《通论》以前，庇古于 1914 年出版了书名为《失业》（*Unemployment*）的著作，这应该是凯恩斯《通论》中所批评的庇古的《失业论》。现在已经很难找到庇古原版的《失业》了，商务印书馆在 2014 年翻译出版了庇古的《论失业问题》，英文书名就是 *Unemployment*，庇古在序言中标注的时间是 1913 年 11 月，这应该就是庇古 1914 年出版的《失业》，该书由麦克米伦出版公司 1999 年重版。但是，商务印书馆出版的《论失业问题》与凯恩斯提及的《失业论》在篇幅上有较大的出入。凯恩斯在《通论》中引用庇古的话已经被引用到《失业论》英文版的第 252 页，但是《论失业问题》中文版全书只有 150 页，不知道麦克米伦出版公司在重版时是否进行了一定的删略。现在就以商务印书馆出版的《论失业问题》为根据，简述庇古失业理论的基本思想，以考察凯恩斯对庇古《失业论》的批评是否合理。

二、庇古《论失业问题》的基本思想

在新古典经济学中，失业是一个没怎么被关注的研究领域。庇古以研究福利经济学著称，他对失业问题有专门的研究。庇古在《论失业问题》中表达的基本思想如下：

关于失业的定义，庇古采用了英国国家保险法案中的定义，认为在下述三种情况下不能获得工作，便可确定为失业：第一，没有因为劳资纠纷而发生停产；第二，在本地区所享受的工资水平和工作条件低于正常的工资水平和工作条件；第三，在其他地区享受的工资水平和工作条件低于该地区劳资协议规定的工资水平和工作条件。另外，庇古还指出：“按照一般说法，失业常常和短时工或每周减少的工作天数等形成对比。……我们引入一个新名词——‘非自愿失业’，通过这个新名词可以将失业和缩短工时这两种情况集中在一起表示。”①

① 阿瑟·塞西尔·庇古：《论失业问题》，包玉香译，北京：商务印书馆，2014，第7–8页。

庇古在该书的别的地方，也称“非自愿失业”为“非自愿空闲”。

关于失业的后果，庇古指出存在以下影响：第一，收入的减少是失业造成的社会恶果的一个基本因素（通常这也是一个非常重要的因素）。第二,一个星期的饥饿之后紧跟着一个星期的大吃大喝，这种情况下的满足感是不能与两个星期的适度生活的满足感相提并论的。因此，我们可以确定失业引起的社会恶果的第二个因素，那就是这样一个事实：在不同的时间内，失业对遭遇失业的工人的影响力一般是变动、不相等的，因而也就使失业者的生活标准出现不同程度的变化。第三，失业工人失去了有规律性工作的习惯，他们的自尊心和自信心也会受挫。第四，对储备金很少的穷人来说，这必然会让他们产生不安定感和危险感。①

关于失业的原因，庇古认为有下述原因：第一，工资过高。如果一个行业的工资高于由自由竞争决定的工资，而工会又维持这种高工资，工人就会被吸引到这个行业，从而造成工人过多的情况，形成失业。第二，下等工人工资偏高。工人的效率是不同的，但是他们的工资水平是接近的。如果上等工人的工资处于由自由竞争决定的水平，那么下等工人的工资也就被人为提高了。由于下等工人的工资与效率不匹配，将会出现失业。第三，劳动力需求的波动。在其他条件不变的情况下，一国的劳动力需求波动程度越大，该国的平均失业量就可能越大。劳动力需求波动的原因包括：随机因素、产业转型、季节变化、工资总基金周期性变化。在这里，所谓工资总基金是指投放在劳动力上的资本。②

关于解决失业的方法，庇古提出：第一，既然部分失业是由工资过高造成的，应该废除或减少导致实际工资高于由自由竞争决定的工资的人为因素。第二，既然部分失业是下等工人工资偏高造成的，应该用计件工资来代替计时工资，或者改善计时工资的形式，使不同效率工人的工资与他们的效率相匹配。第三，工资率的刚性越大，失业率可能越高。因此，应该提高工资率的弹性，

① 阿瑟·塞西尔·庇古：《论失业问题》，包玉香译，北京：商务印书馆，2014，第17、18、19、20页。

② 阿瑟·塞西尔·庇古：《论失业问题》，包玉香译，北京：商务印书馆，2014，第33–34、37–38、64–70页。

在劳资协议中明确按照比例增减工资率，以代替单一的固定工资率。第四，劳动力的流动性越强，失业率就越低。因此，应该增强劳动力的流动性，如在各地区设立职业介绍所等。①

关于政府如何减少失业的问题，庇古指出："我们接下来可以发现以下两种情形之间不存在本质的区别，一种情形是政府当局通过调整与他们直接相关的产业的行为来控制劳动力的需求，另一种情形是政府通过补贴和税收来调节私人拥有的产业的行为。"② 在这里，前一种情形是指政府通过修路、采购等方法增加相关产业的就业；后一种情形是指政府可以通过补贴和减税等方法增加消费，以减缓相关私人产业的收缩幅度。

三、对"凯恩斯批评"的评论

从庇古在《论失业问题》中的论述可以看到，该著作的主题是失业，庇古一直围绕着失业展开论述。由于庇古在书中的部分论述涉及与失业相关的就业，凯恩斯便提出"书名《失业论》有点名不符实"的批评，这种批评言过其实。我从凯恩斯对别的经济学者的批评中也感觉到，凯恩斯可能是为了引起人们的关注，他的批评总是显得过于夸张。另外，从庇古在《论失业问题》中的论述可以看到，"非自愿失业"这个概念不是凯恩斯的首创，庇古已经明确提出非自愿失业的概念。因此，凯恩斯批评新古典经济学只有自愿失业和摩擦性失业的分类，没有非自愿失业的分类是不对的。

庇古失业理论存在的缺陷是：第一，对失业的后果过于轻描淡写。就业是劳动者生存的途径，失去了这个途径，劳动者将陷入贫困，甚至会对生存构成威胁。第二，对失业原因的分析过于肤浅。庇古在论及失业原因时，常常关注工资率的高低。但是，在现实的经济里，即使劳动者接受较低的工资率，也会存在失业。在这个方面，凯恩斯对庇古的批评是对的。凯恩斯指出，由于有效需求不足，非自愿失业的发生是常态。另外，调整工资率不足以解决非自愿失

① 阿瑟·塞西尔·庇古：《论失业问题》，包玉香译，北京：商务印书馆，2014，第35、39–40、53、97页。

② 阿瑟·塞西尔·庇古：《论失业问题》，包玉香译，北京：商务印书馆，2014，第107页。

业问题，还需要政府来刺激总需求。

庇古在《论失业问题》中没有论及通过资本主义经济的自行调节可以实现充分就业，但是他曾在 1948 年出版了书名为《就业和均衡》的著作，并在这本书中对凯恩斯的批评作出回应："当然，这是一种歪曲的理解，古典观点并不是或者主张或者暗示总存在充分就业，……古典观点最严格的形式，就是事实上充分就业并不总是存在，但总是存在实现的趋势。"① 我认为，凯恩斯在这个问题上对新古典学派的批评仍然成立。就像凯恩斯说的，小于充分就业的均衡是一种常态。客观事实是，只可能在经济周期的某个阶段存在接近充分就业的趋势。

① 阿瑟·塞西尔·庇古：《就业与均衡》，王远林译，北京：商务印书馆，2020，第 92 页。

第七章 凯恩斯就业理论的解释和发展

第一节 凯恩斯就业理论的争论和验证

一、关于货币工资与就业关系的解释

凯恩斯在《通论》中批评庇古关于降低货币工资可以导致就业增加的看法，认为货币工资并非具有伸缩性，不可能导致充分就业。在凯恩斯的《通论》发表以后，英国经济学者庇古在 1936 年第 3 卷《经济季刊》上发表了《凯恩斯先生的〈就业、利息和货币通论〉》一文，对凯恩斯的《通论》提出尖锐的反批评。庇古反对凯恩斯的下述说法：货币工资的降低会引起价格的下降，价格下降的程度正好使实际工资维持不变。他重申古典学派的观点，提出失业在古典体系中不是一个均衡位置，因为货币工资的降低通常会导致实际工资的降低，从而会导致就业增加。①

美国经济学者克莱因在 1947 年出版的《凯恩斯的革命》中对庇古的反驳发表了评论。首先，克莱因指出凯恩斯对他的老师的不尊重："在凯恩斯对古典经济学家进行尖刻攻击时未曾放过对个人的批评……不难看出，凯恩斯是得胜的经济学家，但却是失败的绅士……"② 接着，克莱因否定了庇古的看法：庇古"没有充分考虑到货币工资降低对体系中其他变数如利率、投资和储蓄的影

① 转引自克莱因：《凯恩斯的革命》，薛蕃康译，北京：商务印书馆，2015，第 102 页。

② 克莱因：《凯恩斯的革命》，薛蕃康译，北京：商务印书馆，2015，第 102 页。

响。……庇古坚信，一个仅作稳定变动的顺利进行的储蓄过程常会恰好被同样顺利进行的投资过程所抵消。只有在储蓄过程突然增加时，投资机会才会落后。……他像当时其他经济学家一样，不能设想投资出路的缺乏。”①

1937 年和 1938 年，庇古分别在第 47 卷和第 48 卷的《经济季刊》发表了题为《实际和货币工资率与失业率的关系》和《货币工资和失业的关系》的论文。庇古提出货币工资率的降低通过利率的下降导致更多的就业。英国经济学者卡尔多在 1937 年第 47 卷的《经济季刊》发表了题为《庇古教授论货币工资和失业的关系》的论文，对庇古的看法作出评论。卡尔多指出，如果储蓄对利率的变化反应敏感，则古典学派的结论更加合理。另外，如果不假定资本边际效率表没有利息弹性以及流动偏好表有利息弹性，古典学派的观点是正确的。但如果更接近现实观察问题，各种弹性也许不能保证货币工资降低会产生创造收入的结果。②

克莱因在 1947 年出版的《凯恩斯的革命》中对这场争论发表了评论意见，实际上是对凯恩斯关于货币工资对就业影响进行了解释。

关于货币工资通过利息率对就业产生影响的问题，克莱因指出：“庇古承认货币工资减低不会增加就业，除非利率也因工资减低而减低。”“第三章（指《凯恩斯的革命》中的第三章——本书作者注）的结论与庇古和卡尔多争论的意见相一致，即工资的减低的最后结果决定于整个体系的结构特点。”③ 这就是说，克莱因与庇古和卡尔多的看法一致，货币工资通过利率对就业的影响是不确定的。如果货币工资率的下降导致利息率的下降，那么可以导致就业的增加；如果货币工资率的下降不能导致利息率下降，那么就不能导致就业的增加。

但是，关于货币工资对储蓄和投资的影响问题，克莱因坚持凯恩斯的看法：“如果工资减低使收入从工资劳动者手中转到非工资劳动者手中，则消费会下降而储蓄会上升。……总的说来，工资劳动者组成收入减低的阶层，这一阶层的的人民把他们得来的每一元额外收入都支出掉。而从股息、租金、利息、利润

① 克莱因：《凯恩斯的革命》，薛蕃康译，北京：商务印书馆，2015，第 102–103 页。

② 转引自克莱因：《凯恩斯的革命》，薛蕃康译，北京：商务印书馆，2015，第 116 页。

③ 克莱因：《凯恩斯的革命》，薛蕃康译，北京：商务印书馆，2015，第 116 页。

或特许权使用费得到收入的人，则大部分属于高收入阶层，对于额外获得的收入不会支出那么多。”①

克莱因还指出：“因为投资还取决于当前需求和成本以外的许多因素，工资降低对投资表有什么影响，很难看出。只要工资减低会引起对未来的不利预期，投资就会受到不利影响。……为减轻失业而大规模降低工资很可能使投资推迟，因一般人会预期工资可能进一步降低。在想象中工资减低可以刺激预期，但这种情况很少。”②

二、关于失业与产值关系的验证

凯恩斯在《通论》中把产值与就业量相联系进行分析，他曾说过：“在我们认为不变的经济结构中，国民收入取决于就业量，即取决于现在用于生产的劳动力数量，也就是在国民收入与就业量之间存在着唯一的相关关系。”③按照凯恩斯的看法，失业增加，产值增长率将下降，两者存在反方向变化的关系。那么，在现实的经济中，失业和产值具体存在什么关系呢？

美国经济学者奥肯（Arthur M. Okun）在 1962 年发表的论文《潜在 GNP：它的度量和意义》中，发现了失业率和实际国民生产总值（GNP）在经验上的数量关系：失业率高于自然失业率（充分就业的失业率）1 个百分点，实际国民生产总值增长率就会低于潜在国民生产总值增长率（充分就业的国民生产总值增长率）2 个百分点。④这就是说，假定自然失业率是 2%，潜在国民生产总值增长率是 6%；如果现实失业率是 4%，那么实际国民生产总值增长率将是 2%。经济学界把失业率的变动和国民生产总值增长率的变动的这个经验关系称为奥肯定律。

---

① 克莱因：《凯恩斯的革命》，薛蕃康译，北京：商务印书馆，2015，第 117 页。

② 克莱因：《凯恩斯的革命》，薛蕃康译，北京：商务印书馆，2015，第 117–118 页。

③ 约翰·梅纳德·凯恩斯：《就业、利息和货币通论》，宋韵声译，北京：华夏出版社，2012，第 189 页。

④ Arthur M. Okun, Potential GNP：Its Measurement and Significance. Proceedings of the Business and Economic Statistics Section, American Statistical Association (Washington: ASA), pp.98–103.

三、关于失业率和货币工资关系的验证

新西兰经济学者菲利普斯（Alban William Phillips）收集英国 1862 年到 1957 年的历史统计数据，在 1958 年 11 月的《经济学报》上发表了题为《英国失业率和货币工资变动率之间的关系：1862—1957》的论文，发现在失业率较低的时候，货币工资增长率往往较高；在失业率较高的时候，货币工资增长率往往较低，两者存在交替关系。① 如果以横轴表示失业率（U），以纵轴表示货币工资变动率（$\Delta W/W$），两者之间的关系如图 7–1 所示。

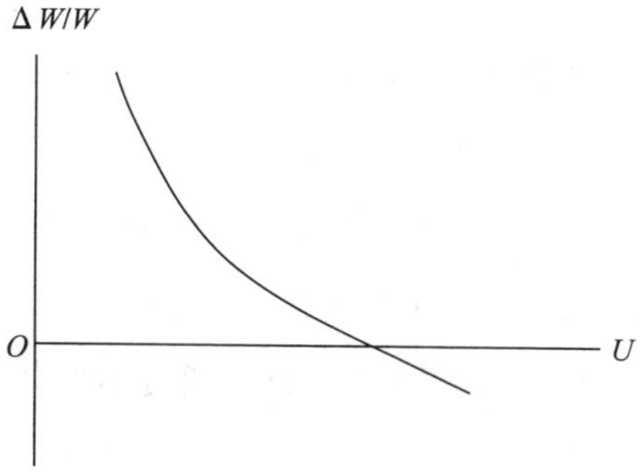

图 7–1　菲利普斯曲线

从图 7–1 中可以看到，当失业率下降的时候，货币工资增长率上升，两者存在交替关系。经济学界把这条表示失业率的货币工资变动率关系的曲线称为菲利普斯曲线。

菲利普斯曲线仅是一种经验统计的结果。美国经济学者李普赛（Richard G. Lipsey）在 1961 年 2 月的《经济学报》上发表了题为《失业与货币工资率变动率之间的关系：进一步的分析》的论文，对菲利普斯曲线进行了分析。李普赛认为，劳动力需求量和供给量相等的时候，决定了均衡的货币工资率。如果货币工资率低于均衡货币工资率，劳动力存在过度需求；如果货币工资率高于均衡货币工资率，劳动力存在过度供给。以劳动力过度需求为例，在过度需求较大的时候，由于劳动力供不应求的程度较大，货币工资率上升较快。另外，在

① Alban William Phillips, The Relation between Unemployment and the Rate of Change in Money Wage rate in the United Kingdom 1861–1957. Econimica25, November 1958, pp.283–299.

过度需求较大的时候，失业者更加容易找到工作，失业率较低。因此，货币工资上升较快的时候，往往是失业率较低的时候。①

菲利普斯提出“菲利普斯曲线”以后，引起凯恩斯学派经济学者的兴趣。货币工资的上升与价格水平的上升往往是相互联系的，可以理解为工资推进通货膨胀，也可以理解为通货膨胀导致货币工资上升，这样菲利普斯曲线便可以用来反映通货膨胀和失业率的关系，从而给宏观经济政策的制定者提供了一个方便的选择。

英国经济学者马林（A. Marin）说了一句很到位的话：“如果菲利普斯曲线是正确的，政治家们便有了一个选择——或者有低通货膨胀，或者有低失业，但不能兼而有之。菲利普斯曲线不仅说有一个选择，它还有所交替。”② 宏观经济政策的制定者可以确定一个社会可以接受的失业率和通货膨胀率的临界点，如果失业率超过临界点，就可以实行扩张性的宏观经济学政策，用较高的通货膨胀率换取较低的失业率；如果通货膨胀率超过临界点，就可以实行收缩性的宏观经济学政策，用较高的失业率换取较低的通货膨胀率。

第二节　凯恩斯就业理论的发展

一、结构性失业

如前所述，新古典学派提出了自愿失业和摩擦性失业的范畴；凯恩斯提出了非自愿性失业的范畴，并认为非自愿性失业是由有效需求不足造成的。因此，凯恩斯的失业理论被称为需求不足的理论。但是，凯恩斯学派经济学者发现，非自愿性失业未必都是有效需求不足造成的，也可能是产业结构的变化带来的，于是产生了结构性失业的概念。

---

① 转引自爱德华·夏皮罗：《宏观经济分析》，杨德明等译，北京：中国社会科学出版社，1985，第669–672页。

② A. 马林：《菲利普斯曲线》，载威廉·米契尔等编的《宏观经济学文选：当前政策问题》，纽约：纽约出版社，1974；转引自胡代光等：《凯恩斯主义的发展和演变》，北京：清华大学出版社，2004，第49页。

一般认为，英国经济学者贝弗里奇（William Beveridge）是较早提出结构性失业概念的经济学者。他在 1944 年出版的《一个自由社会的充分就业》中提出了失业和岗位空缺并存的曲线，该曲线被称为 *UV* 曲线，也被称为贝弗里奇曲线（如图 7–2 所示）。①

在图 7–2 中，横轴表示失业率，纵轴表示岗位空缺率，失业率与岗位空缺率的关系表现为一条向右下方倾斜的曲线，如 *UV* 曲线所示。辅助线 45° 线平分直角，这意味着在 45° 线上的任何一点，失业率等于岗位空缺率。因此，45° 线与 *UV* 曲线的交点，表示失业率等于岗位空缺率（$OU_0=OV_0$），失业劳动者被空缺岗位吸纳。

在 45° 线的右下方区域，如在 *A* 点上，失业率 OU_1 高于岗位空缺率 OV_1，这种情况下发生的失业 U_0U_1 属于需求不足的失业。在 45° 线的左上方区域，如在 *B* 点上，失业率 OU_2 低于岗位空缺率 OV_2，这种情况下发生的失业 U_2U_0 属于摩擦性失业和结构性失业。在 45° 线的右下方区域和左上方区域，失业率越高，岗位空缺率就越低；失业率越低，岗位空缺率就越高。

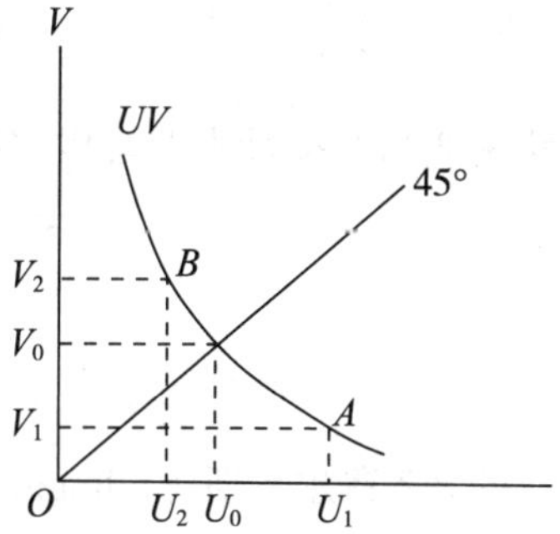

图 7–2　贝弗里奇曲线

关于结构性失业，不同经济学者的定义有所不同。美国经济学者阿克利在 1963 年出版的《宏观经济理论》中提出了结构性失业的概念，但他没有给结构性失业下一个明确的定义。他以意大利在第二次世界大战后初期的经济情况为

① William Beveridge, Full Employment in a Free Society. A Report. Long: G. Allen & Unwin , 1944.

例，说明虽然意大利经济恢复很快，但由于产业发展不平衡仍然存在大量失业。他指出："失业是结构性的，它不是需求不足的结果。消除失业所需要的，不是更少的储蓄，而是更多的储蓄。"①

美国经济学者李普赛在 1978 年出版的《经济学》中对结构性失业下的定义是："结构性失业是指某些地区、产业和职业的生产要素需求收缩快于生产要素供给，但调整又不够迅速而发生的严重失业。"② 美国经济学者萨缪尔森在 1998 年出版的《经济学》(第 16 版) 中对结构性失业下的定义是："结构性失业的原因是劳动力的供给和需求不匹配。……常见的是部门的兴起或衰落所引起的职业间或地区间的结构失衡。"③

一般认为，所谓结构性失业是经济结构变化带来的失业。例如，有的地区经济发展比较快，有的地区经济发展比较慢，所以当区域经济结构发生变化时，如果劳动力跨地区迁移遇到障碍，就会发生发展较慢的地区发生失业而经济发展较快的地区发生岗位空缺的情况。又如，有的产业崛起，有的产业衰落，所以当产业结构发生变化时，由于各个产业对劳动者的技能要求不同，衰落产业排挤出来的劳动者难以到崛起产业就业，因而发生了失业和岗位空缺并存的情况。

经济学者认为，结构性失业与摩擦性失业难以严格区分，但一般认为结构性失业是长期的摩擦性失业。

二、自然失业率

自然失业率是由美国经济学者费尔普斯 (Edmund S. Phelps) 和弗里德曼提出来的，而费尔普斯和弗里德曼并非凯恩斯学派经济学者，但这个概念已经被凯恩斯学派接受。按照费尔普斯和弗里德曼的原意，自然失业率是指从长期来

---

① 加德纳·阿克利:《宏观经济理论》，陈彪如译，上海：上海译文出版社，1981，第 597–604 页。

② Richard G, Lipsey and Peter O. Steiner, Economics, Fifth Edition, Harper & Row, Publishers, 1978, p.738.

③ 保罗·萨缪尔森和威廉·诺德豪斯:《经济学》(第 16 版)，肖琛等译，北京：华夏出版社，1999，第 456 页。

看，与稳定的通货膨胀相一致的失业率。[①]

萨缪尔森对自然失业率的解释是："所谓自然失业率就是能使作用于价格和工资膨胀的向上及向下的力量处于平衡状态的失业率。当某种经济处于自然失业率时，不会表现出或者逐渐加剧或者逐渐下降的趋势。在一个尽力设法防止出现高通货膨胀率的经济中，自然失业率就是可以维持的最低的失业水平，因此，它代表了所能保持的最高就业水平，并且与一国的潜在产出能力相适应。"按照萨缪尔森的看法，自然失业率是指存在自愿失业、摩擦性失业、结构性失业形态下的失业率。[②]

这就是说，存在自然失业率的就业就是充分就业。

三、工资黏性的分析

凯恩斯在他的《通论》中批评了新古典学派关于货币工资具有伸缩性从而具有自动调节劳动力市场功能的看法。在凯恩斯之后的经济学文献中，往往认为在凯恩斯看来货币工资是刚性的。凯恩斯在《通论》的第 17 章和第 19 章有几处提及货币工资刚性的问题：第一处，"事实上，货币工资常常是刚性的，它比实质工资更稳定……"[③] 第二处，"在货币工资呈刚性的时候，这种刚性往往是经济体制失调的症结所在"。[④] 第三处，"实行刚性工资政策，要想在短期内做到物价稳定，必须避免就业量波动"。[⑤]

凯恩斯在第一处明确说明货币工资呈刚性；第二处认为货币工资并非总是

---

① Edmund S. Phelps, Phillips Curves, Expectations of Inflation, and Optimal Unemployment over time. Economica 34, August 1967, pp.777–793; Milton Friedman, The Role of Monetary Policy. American Economic Review 58. March 1968, pp.1–17.

② 保罗·萨缪尔森和威廉·诺德豪斯：《经济学》(第 14 版)，胡代光等译，北京：北京经济学院出版社，1996，第 1114、1121 页。

③ 约翰·梅纳德·凯恩斯：《就业、利息和货币通论》，宋韵声译，北京：华夏出版社，2012，第 179 页。

④ 约翰·梅纳德·凯恩斯：《就业、利息和货币通论》，宋韵声译，北京：华夏出版社，2012，第 198 页。

⑤ 约翰·梅纳德·凯恩斯：《就业、利息和货币通论》，宋韵声译，北京：华夏出版社，2012，第 198、207 页。

呈刚性，只在经济体制失调的时候才出现货币工资刚性；第三处则是凯恩斯的政策主张。关于这种政策主张，凯恩斯在这句话的前面做了解释："在权衡利弊以后，我现在的观点是：对于一个封闭的经济体制来说，最好还是维持一个稳定的一般工资水平……"① 因此，凯恩斯关于货币工资刚性的表述不严谨，给人自相矛盾的感觉。"刚性"意味着"不易变化"，意思比较绝对。凯恩斯的意思是货币工资稳定，似乎没有到"刚性"的程度。

20 世纪 80 年代兴起的新凯恩斯主义，对工资黏性问题进行了大量的研究，形成了下述工资黏性理论：

（1）隐含合同理论。所谓隐含合同是劳资双方取得某种默契，导致货币工资呈黏性。隐含合同理论在 20 世纪 70 年代已经出现，美国经济学者贝利（M. N. Bailey）、戈登（David Gordon）、阿扎里亚迪斯（C. Azariads）都做过这方面的研究。② 到了 20 世纪 80 年代，隐含合同理论受到了重视。隐含合同理论认为，雇主和雇员都是风险厌恶者，雇员抗风险的能力低于雇主。雇员希望能够保持稳定的货币工资，在经济繁荣时期不要求大幅度提高货币工资，作为交换，在经济衰退时期也不要大幅度降低货币工资。雇主也希望能够增进雇员对企业的忠诚度，减少雇员频繁流动对企业的不利影响，因而与雇员取得默契，使货币工资呈黏性。

（2）交错工资调整理论。交错工资调整是指厂商与工人签订劳资合同以后，合同的到期时间是不同的，每年都有新合同的签订，每年都有原合同到期。因此，工资的调整是交错进行的。在确定工人新合同期的货币工资时，都会考虑上一个合同期的货币工资、过去失业率对自然失业率的偏离情况、预期下一个合同期的货币工资、预期未来失业率对自然失业率的偏离情况。以这种方式调整货币工资本来就比较稳定，再加上不同工人的货币工资的调整是交错进行的，

① 约翰·梅纳德·凯恩斯：《就业、利息和货币通论》，宋韵声译，北京：华夏出版社，2012，第 206 页。

② M. N. Bailey, Wages and Unemployment under Uncertain Demand, Review of Economic Studies, January 1974; David Gordon, A Neoclassical Theory of Underemployment, Economic Inquiry, December 1974; C. Azariads, Implicit Contract and Underemployment Equilibria, Journal of Political Economy, December 1975.

平均工资就变得更加稳定，从而形成货币工资黏性，货币工资不会因劳动力市场的供求变化而迅速调整。美国经济学者泰勒（John Taylor）在这个方面的研究作出了贡献。①

（3）效率工资理论。所谓效率工资是指高于劳动力市场均衡工资水平的工资，它有助于调动工人的积极性。美国经济学者耶伦（Janet L. Yellen）指出，效率工资之所以会提高效率，是因为下述原因：第一，减少流动性。如果工人的工资等于均衡工资，工人的流动性会比较大，从而增加了企业培训新工人的成本，降低了企业的效率。第二，减少逆向选择。如果工人的工资等于均衡工资，高素质的工人会选择新的工作机会，留下的是没有工作机会可以选择的低素质工人，从而影响企业的效率。第三，减少道德风险。由于工资偏高，一旦工人由于偷懒被解雇，将难以找到同样工资的工作。因此，工人们勤奋工作，从而导致工作效率提高。② 由于效率工资的存在，货币工资向下是呈黏性的。

（4）内部人—外部人理论。所谓内部人是指企业的在岗工人，外部人是希望到企业就业的失业工人。内部人—外部人理论认为，对于厂商来说，要雇用外部人必须要提供培训，从而要付出培训成本。当外部人成为内部人以后，如果辞职将使厂商受到损失。因此，即使外部人只要求低于内部人的货币工资，厂商也不会轻易雇用外部人。对于内部人来说，即使存在培训成本的保护，他们也不能要求过高的货币工资，否则厂商将用外部人取代内部人。这样，货币工资呈黏性。美国经济学者布兰查德（Olivier J. Blanchard）和萨默斯（Lawrence H. Summers）对这方面的研究作出过贡献。③

总体来看，凯恩斯以就业问题发起“革命”，但是在后续的凯恩斯经济学的发展中，对就业问题没有给予过多的关注。

---

① John Taylor, Aggregate Dynamics and Staggered Contract, Journal of Political Economy, February 1980.

② Janet L. Yellen, Efficiency Wage Models Unemployment, American Economic Review, 74. May 1984.

③ Olivier J. Blanchard and Lawrence H. Summers, Hysteresis in Unemployment, in N. Gregory Mankiw and David Romer eds. New Keynesian Economics (The MIT Press,1991),Vol.1, 1987, pp.235–243.

第八章　凯恩斯就业理论的检验和比较

第一节　凯恩斯就业理论存在的若干逻辑问题分析

一、凯恩斯劳动力供给函数分析存在的逻辑问题

我认为，凯恩斯关于劳动总供给量是货币工资的函数的论证有一定道理，但显得绝对化了。一般来说，货币工资多少对于劳动者来说是显而易见的，而价格水平上升则是劳动者用货币工资去购买消费品的时候才能感觉到。由于劳动者购买消费品的种类众多，某些消费品价格上升或者总体消费品价格轻微上升，不会给劳动者带来明显感觉。因此，劳动者对货币工资的下降比对价格水平的上升的反应更敏感，这是根据对工人群体行为的实际观察可以得到的结论。

但是，如果说劳动者对价格水平上升不关注，劳动力总供给量取决于货币工资，显然脱离经济现实了。劳动者最终关注的还是实际生活水平是否下降，而不是他们在名义上得到多少货币工资。我认为，更为合理的表述是，劳动者对货币工资的变化比对实际工资的变化更敏感，劳动力的供给量取决于以实际工资为基础的货币工资。

因此，凯恩斯关于劳动总供给量是货币工资的函数的论证存在下述逻辑问题：

第一，凯恩斯提到，“也许在某个范围之内，劳动者要求的乃是一个最低限度的货币工资，而不是一个最低限度的真实工资”。我认为，劳动者在要求一个最低限度的货币工资的时候，肯定会考虑消费品的价格水平，也就是考虑实际

工资。在可选择的条件下，劳动者不会要求一个严重脱离实际工资的最低限度的货币工资。在没有选择的条件下，劳动者只能接受任何货币工资。

第二，凯恩斯提到，“工会都要对货币工资的降低进行抵制，但工会也并不想在每次生活费用略有上涨时就举行罢工”。我认为，工会确实会对货币工资略有降低进行抵制，但不会因为生活费用略有上升就要求提高货币工资，这是由工人对货币工资变化的反应更敏感所致。但不能因此就得出劳动者不会考虑实际工资的结论。在工人货币工资不变而价格水平上升到一定幅度时，工会一定会要求提高货币工资。

凯恩斯自己也意识到关于劳动总供给量取决于货币工资的论证存在逻辑问题，只好求助于“经验”。他表示“不论这种做法是否符合逻辑，经验表明劳动者就是这样行事的”。然而，经验并不能证明劳动者只关注货币工资而忽略实际工资。

凯恩斯在讨论货币工资和实际工资的关系时，还发表了这样一种看法：“如果工资的普遍水准发生了变化，我认为我们将发现实质工资的变化和货币工资的变化，不仅在方向上不同，而且往往相反。这就是说，当货币工资上升时，实质工资反而下降。当货币工资下降时，实质工资反而上升。这是因为在短期内，货币工资的下降与实质工资的上升，都有各自的原因可能受到就业量低的影响。在就业量降低的情况下，劳动者比较容易接受减薪。当生产量减少而资本设备不变时，劳动的边际生产力增大，实质工资就要增加。”①

凯恩斯的前半段话很容易理解，实质工资与货币工资同方向变化，与价格水平反方向变化。因此，在货币工资上升时，如果价格水平上升幅度大于货币工资上升幅度，实际工资下降。相反，在货币工资下降时，如果价格水平下降幅度大于货币工资下降幅度，实际工资上升。但是，凯恩斯的后半段话就令人费解了。实质工资与货币工资有着各自的原因？就实际工资和货币工资的关系而言，实际工资只受到货币工资和价格水平两个因素的影响。厂商发给工人的只有一种形态的工资，这就是货币工资，如果厂商在劳动边际生产力提高的情

① 约翰·梅纳德·凯恩斯：《就业、利息和货币通论》，宋韵声译，北京：华夏出版社，2012，第 8–9 页。

况下要发给工人更多的实际工资，他们必须要发给工人大于价格水平上升幅度的货币工资。

二、凯恩斯非自愿性失业定义存在的逻辑问题

我认为，凯恩斯关于非自愿性失业的定义把简单的问题复杂化了，而且表述含混不清。凯恩斯提出的“劳动能力没有得到充分利用不能称为非自愿性失业”，似乎还可以理解。例如，一个希望找到全职工作的工人只找到零工的工作，由于他没有失业，便不属于非自愿性失业。凯恩斯对非自愿性失业下的第二个定义，即“当有效需求的值进一步增加时，产量不会再增加便是充分就业”，也可以通过读者自己的推断去理解，但是凯恩斯对非自愿性失业下的第一个定义就存在逻辑问题了。

凯恩斯对非自愿性失业下的第一个定义是：“如果工资物品的价格相对于货币工资有轻微的上升，而在现行货币工资制度下劳动力的总需求量和总供给量都增大，那么就会存在非自愿性失业现象。”凯恩斯这个定义存在以下逻辑问题：

第一，工资物品的价格相对于货币工资有轻微上升，意味着实际工资发生轻微下降，既然凯恩斯认为劳动力的总供给量取决于货币工资，如果劳动力的总供给量出现增加，那么似乎只存在这样一种可能性：虽然工资物品价格相对货币工资上升，但货币工资本身处于上升状态，劳动力总供给量是货币工资的函数，劳动力供给量增加。凯恩斯没有分析劳动力的总需求量是不是实际工资的函数，如果劳动力的总需求量是实际工资的函数，那么劳动力的总需求量也在增加。在劳动力总供给量和总需求量都增加的过程中，如果出现劳动总供给量的增量大于劳动力总需求量的增量，便发生了非自愿性失业。

第二，如果我上面的理解是正确的，那么凯恩斯非自愿性失业的第一个定义和第二个定义是相矛盾的。按照第一个定义，只有在特定条件下出现的失业才是非自愿性失业。按照第二个定义，只要没有达到充分就业，所存在的失业都是非自愿性失业。

但奇怪的是，不论是克莱因解读性的著作《凯恩斯的革命》，还是汉森解读

性的著作《凯恩斯学说指南》，都没有对凯恩斯非自愿性失业的定义作出解释。在后来的凯恩斯主义经济学教科书中，大多明确提出了非自愿性失业的定义。例如，美国经济学者李卜赛在 1978 年出版的《经济学》教科书中指出："非自愿性失业是指一个人愿意在现行的工资水平下接受工作但仍然找不到工作所发生的失业。"①

第二节　凯恩斯工资本质和非自愿性失业的比较研究

一、关于工资本质的比较研究

在新古典学派看来，工资是对劳动的报酬。从劳动力供给来看，劳动者提供劳动付出了辛劳，产生了劳动负效用。提供劳动越多，负效用越大，劳动者要求得到的实际工资就越高。从劳动力需求来看，厂商雇用劳动者是要得到他们生产的产品所带来的收益。投入劳动越多，劳动的边际生产力越低，厂商愿意支付的实际工资越低。当劳动力的供给量等于需求量时，劳动的负效用等于劳动的边际生产力，决定了实际工资水平。

凯恩斯接受了古典学派关于工资的定义、劳动负效用、劳动边际生产力、劳动边际生产力决定实际工资等概念。但是，凯恩斯在下述方面不同意新古典学派的看法：第一，劳动总供给量不是实际工资函数，而是货币工资的函数。第二，劳动总需求量除了取决于劳动边际生产力，还取决于有效需求。第三，货币工资具有黏性，不可能通过货币工资的调节实现充分就业的均衡。

与凯恩斯观点形成鲜明对比的是马克思的观点。马克思指出，劳动者的工资是劳动力的价值或者价格的转换形式。正因为工资是劳动力价值，而劳动力的使用价值不仅再生产出劳动力的价值，而且还创造了剩余价值，从而就揭开了资本主义生产的秘密：在表面上一切都是等价交换，但是资本家获得了剩余价值。

马克思之所以把劳动者的工资称为一种"转换形式"，是因为在工资这个现

① Richard G. Lipsey and Peter O. Steiner, Economics, Harper &Row, Publisher, 1978, p.731.

象形态上，资本主义生产关系的本质被掩盖了。马克思指出："工资的形式消灭了工作日分为必要劳动和剩余劳动、分为有酬劳动和无酬劳动的一切痕迹。全部劳动都表现为有酬劳动。"①

关于劳动力价值的决定，马克思指出："劳动力的价值，就是维持劳动力所有者所需要的生活资料的价值。……和其他商品不同，劳动力的价值规定包含着一个历史的和道德的因素。但是，在一定的国家，在一定的时期，必要生活资料的平均范围是一定的。"②

从上面的分析可以看到，在凯恩斯看来，劳动和物质资本共同创造了产品的价值，又取得了各自的报酬，即工资和利润。在马克思看来，劳动者使用物质资本进行生产的过程中，物质资本的价值是转移到产品价值中去的，劳动者不仅创造了劳动力的价值，还给资本家创造了剩余价值。劳动者生产产品的过程本来应该是一个实证的问题，但是由于在资本主义生产过程中劳动和物质资本必不可少，这个实证的问题就与价值取向搅在一起，从而形成各自表述的局面。马克思认为存在资本家对劳动者的剥削，新古典学派和凯恩斯均否认存在资本家对劳动者的剥削。

我认为，凯恩斯的劳动边际负效用和劳动边际生产力的分析难以成立。

首先分析劳动负效用的问题。劳动负效用是一种生理和心理感觉，是无法度量的。如果把劳动负效用从微观经济分析扩展到宏观经济分析，问题就更大了。全体劳动者在生理和心理上千差万别，怎么会形成一种共同的劳动负效用，从而决定一般的实际工资水平？如果说劳动负效用决定实际工资，这等于什么都没说，因为对于经济社会所形成的任何一种一般的实际工资水平，都可以按这种方式解释为劳动的边际负效用就这么大。

再来分析劳动边际生产力的问题。劳动边际生产力是美国经济学者克拉克（John B. Clark）在 1899 年出版的《财富的分配》中提出来的。下面就用克拉

① 马克思：《资本论》第1卷，《马克思恩格斯全集》第23卷，北京：人民出版社，1972，第 590 页。

② 马克思：《资本论》第1卷，《马克思恩格斯全集》第23卷，北京：人民出版社，1972，第 194 页。

克自己举的例子来探讨这个问题。克拉克写道：在配备 1 亿美元资本的条件下，如果投入 1000 名工人，那么工人们可以使用精密的机器等。但是，如果再增加 1000 名工人，那么就只能配备廉价的机器了，所以劳动的边际生产力是递减的，并可以确定投入的最后一批工人所生产的产品的价值。①

我认为，像克拉克这样，把投入不同的物质资本作为前提进行分析存在严重的逻辑缺陷。如果投入的物质资本可以不同，为什么不能由于正好有更加精密的机器投放市场，结果第一批工人使用精密的机器进行生产，第二批工人使用更加精密的机器进行生产？如果这样，劳动边际生产力不是递减而是递增了。显然，克拉克想要得到的结论已经在前提中设定了。

在后来的凯恩斯主义经济学教科书中，通常在微观经济分析中采用劳动边际生产力的概念，并把它定义为：在保持其他生产要素不变的条件下，连续增加劳动投入量，最后增加的那个单位劳动所生产的产品数量。实际上，在工业生产中，机器设备与工人数量总是存在一定的比例。一台车床需要 1 个工人操作，再增加 1 个工人就是多余的了。一条生产线需要 30 个工人操作，不足 30 个工人这条生产线就无法正常运转，多出 30 个工人就会出现多余的工人。这样，如何会产生劳动的边际生产力？如果把微观经济分析的劳动边际生产力扩展到宏观经济分析，就更加令人费解了。全社会的企业怎么可能在物质资本不变的条件下不断增加劳动力的投入量，以寻找劳动的边际生产率，最后去决定一般的实际工资水平？

诚然，经济理论不是经济现象的描述，经济理论是对经济现象的抽象以发现背后的经济规律，但经济理论要源于经济现实而不能凭空捏造。英国凯恩斯学派经济学者罗宾逊夫人在 1973 年出版的《经济学导论》中，对劳动边际生产力提出了批评："劳动同机器的关系和劳动同土地的关系大不相同。……不能假定一堆机器没有被充分利用时每人产量将会高些，像土地与劳动经济中普遍存在的报酬递减的情形一样。……技术是这样的：在每一个部门，每人产量一直到现有一堆机器充分开工时都是固定不变的。超出充分开工的限度，产量不再

① 克拉克：《财富的分配》，王翼龙译，北京：华夏出版社，2013，第 134–137 页。

增加。”[①] 新凯恩斯主义经济学者从经济现实出发讨论工资黏性问题时，也否定了凯恩斯所说的实际工资取决于劳动边际生产力的论断。我认为，凯恩斯关于工资本质和工资决定的分析没有摆脱新古典学派的陈旧理念，严重脱离实际。

二、实际工资取决于劳动生产率

我否定新古典学派和凯恩斯关于实际工资取决于劳动边际生产力的看法，但不否定实际工资取决于劳动生产率。应该指出的是，劳动边际生产力与劳动生产率是不同的概念。劳动边际生产力是增加最后 1 单位劳动力所生产的产品的价值，劳动生产率是平均每个单位劳动力所生产的产品的价值。厂商的目标是要获得尽可能多的利润，但是厂商不能无节制地压低工人的工资，否则会遭到工人的强烈抵制。在这种情况下，厂商要考虑劳动生产率，即单位劳动力生产的产品的价值。

对于厂商来说，单位产量的工资成本等于货币工资除以劳动生产率之商。如果货币工资的增长率高于劳动生产率的增长率，单位产量的工资成本就会上升，在厂商不能调整价格的条件下，他们的利润就要减少；相反，他们的利润就会增加。因此，无论从微观经济分析来看，还是从宏观经济分析来看，即使未必能够实现，但厂商都会争取货币工资增长率不要超过劳动生产率的增长率。因此，劳动生产率是厂商雇用工人必须要考虑的重要因素。

我利用美国商务部经济分析局提供的历史统计数据，对 1930 年以来美国雇员货币工资增长率和美国以现行价格计算的劳动生产率的增长率的关系进行了检验。其中货币工资总额使用的数据是雇员报酬，包括工资、薪金、雇主与政府提供的一些保险金，因而能够反映雇员实际得到的货币工资收入。雇员人数使用的数据是以全职雇员为基础计算的雇员人数，非全职雇员人数被折算为全职雇员人数。货币工资总额除以雇员人数便是单位雇员的货币工资。另外，劳动生产率是指单位雇员生产的名义国内生产总值。因为雇员工资采用的是名义工资，国内生产总值采用的是名义国内生产总值，从而保持可比性。

---

① 琼·罗宾逊、约翰·伊特韦尔：《现代经济学导论》，陈彪如译，北京：商务印书馆，1982，第 118 页。

在 1930 ~ 2022 年的 93 年里，美国雇员货币工资增长率和劳动生产率增长率的变化情况如图 8–1 所示。在图 8–1 中，横轴表示时间，纵轴表示增长率。

图 8–1　1930 ~ 2022 年美国雇员货币工资增长率和劳动生产率增长率

资料来源：Bureau of Economic Analysis U.S., National Data，https://apps.bea.gov。

从图 8–1 的具体数据来看，在长达 93 年的时间里，没有一年美国雇员的货币工资增长率等于劳动生产率的增长率。但是从图中可以看到，虽然美国雇员的货币工资增长率与劳动生产率的增长率在个别时期变化方向相反，部分时期变化幅度存在一定的差距，但总体来看十分吻合。如果计算 93 年美国雇员的货币工资增长率与劳动生产率的增长率的年算术平均增长率，货币工资增长率是 4.66%，劳动生产率的增长率是 4.60%，两者高度一致。

根据历史统计数据的检验结果，从短期来看，由于美国雇员的货币工资增长率与劳动生产率的增长率不一致，厂商单位产量的工资成本时而下降时而提高。但从长期来看，由于美国雇员的货币工资增长率与劳动生产率的增长率高度一致，厂商单位产量的工资成本保持稳定。

如果把本书第五章第一节关于美国私人产业利润率的变化图像复制到这里

作为比较（如图 8–2 所示），可以看到美国雇员货币工资的变化对私人产业利润率的影响。美国私人产业在 1950 ~ 1980 年趋向下降是多种原因造成的，原因之一是货币工资增长率超过劳动生产率增长率，导致单位产量成本上升。在这个时期，货币工资年平均增长率是 5.98%，劳动生产率年平均增长率是 5.75%。同样，美国私人产业在 1981 ~ 2022 年趋向上升是多种原因造成的，原因之一是货币工资增长率低于劳动生产率增长率，导致单位产量成本下降。在这个时期，货币工资年平均增长率是 3.97%，劳动生产率年平均增长率是 4.18%。

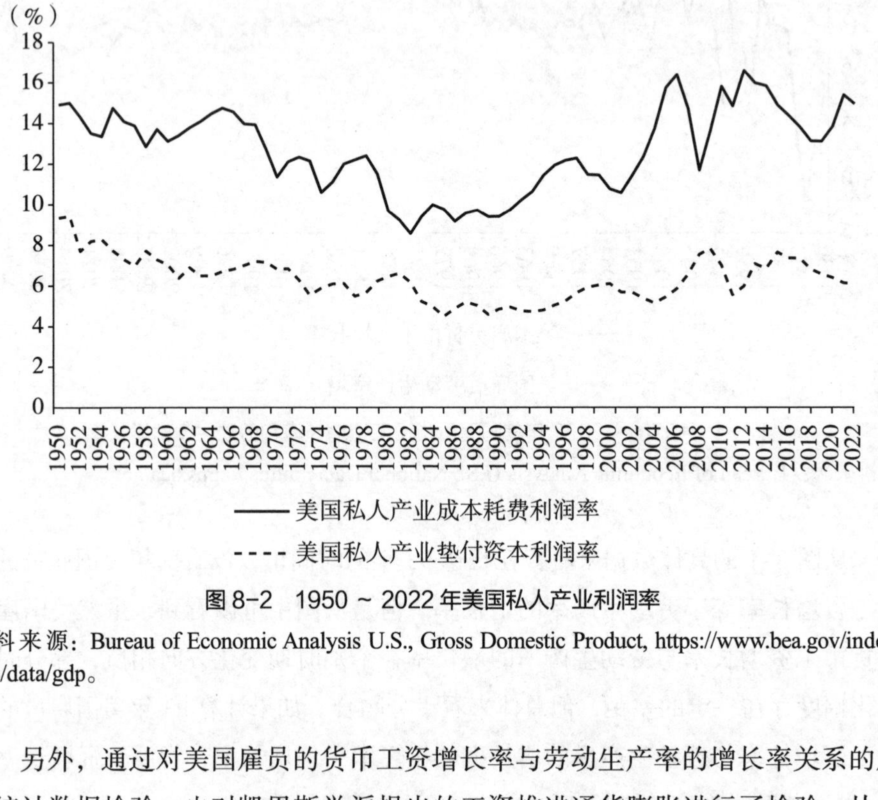

图 8–2 1950 ~ 2022 年美国私人产业利润率

资料来源：Bureau of Economic Analysis U.S., Gross Domestic Product, https://www.bea.gov/index.php/data/gdp。

另外，通过对美国雇员的货币工资增长率与劳动生产率的增长率关系的历史统计数据检验，也对凯恩斯学派提出的工资推进通货膨胀进行了检验。从一段时期来看，在资本家利润不能受到任何影响的前提下，货币工资增长率超过劳动生产率的增长率带来成本上升和价格上升。例如，在美国实行收入政策控制工资增长的 1964 年到 1973 年，美国雇员货币工资年平均增长率是 6.05%，美国劳动生产率增长率是 5.66%，前者超过后者。但是，在其他的时期，货币工资增长率常常低于劳动生产率增长率。从长期来看，货币工资增长率趋向于劳动生产率增长率，工资推进通货膨胀不成立。

三、关于非自愿性失业原因的比较研究

凯恩斯是把产值和就业的变化结合在一起进行分析的，既然凯恩斯把生产过剩的原因归之于有效需求不足，他也把非自愿性失业的原因归之于有效需求不足。我在前面评论凯恩斯关于有效需求不足原因的分析的时候，已经证明凯恩斯用边际消费倾向递减心理规律、边际资本递减心理规律、流动性偏好心理的规律解释有效需求不足，经不起逻辑和历史统计检验，并且把西斯蒙第、马尔萨斯、霍布森关于消费需求不足的分析，以及马克思关于资本积累和消费需求不足的分析与之进行了比较，在这里就不再重复了。

生产过剩和总需求不足是一个问题的两个方面，是一种同义反复。凯恩斯从总需求不足的角度分析经济衰退和非自愿性失业没有问题，但遗憾的是，他在进一步研究总需求不足的原因时没有新的建树。尽管如此，凯恩斯从总需求的角度寻找非自愿性失业的原因以及解决方法是具有启发意义的。尽管西斯蒙第、马克思、霍布森提出的总需求不足的原因不断被实践证明是正确的，凯恩斯增加政府支出的政策主张不能根治总需求不足的问题，但却提供了短期内缓和总需求不足的方法。

然而值得注意的是，关于非自愿性失业，马克思除了指出生产过剩或总需求不足的原因，还提出了与生产过剩或总需求没有直接关系的原因。

马克思根据对资本主义资本积累的分析，提出了资本主义资本积累的一般规律："社会的财富即执行职能的资本越大，它的增长的规模和能力越大，从而无产阶级的绝对数量和他们的劳动生产力越大，产业后备军也就越大。可供支配的劳动力同资本的膨胀力一样，是由同一些原因发展起来的。因此，产业后备军的相对量和财富的力量一同增长。但是同现役劳动军相比，这种后备军越大，常备的过剩人口也就越多，他们的贫困同他们所受的劳动折磨成反比。最后，工人阶级中贫苦阶层和产业后备军越大，官方认为需要救济的贫民也就越多。这就是资本主义积累的绝对的、一般的规律。"①

① 马克思：《资本论》第1卷,《马克思恩格斯全集》第23卷，北京：人民出版社，1972，第707页。

在资本积累一般规律分析的基础上，马克思提出资本主义劳动人口规律："工人人口本身在生产出资本积累的同时，也以日益扩大的规模生产出使他们自身成为相对过剩人口的手段。这就是资本主义生产方式所特有的人口规律。……过剩的工人人口是积累或资本主义基础上的财富发展的必然产物，但是这种过剩人口反过来又成为资本主义积累的杠杆，甚至成为资本主义生产方式存在的一个条件。过剩的工人人口形成一支可供支配的产业后备军，它绝对地隶属于资本，就好像它是由资本出钱养大的一样。"①

接着，马克思指出在资本主义经济存在三种形式的相对过剩人口：第一种形式是流动的过剩人口，即处于半失业状态的人口；第二种形式是潜伏的过剩人口，即农业部门的过剩人口；第三种形式是停滞的过剩人口，即处于极不规则就业状态的人口。

从马克思的分析可以看到，在资本主义生产条件下，失业不是人口的绝对过剩，而是人口的相对过剩，是对于资本增殖需要而言的人口过剩。资本积累导致的机器设备的采用，不断把工人从生产过程中排挤出去，成为失业工人。而这些失业的工人，又成为资本可以随时雇用的产业后备军，重新被投入生产过程。这种相对过剩的人口，与是否生产过剩或总需求不足没有直接关系，它是资本主义社会大生产的产物，也是资本主义大生产继续的条件。

马克思说的停滞的过剩人口实际上就是凯恩斯说的摩擦性失业，马克思说的流动的过剩人口就是凯恩斯说的非自愿性失业，马克思说的潜伏的过剩人口就是凯恩斯说的非自愿性失业以及凯恩斯以后的经济学者说的结构性失业。

四、凯恩斯就业理论的历史贡献

我认为，虽然凯恩斯的就业理论未能深刻地阐述资本主义国家非自愿性失业的原因，但凯恩斯鲜明指出资本主义国家不仅存在摩擦性失业，还存在非自愿性失业，政府应该采用赤字财政的方法来减少失业。凯恩斯在《通论》中发出的这个呼吁引起普遍的社会反响。第二次世界大战结束前后，主要资本主义

① 马克思：《资本论》第1卷，《马克思恩格斯全集》第23卷，北京：人民出版社，1972，第692-693页。

国家的政府纷纷通过立法的形式承担起促进就业的责任，对于减缓第二次世界大战以后的失业状况发挥了作用。

图 8–3 反映了美国 1929 年以来的失业率的变化情况。图 8–3 的横轴表示年份，纵轴表示失业率。从图中可以看到，美国并没有实现充分就业，部分年份失业率还很高，但是总体来看，美国失业率在战后缓和了许多。

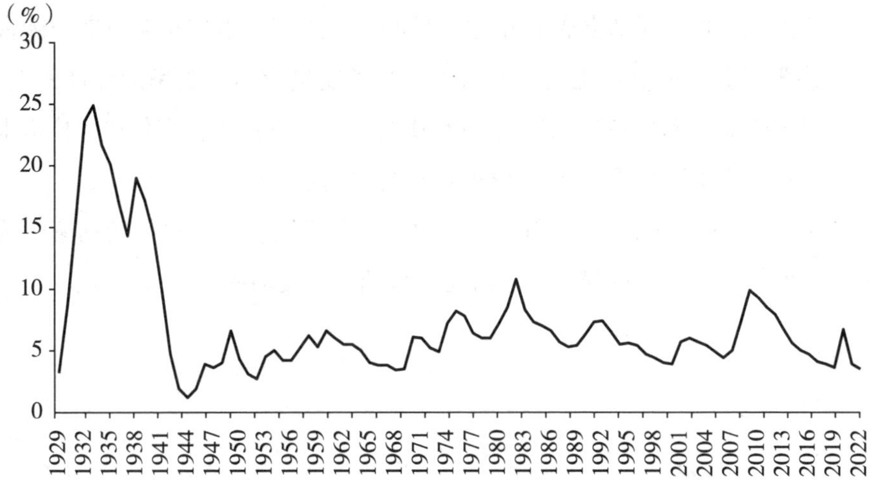

图 8–3　1929 ~ 2022 年美国失业率

资料来源：U.S. Bureau of Labor Statistics, Databases, http://www.bls.gov。

第三节　关于货币工资弹性的统计检验

一、对货币工资弹性的统计检验

凯恩斯的《通论》发表以后，关于货币工资的下降是否能够导致就业增加引起争论，庇古等新古典经济学家认为，货币工资的下降会导致就业的增加，凯恩斯以及凯恩斯学派经济学家认为货币工资的下降不会导致就业的增加，至少是不确定的。我认为，这里存在两个问题：第一，货币工资的变化是否具有弹性？如果弹性很弱，货币工资的下降对就业的影响不大。虽然凯恩斯并不认为货币工资呈刚性，但他认为货币工资的变化未必像新古典学派所说的那么有弹性。第二，货币工资的下降通过什么机制对就业产生影响？具体地说，货币工资的下降是否能够增加就业。

我利用美国的历史统计数据对货币工资的伸缩性进行了统计检验。其中货币工资总额使用的数据是雇员报酬，包括工资、薪金、雇主和政府提供的一些保险金，因而能够反映雇员实际得到的货币工资收入。雇员人数使用的数据是以全职雇员为基础计算的雇员人数，非全职雇员人数被折算为全职雇员人数。货币工资总额除以雇员人数便是单位雇员的货币工资，也就是凯恩斯与新古典学派经济学者争论的货币工资率。另外，为了度量货币工资率的弹性的大小，我把货币工资变动率与 GDP 变动率进行比较。由于货币工资变化包含价格水平变化的因素，我采用的是名义 GDP 变动率与之比较。

美国 1930 年到 2022 年货币工资变动率与名义国内生产总值变动率的情况如图 8–4 所示。图 8–4 的横轴表示时间，纵轴表示变动率。

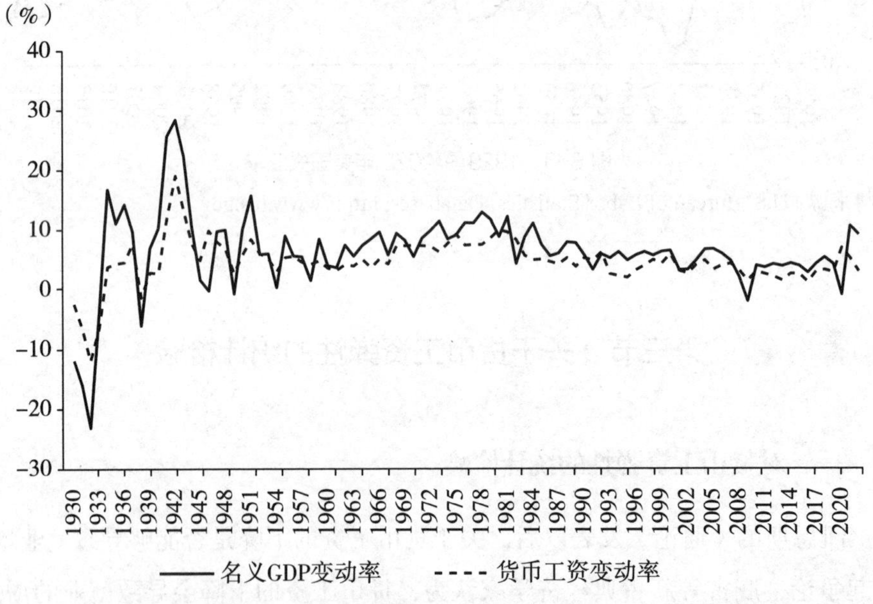

图 8–4　1930 ~ 2022 年美国名义 GDP 变动率和货币工资变动率

资料来源：Bureau of Economic Analysis U.S., National Data，https://apps.bea.gov。

从图 8–4 中可以很清晰地看到，从 1930 年到 2022 年，美国货币工资变动率与名义 GDP 变动率不但基本上是同方向变化的，而且在 GDP 变动率高的时候，货币工资变动率也高；在名义 GDP 变动率低的时候，货币工资变动率也低。另外，货币工资变动率的波动幅度低于名义 GDP 变动率。在 1930 年到 2022 年的 93 年时间里，名义 GDP 取绝对值的年平均变动率是 7.71%，货币工资取绝对值的年平均变动率是 5.27%。如果按战前和战后计算，在 1930 年到 1945 年的 16 年时间里，名义 GDP 取绝对值的年平均变动率是 13.63%，货币工资取绝对值的年平均变动率是 7.97%；在 1946 年到 1922 年的 77 年时间里，名义 GDP 取绝对值的年平均变动率是 6.48%，货币工资取绝对值的年平均变动率是 4.93%。

对美国的历史统计数据分析表明，货币工资具有一定的弹性，也可以说具有一定的黏性。相比名义 GDP 变动率，货币工资的变动率较小。另外，货币工资变动率战前小于名义 GDP 变动率的幅度，要大于战后的幅度。这就是说，相对名义 GDP 变动率而言，战前货币工资的黏性要大于战后。

由此可见，货币工资变动率的实际变化情况既不像新古典学派说的那么具有弹性，也不像凯恩斯说的那么具有黏性。

二、对货币工资下降对就业影响的逻辑检验

基于对 1930 年到 2022 年长达 93 年的货币工资变动率变化情况的分析，可以对凯恩斯与庇古的争论发表意见了。我认为，设立各种抽象的理论条件去讨论货币工资的下降是否会增加就业没有多大意义。在不同的条件下，货币工资下降对就业的影响将不同，因而难以得到确定的结果。

另外，从一个企业或者一个行业，也就是从微观经济角度去分析货币工资下降对就业的影响，即使得到结论也难以应用到宏观经济。因此，应该在现实的宏观经济条件下讨论货币工资的下降对就业的影响，才有可能得到明确的和有意义的结论。例如，经济不景气的时候，是失业比较严重的时候，也是最需要减少失业的时候，在这种现实的条件下讨论降低工资能否增加就业，才有理论和现实意义。

从图 8–4 中可以看到，货币工资下降的时候往往都是名义国内生产总值下降的时候，也就是经济处于不景气的时期。在这个时候，厂商对劳动力的需求

减少，失业率上升，货币工资率的下降显然难以导致就业的增加。因此，新古典学派关于货币弹性能够维持充分就业的分析严重脱离实际。

凯恩斯比新古典学派经济学者更加关注现实经济，他意识到劳动力的总就业量取决于有效需求，也就是取决于宏观经济变化，降低货币工资无助于宏观经济的改善，因而也无助于增加就业。但是，凯恩斯从工人“货币幻觉”造成货币工资黏性的角度对新古典学派经济学者的观点提出批评，结果难以说明问题。如果从现实经济的客观条件出发来讨论这个问题，凯恩斯的下述论证逻辑难以成立：

第一，凯恩斯认为，货币工资下降导致货币收入从货币工资劳动者向其他生产要素所有者转移，由于工资劳动者边际消费倾向高于其他生产要素所有者，结果消费需求减少而储蓄增加，因而不可能导致就业增加。实际上，在货币工资下降的时期，各种生产所有者的收入都发生不同程度的下降，收入分配这个机制或者环节基本不起作用。

第二，凯恩斯认为，如果厂商预期未来货币工资会上升，有可能因现在工资成本下降而增加投资；如果厂商预期未来货币工资还会继续下降，厂商有可能推迟投资。前一种情况会导致就业增加，后一种情况会导致投资减少。实际上，货币工资下降的时期往往是经济不景气的时期，厂商预期利润率也会下降，投资需求难以增加。如果厂商预期经济不景气将会结束而增加投资和增雇工人，这也不是货币工资下降带来的结果。

第三，凯恩斯认为，货币工资的减少导致人们收入的下降，而货币需求量即流动性偏好是收入的函数，因此货币需求减少。在货币供给不变的条件下，货币需求的减少导致利息率的下降，从而有可能通过刺激投资需求而导致就业增加。实际上，投资需求不仅是利息率的函数，还是预期利润率的函数，厂商在经济不景气的现实情况下难以增加投资。正因如此，在经济不景气时期，利息率往往很低，但投资需求仍然处于低迷状态。①

因此，从现实经济的具体条件出发讨论货币工资下降这个争论不休的问题，

① 关于凯恩斯在这三个方面的看法可参看约翰·梅纳德·凯恩斯：《就业、利息和货币通论》，宋韵声译，北京：华夏出版社，2012，第 200–203 页。

有助于得到比较清晰的结论。

第三篇小结：凯恩斯就业理论的历史地位

根据本篇的分析，我对凯恩斯就业理论在经济思想史的地位得出下述结论：

第一，凯恩斯在《通论》中明确提出新古典学派没有“非自愿性失业”的概念，而庇古 1914 年出版的《失业》中已经明确提出了“非自愿性失业”的概念，但庇古对非自愿性失业原因的解释是不对的，解决非自愿性失业的方法可行性也不大。

第二，凯恩斯批评了新古典学派关于劳动总供给量取决于实际工资的看法，认为劳动总供给量取决于货币工资，这种看法更接近于现实但过于绝对。劳动者对实际工资并非没有感觉，劳动力供给量取决于迟早要反映实际工资的货币工资。

第三，新古典学派认为在任何均衡的就业量下，从劳动力需求一方看的劳动力边际生产力都等于从劳动力供给一方看的劳动负效用。但是，凯恩斯认为，在小于充分就业的均衡就业量下，劳动力边际生产力与劳动负效用是不等的。然而，劳动边际生产力和劳动的负效用这两个范畴是不能成立的。

第四，凯恩斯指出，非自愿性失业是有效需求不足造成的，尽管凯恩斯用“三个心理规律”解释有效需求不足经不起逻辑和历史统计检验，但他突破了从劳动力市场角度讨论失业问题的局限性，而是从宏观经济的角度讨论失业问题，从而提出了一种新的失业范畴，也就是经济学界所说的“周期性失业”。

第五，凯恩斯批评新古典学派关于降低实际工资可以减少失业的看法，认为只有通过政府举债支出建造公共工程的方法，才能增加有效需求和减少非自愿性失业，这是一种进步。凯恩斯对减少失业的呼吁促使第二次世界大战以后主要资本主义国家颁布立法，承担起减少失业的责任，这是凯恩斯的历史贡献。

第六，凯恩斯认为劳动力的总需求量取决于劳动的边际生产力不能成立。美国长达93年的历史统计数据表明，从长期来看，美国货币工资增长率与以现行价格计算的劳动生产率增长率高度吻合。劳动生产率与劳动的边际生产力是不同的概念。

第七，美国长达93年的历史统计数据表明，相对国内生产总值的变化来说，货币工资显现的变化既不像新古典学派说的那么具有弹性，也不像凯恩斯说的那么具有黏性。如果把凯恩斯与新古典学派关于货币工资的下降能否导致就业增加的争论置于经济衰退时期来讨论，与根据空泛的理论条件进行讨论相比，所得到的结论要明确得多。

第四篇

凯恩斯的利息率理论

第九章　凯恩斯本人表述的利息率理论

第一节　对新古典学派利息率理论的批评

一、与新古典学派利息率理论的共同点

凯恩斯在《通论》中用了一个附录介绍新古典学派的利息率理论，又用了一章评论新古典学派的利息率理论。要理解凯恩斯对新古典学派利息率理论的评论，首先需要了解凯恩斯关于利息率的定义。凯恩斯对利息率下的定义是："利息率则代表现行的提供资金的代价。"①

凯恩斯是这样概括新古典学派的利息率理论的："传统的看法认为利息率是使投资需求与储蓄意向趋于均衡的因素。投资表示对投资资源的需求，储蓄表示资源的供给，而利息率是使投资资源的需求与供给趋向相等的价格。……市场力量也必然使利息率固定在该利息率下投资量等于该利息率下的储蓄量这一点上。"② 在这里，所谓"资源"是指资金。

凯恩斯在《通论》中表示赞成新古典学派利息率理论的下述观点：

第一，因投资而形成的对资金的需求量是利息率的函数。凯恩斯指出："在目前所论及的范围内，我的资本边际效率曲线或投资的需求曲线与上面引用的

① 约翰·梅纳德·凯恩斯：《就业、利息和货币通论》，宋韵声译，北京：华夏出版社，2012，第 127 页。

② 约翰·梅纳德·凯恩斯：《就业、利息和货币通论》，宋韵声译，北京：华夏出版社，2012，第 135 页。

古典经济学家心目中的对投资的需求曲线没有任何实质性的差别。”①

第二，均衡的利息率位于投资需求曲线和假定收入不变的储蓄供给曲线的交点。凯恩斯指出：“把这些共同点集中起来总结为一个古典学派可以接受而我们又不会反对的命题：假设收入水平是既定的，那么我们可以断言：当前的利息率必须处于某一点，对应于不同利息率的资本需求曲线和对应于不同利息率的既定收入中的储蓄曲线相交于这一点。”② 在这里，所谓资本需求曲线是指因投资而形成的对资金的需求曲线。

在上面所引用的凯恩斯的论述中，可以看到凯恩斯在《通论》中经常表现出来的一个习惯：用不同词汇表达同一个概念，而这些词汇的含义是有所不同的。例如，凯恩斯把“资金”和“资源”混用，其后还使用了“货币”。又如，凯恩斯把“投资”和“资本”混用。实际上，“资金”“资源”和“货币”并不等同。货币是货币形态的资金，资金不仅有货币形态，还有别的形态。资金是资源的一种类型，资源除了资金还有别的类型。“投资”和“资本”也不等同，资本的增量才是投资。

二、与新古典学派利息率理论的不同点

凯恩斯在《通论》中阐述了他的利息率理论与新古典学派利息率理论不同的地方：

第一，储蓄不仅是利息率的函数，还是收入的函数，新古典学派忽略了收入这个自变量。凯恩斯指出：“当我们进而讨论消费倾向和它的对应概念储蓄倾向时，我们的看法逐渐有了分歧，真正原因在于他们强调利息率对储蓄倾向的影响。但是我想他们不会否认收入水平也会对储蓄量产生重要的影响。”③

第二，新古典学派关于通过利息率的调节实现储蓄和投资的均衡的看法是

① 约翰·梅纳德·凯恩斯：《就业、利息和货币通论》，宋韵声译，北京：华夏出版社，2012，第 137 页。

② 约翰·梅纳德·凯恩斯：《就业、利息和货币通论》，宋韵声译，北京：华夏出版社，2012，第 137 页。

③ 约翰·梅纳德·凯恩斯：《就业、利息和货币通论》，宋韵声译，北京：华夏出版社，2012，第 137 页。

不对的。凯恩斯指出："他们（指新古典学派——本书作者注）都有一个想法，认为当一个人有储蓄行为时，会使利息率自动下降。利息率的下降又会自动地刺激资本的生产。而且他们还认为，利息率正好下降到这样一个程度，以致由此而导致的资本的产量的增加正好等于储蓄的增加量。不仅如此，他们还认为这是一个自动的调节过程，不需要金融机构进行特别的干预或给予慈母般的照顾。"①

第三，新古典学派关于投资需求曲线或储蓄供给曲线对利息率影响的分析存在逻辑缺陷。凯恩斯指出："古典学派的利息率理论似乎在说：如果资本需求曲线移动或在一定量收入中随利息率变化而变化的储蓄量曲线有所移动，或者两条曲线都有所移动，那么，新的利息率便取决于两条曲线的新的位置的交点。然而，这个理论的荒谬之处是显而易见的，其原因在于，假设收入不变，与假设两条曲线之一可以自己移动而不影响另一条曲线是矛盾的。在一般情况下，两曲线之一移动，收入就会有变化。"②

第四，新古典学派有两种相互矛盾的利息率理论：一种是价值论中的利息率理论，利息率由投资需求和储蓄供给决定；另一种是货币论中的利息率理论，利息率受货币数量影响。凯恩斯指出："这样古典学派有两种完全不同的利息率理论，在第一卷价值论中表述的是一种，在第二卷货币论中表述的又是一种。他们似乎不因为两者相矛盾而感到不安，并且就我所知，也没有试图对这两种利息率论进行调和。"③ 在这里，所谓"价值论"是指关于商品和生产要素价值的讨论，一般不涉及货币因素。但是，在"货币论"中讨论各种经济问题时，一般涉及货币因素。

第五，新古典学派试图从资本边际效率解释利息率没有成功。凯恩斯指出："在均衡的状态下，利息率当然等于资本边际效率。因为，如果两者不相等，可

---

① 约翰·梅纳德·凯恩斯：《就业、利息和货币通论》，宋韵声译，北京：华夏出版社，2012，第 136–137 页。

② 约翰·梅纳德·凯恩斯：《就业、利息和货币通论》，宋韵声译，北京：华夏出版社，2012，第 138 页。

③ 约翰·梅纳德·凯恩斯：《就业、利息和货币通论》，宋韵声译，北京：华夏出版社，2012，第 140 页。

以通过增加（或减少）当前的投资量，直至两者相等为止，这样必然有利可图。但是把这些作为利息率理论，或由此推算出了利息率，则会犯循环推理错误。”① 在这里，之所以说“循环推理”，是因为利息率在这个推理过程中已经被看作自变量。

按照凯恩斯的看法，新古典学派利息率理论的错误根源在于：

第一，新古典学派没有把储蓄行为看作是与投机无异的行为。凯恩斯指出：“古典学派错误的根源在于：它把利息当成了等待本身的报酬，而没有把它看成是不储藏货币的报酬。……实际上，由贷款或投机的报酬与所谓‘纯粹的’利息率之间，没有明显的界线，所有这一切都是甘冒这一种或那一种不能肯定的风险的报酬。”② 按照我的理解，凯恩斯所说的“不储藏货币的报酬”是指一种机会成本。这就是说，人们可以储蓄以获取利息，也可以不储蓄而进行投机，这样本来可以得到的利息报酬就是投机所付出的代价。

第二，新古典学派把投资和储蓄作为经济体系的自变量是不对的。凯恩斯指出：“传统分析之所以错误，是因为他们不能识别经济体系的自变量是什么。储蓄和投资是经济体系被决定的因素，而不是经济体系的决定因素，其决定因素是消费倾向、资本边际效率以及利息率，储蓄和投资只是这些决定因素的孪生兄弟。”③

我认为，凯恩斯对新古典学派利息率理论的某些批评有一定的道理，但他批评新古典学派把投资和储蓄作为经济体系的自变量则缺乏说服力。新古典学派讨论的是利息率理论，当然应该把因投资产生的资金需求和因储蓄产生的资金供给看作自变量。至于收入、消费倾向、投资预期收益等因素，均是影响投资和储蓄的自变量。在讨论利息率决定的时候，假定收入等因素不变无可非议。经济现象是十分复杂的，任何一个变量都受到许多因素的影响，如果在经济理

① 约翰·梅纳德·凯恩斯：《就业、利息和货币通论》，宋韵声译，北京：华夏出版社，2012，第 141 页。

② 约翰·梅纳德·凯恩斯：《就业、利息和货币通论》，宋韵声译，北京：华夏出版社，2012，第 140 页。

③ 约翰·梅纳德·凯恩斯：《就业、利息和货币通论》，宋韵声译，北京：华夏出版社，2012，第 141 页。

论中不作出一些假定，限定讨论的范围，如何建立经济理论？当然，如果说新古典学派的利息率理论不够重视收入、消费倾向、投资预期收益等因素对投资和储蓄的影响，则是可以成立的。

第二节　凯恩斯利息率理论的主要观点

一、利息率是放弃流动性的报酬

如前所述，凯恩斯曾指出利息率是提供资金的代价。但是，当凯恩斯正式论述利息率理论的时候，又对利息率下了另一个定义："利息率是放弃流动性的报酬，所以在任何时候的利息率都能衡量持有货币的人不愿意放弃流动性的程度。"①

凯恩斯的论证过程是这样的："要想体现一个人心理上的时间偏好，必须做两种不同的决策。第一种与时间偏好相当的，我称之为消费倾向。……在这些动机的支配下，决定消费倾向的是个人将其所得的多少用于消费，又把其所得的多少以某种支配权的形式加以保存，以备将来的消费之用。

"做出这个决定以后，还有另一个决定等待着他。即他以什么样的方式，持有他以现今的收入或过去的储蓄中保留下来的对于未来消费的支配权。他是否准备把将来消费以具有瞬息流动性的支配权的方式（即货币或类似货币的东西）加以保持，或者，他是否准备在一定的期限和非固定的期限内放弃这个支配权的瞬息流动性，让未来的市场情况作出决定。

"显然，利息率不可能是储蓄的报酬或被称之为等待的报酬。假如一个人以自己持有现金的形式进行储蓄，他虽然可以像以前一样储蓄，但却赚不到利息。相反，就字面来讲，利息率的定义告诉我们，利息率就是在一特定的时期内，放弃流动性的报酬。"②

① 约翰·梅纳德·凯恩斯：《就业、利息和货币通论》，宋韵声译，北京：华夏出版社，2012，第 129 页。

② 约翰·梅纳德·凯恩斯：《就业、利息和货币通论》，宋韵声译，北京：华夏出版社，2012，第 128 页。

凯恩斯的话有点晦涩难懂。在这里，“流动性”是指可以随时用于支出的货币或货币类东西，“流动性偏好”是指人们对于具有流动性的货币或货币类东西的偏好。因此，凯恩斯的意思是，人们获得收入以后要作出两个决定：一个决定是消费多少储蓄多少，凯恩斯为了避免用“储蓄”这个词而用了“某种支配权”来表达；另一个决定是以货币的形式来保留他的储蓄，还是以某种债权的形式保留他的储蓄。以自己持有货币形式保留储蓄没有利息收益，以某种债权形式保留储蓄是有利息收益的。不以持有货币形式而以持有某种债权方式保留储蓄就是放弃了流动性，而人们又是偏好流动性的，所以从某种形式的债权得到的利息就是人们放弃流动性的报酬。

凯恩斯关于“利息率不可能是储蓄的报酬”的表述存在逻辑问题。“不可能”是一种全称判断，持有现金的储蓄确实没有利息收益，但是凯恩斯并没有说只有持有现金才属于储蓄，因而这句话应该表达为“利息率并非所有储蓄的报酬”。

既然利息率是放弃流动性的报酬，凯恩斯指出：“利息率不是使投资资源的需求量与目前消费的节约量趋向均衡的‘价格’，而是能使以现金形式持有财富的愿望和现有的现金数量相平衡的‘价格’。这就蕴含着：如果利息率较低，即如果放弃现金的报酬有所降低的话，公众想要持有的现金量就会超过现有的供给量。如果利息率提高了，就会出现无人愿意持有的多余现金。”①

二、流动性偏好函数

为什么人们对流动性存在偏好？凯恩斯的解释是：“我们可以把上面论述的三种流动性偏好的理由进行分类，说明它们取决于：（1）交易动机，即需要现金，以便个人或业务上进行当前交易之用。（2）谨慎动机，即希望保证有一部分资产与未来的现金等价。（3）投机动机，即认为自己比市场中一般人对未来所要发生的一切知道得更清楚，并想从中牟利。”② 凯恩斯说的流动性偏好，指

① 约翰·梅纳德·凯恩斯：《就业、利息和货币通论》，宋韵声译，北京：华夏出版社，2012，第129页。

② 约翰·梅纳德·凯恩斯：《就业、利息和货币通论》，宋韵声译，北京：华夏出版社，2012，第131页。

的是货币的需求。

但是，凯恩斯认为，由于交易动机和谨慎动机导致的货币需求量对利息率的影响不大，从货币需求量减去这两个动机下的货币需求量，可以满足投资动机下的货币需求量。凯恩斯以债券的投机为例，说明投机动机下的流动性偏好，即货币需求量与利息率的关系。

凯恩斯指出："利息率与债券的价格，必须定在一个水平，在这一水平上，愿意持有货币的那部分人持有的现金量正好等于可用于投机动机的货币量。他们之所以持有现金而不愿意持有债券，是因为他们对债券未来的价格看跌，即空头。这样，货币数量每增加一次，债券的价格必定提高一次，使它超过一些'多头'的预期，使他们卖出债券，换成现金，变成'空头'。……

"在通常情况下，流动性偏好曲线（表示货币数量与利息率关系的函数曲线）是一条平滑的曲线，该曲线表明：当利息率下降时，货币数量增加。导致这一结果的原因有两个：第一，假如利息率下降，由交易动机引发的流动性偏好将随利息率的降低而吸收更多的货币。因为利息率的降低可使国民收入增加，为方便交易而保持的货币数量将随着收入的增加而增加（尽管比例有时多有时少）。同时，以放弃利息来计算的持有足够现金的方便之处的代价便会减少。……第二，正如我们已经看到的那样，利息率的每一次下降都会增加某些个人所愿持有的现金数量，因为，他们对将来的利息率的看法与市场的看法不同。"①

在凯恩斯上面两个自然段的话中都出现了"货币数量"的表述，第二个自然段中"货币数量"的意思比较明确，是指货币需求量。流动性偏好函数就是指货币需求函数，凯恩斯接下来对流动性偏好函数的解释都是指货币需求量。但第一个自然段中的"货币数量"究竟指什么就令人费解了。如果是指货币需求量，那么在投机动机下货币需求量的增加意味着卖出债券，债券价格不可能上升。因此，第一个自然段中的"货币数量"应该是指货币供给量，这意味着在货币供给量增加的情况下，人们买进债券导致债券价格上升。

---

①　约翰·梅纳德·凯恩斯：《就业、利息和货币通论》，宋韵声译，北京：华夏出版社，2012，第 131–132 页。

三、利息率的决定和变化

凯恩斯认为，利息率是由货币供给和流动性偏好，即货币需求决定的。在流动性偏好不变的条件下，货币供给的增加将导致利息率的下降。在货币供给不变的情况下，流动性偏好的增加将导致利息率的上升。凯恩斯指出："假如其他条件不变，我们期待货币数量的增加可以降低利息率。假如公众流动性偏好的增加比货币数量的增加的速度快，利息率还是不会下降的。"① 在这里，假如其他条件不变主要是指流动性偏好不变。

我认为，凯恩斯的利息率理论存在一个未决的问题：凯恩斯认可新古典学派投资形成的资金需求和储蓄形成的资金供给对利息率的影响，只是指出储蓄不仅取决于利息率还取决于收入。但是，现在凯恩斯又提出利息率是由货币供给和流动性偏好决定的，这又变成利息率与投资形成的资金需求和储蓄形成的资金供给没有关系了，那么究竟投资需求和储蓄供给对利息率有没有影响？凯恩斯没有回答。也许是凯恩斯认为，他的利息率理论与新古典学派的利息率理论不是对错之分而是优劣之分，他的利息率理论要优于新古典学派的利息率理论。

四、利息率对有效需求的影响

凯恩斯指出："对消费倾向的分析、对资本边际效率的定义以及关于利率的理论，构成了我们现有知识中的三大必须弥补的漏洞。"② 关于边际消费倾向递减心理规律和资本边际效率递减心理规律已经在前面关于凯恩斯的有效需求理论中进行了详细分析，现在来讨论凯恩斯的流动性偏好心理规律对有效需求的影响。

凯恩斯认为，投资是利息率的函数，但由于人们存在流动性偏好，对货币的需求常常维持在较高的水平，导致利息率偏高，影响了投资的增加。凯恩斯

① 约翰·梅纳德·凯恩斯：《就业、利息和货币通论》，宋韵声译，北京：华夏出版社，2012，第133页。

② 约翰·梅纳德·凯恩斯：《就业、利息和货币通论》，宋韵声译，北京：华夏出版社，2012，第24页。

指出："在长时期中，资本必须保持在足够稀缺的程度才能使其边际效率在资本的寿命期间至少等于利息率的水平，而利息率则是由心理状态以及社会的组织与结构决定的。""然而在实际上，除了社会体制和组织的因素之外，还有心理因素能使利息率降低到远在零以上的限度。……这些因素就确定了利息率的下限……那么一方面由于存在财富继续增加的可能性，另一方面由于在自由放任政策下利息率已经降到了不能再降的程度，其产生的恶果可能很快就要在实际经验中反映出来。此外，在现实中，如果利息率下降时可能达到的最低数值高于零很多，那么，在利息率下降到最低水平之前，要使整个社会积累财富的愿望得到满足是有很大困难的。"① 这就是说，在流动性偏好心理因素的影响下，利息率存在一个较高的下限，影响了投资的增加，导致有效需求不足。

这样，边际消费倾向递减心理规律、资本边际效率递减心理规律和流动性偏好心理规律，构成了凯恩斯解释有效需求不足的原因。

① 约翰·梅纳德·凯恩斯：《就业、利息和货币通论》，宋韵声译，北京：华夏出版社，2012，第 167、168 页。

第十章 凯恩斯利息率理论的解释和发展

第一节 凯恩斯利息率理论的争论

一、利息率理论的争论

凯恩斯《通论》出版以后，发生了关于新古典学派利息率理论和凯恩斯利息率理论的争论，凯恩斯自己也参与了争论。英国经济学者希克斯（John Hicks）在1939年出版的《价值与资本》中，提及了这个争论，并且发表了自己的看法。

希克斯写道："决定利率的是什么？一直到最近，经济学家也许都会异口同声地回答，决定它的是'资本'的需求和供给；但是由于他们对'资本'的确切解释不大肯定，他们只是表面一致而非真正一致。资本是不是就是指具体的财物以及对它们中的特定数量进行处理的权力这种意义上的'真实资本'呢？……或者，'资本'是不是指可贷放基金——处理特定数量货币的权力这种意义上的'货币资本'呢？……它是一个真正的争论，必定有一边是对的，有一边是错的……但是，最近由于在从货币方面研究的一派人中间发生虚假的争论，把这一真正的争论变得复杂化了。利率是由可贷放基金的供给与需求（就是说，通过借与贷）而决定的呢？还是由货币本身的供给与需求所决定？这最后的观点是由凯恩斯先生在他的《通论》中提出来的。"①

① 希克斯：《价值与资本》，薛蕃康译，北京：商务印书馆，1962，第142–143页。

在国外经济文献的中文译本中，“loanable funds”出现了“可贷基金”和“可贷资金”的两种译法。在中文语义中，“基金”是一种机构或组织，“资金”是包括货币和非货币金融资产在内的货币性资源，因此还是“可贷资金”的翻译更为准确。我在提及这个问题时，只要不是引用原译文，都采用“可贷资金”的表述。

这场争论的焦点是，利息率是由可贷资金的供给与需求决定，还是由货币的供给与需求所决定？参加争论的经济学者有凯恩斯、奥林（Bertil Gotthard Ohlin）、罗伯逊（Dennis Holme Robertson）、霍特里（Ralph George Hawtrey）等，相关的文献有凯恩斯《利率的两种理论》(《经济季刊》，1937 年 6 月)；奥林、罗伯逊、霍特里的回答（《经济季刊》，1937 年 9 月)；凯恩斯《利率的“先在性”理论》(《经济季刊》，1937 年 12 月) ①；等等。

罗伯逊在这场争论中提出了“可贷资金”的概念。正因如此，在后来关于利息率的文献中，往往提及三种利息率理论：新古典学派利息率理论、凯恩斯流动偏好理论、罗伯逊可贷资金理论。我认为这种划分不够准确，罗伯逊的可贷资金理论实质上就是新古典学派的利息率理论。所谓可贷资金是指债务市场上的借贷资金，而在新古典学派利息率理论中，投资需求是指因投资而形成的对可贷资金的需求，储蓄供给就是因储蓄而形成的可贷资金的供给。但是，新古典学派处于金本位制时代，可贷资金的供给主要是储蓄。罗伯逊处于信用货币时代，可贷资金的供给还有中央银行的货币供给。

在这场利息率理论的争论中，罗伯逊的看法具有代表性。罗伯逊坚持新古典学派的利息率理论，他认为利息率是由可贷资金的供给和需求决定的。可贷资金是一种流量，影响可贷资金的既有货币因素也有实际经济因素，如中央银行政策、生产率以及人们的节约习惯等。凯恩斯则认为利息率是由货币的供给和需求决定的，货币是一种存量。凯恩斯的利息率理论被经济学界认为是一种纯货币的利息率理论。

罗伯逊不但是凯恩斯的学生，还是凯恩斯的同事和朋友。在凯恩斯内容广泛的通信中可以看出，他们经常互相交换手稿，以极为坦率的态度批评对方。

① 转引自希克斯：《价值与资本》，薛蕃康译，北京：商务印书馆，1962，第 143 页。

罗伯逊反复阅读过《通论》，提出了详细修改建议。尽管凯恩斯表示愿意接受他的批评，但是罗伯逊还是发现自己不能接受凯恩斯的新理论，因而没有加入“凯恩斯革命”的“剑桥圈子”。后来，由于罗伯逊和凯恩斯在经济思想上的分歧太大，俩人渐行渐远。

罗伯逊在 1940 年出版的《货币理论文集》中曾提出他的可贷资金利息率理论。他认为，利息率是由可贷资金的需求和供给决定的。可贷资金的需求包括投资需求和窖藏需求，投资需求是出于投资的需要而形成的对资金的需求，窖藏需求是为了储藏价值而形成的对资金的需求。由于利率越高，投资和窖藏的成本越高，可贷资金的需求量是利率的函数。可贷资金的供给包括储蓄供给和货币供给增量，利率越高，储蓄收益越高。但货币供给取决于货币政策，可贷资金储蓄数量是利率的函数。在投资对可贷资金的需求量等于储蓄对可贷资金的供给量时，形成了自然利率，这是基础性利率。当可贷资金需求量与可贷资金供给量相等的时候，形成了市场利率。①

二、希克斯的调和

希克斯不属于凯恩斯学派经济学者，但是他一直在解释和研究凯恩斯经济学。希克斯试图调和新古典学派的可贷资金利息率理论和凯恩斯的流动性偏好利息率理论。他指出：“我希望表明，我们无论是信奉他（指凯恩斯——本书作者注）的提法也好，或者信奉那些在现在看来采取相反观点的作者也好，二者之间并没有什么分别。”②

希克斯是这样解决这个矛盾的：“假定有 n 种可交换的货物及劳务，那么总共有 n 个价格需要决定。因为在所有‘货物’当中必须列入作为价值标准（货币）的那一种货物，我们因而有按价值标准计算的其他货物及劳务的 $n-1$ 个价格以及一个利率（在这里是为期一星期贷款的利率）。这样就总共有 n 个价格，

① Dennis Robertson, *Essays in Monetary Theory*, London: P.S. King & Son, 1940. 该文献出处来自 Loanable Funds，约翰·伊尔维尔等人编：《新帕尔格雷夫经济学大辞典》第 3 卷，北京：经济科学出版社，1992，第 237 页。

② 希克斯：《价值与资本》，薛蕃康译，北京：商务印书馆，1962，第 143 页。

为决定这 n 个价格，我们有 $n-1$ 种商品（不包括货币）的 $n-1$ 个供需方程式，一个贷款的供需方程式，一个货币的供需方程式。这样共计有 $n+1$ 个供需方程式。然而，如同我们以前所熟悉的瓦尔拉体系，$n+1$ 个方程式中的一个是随着其余而来的。这样就留下 n 个方程式决定 n 个价格。

“对整个社会而言，我们说通过贸易净获得的货币是零就等于说货币的需求等于货币的供给，因此，如果货物及劳务市场以及贷款市场存在均衡，那么在货币市场也必定存在均衡。只有 n 个独立的方程式来决定 n 个独立的价格；所以这体系是完全没有矛盾的。”①

克莱因认为，希克斯的调和不能成立，新古典可贷资金利息率理论认为不管影响储蓄和投资的其他变量如何，总是存在着一个使储蓄等于投资的利息率。凯恩斯流动性偏好利息率理论则认为，在充分就业的收入水平上，没有任何正数的利息率能够使储蓄等于投资。②

我认为，希克斯的解释存在逻辑问题，如果贷款的供需方程式和货币的供需方程式决定的价格都是利息率，这本身存在矛盾，即利息率既可以这样决定，也可以那样决定。

三、勒纳的调和

美国经济学者勒纳在 1938 年 6 月的《经济季刊》发表了题为《利息理论的两种说明》的论文，也试图调和新古典学派的可贷资金利息率理论和凯恩斯的流动性偏好利息率理论。勒纳认为，可贷资金的供给和需要就是信用的供给和需求，可贷资金的供给是一定时期内储蓄加上货币数量的净增加，可贷资金的需求是一定时期内投资加上窖藏货币的净增加。勒纳的看法可以用图 10–1 说明。

在图 10–1 中，横轴表示可贷资金的数量，既表示可贷资金供给量，也表示可贷资金需求量，纵轴表示利息率。ΔL 表示窖藏货币净增加。由于利息率越低，窖藏货币的代价越低，人们愿意窖藏的货币越多，ΔL 曲线表现为一条向

① 希克斯：《价值与资本》，薛蕃康译，北京：商务印书馆，1962，第 144–147 页。

② 克莱因：《凯恩斯的革命》，薛蕃康译，北京：商务印书馆，2015，第 127–128 页。

右下方倾斜的曲线。ΔM 表示货币供给的净增加量，由于货币供给是中央银行决定的，它与利率无关，ΔM 表现为一条垂直线。$I+\Delta L$ 与 ΔM 的交点，决定了均衡利息率 Oi。

另外，S 表示储蓄，I 表示投资，$S=I$ 曲线既是储蓄曲线又是投资曲线。由于可贷资金的供给 $=S+\Delta M$，S 曲线向右平行移动相当于 ΔM 的距离可得到 $S+\Delta M$ 曲线。又由于可贷资金的需求 $=I+\Delta L$，I 曲线向右移动相当于各个利息率水平下的 ΔL 的横坐标的距离，可得到 $I+\Delta L$。$S+\Delta M$ 曲线与 $I+\Delta L$ 曲线的交点决定了均衡利息率 Oi。

在勒纳看来，ΔL 曲线与 ΔM 曲线相交决定了均衡的利息率，体现了凯恩斯的流动性偏好理论，$S=I$ 曲线体现了新古典学派的可贷资金理论，两者总和起来构成新的可贷资金理论。[①]

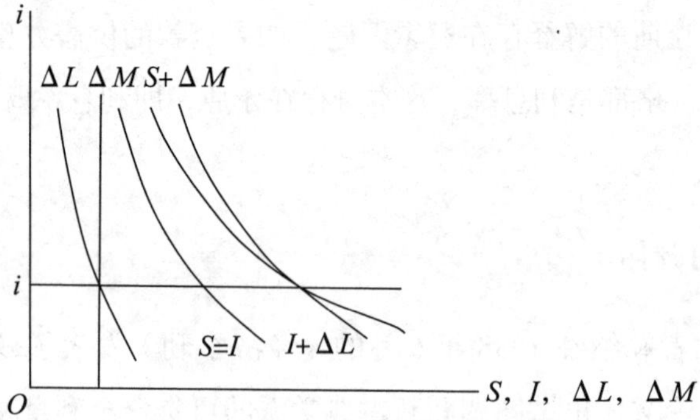

图 10-1　可贷资金利息率理论

克莱因指出，勒纳的分析存在两个错误：一是储蓄曲线和投资曲线合为一体，这意味着基于萨伊定律认为储蓄自动等于投资；二是没有考虑储蓄受到收入影响，缺少了收入这个维度。[②]

我认为，克莱因指出的勒纳的第一个错误有道理，储蓄与投资不可能总是相等或者自动相等，而且即使相等也不可能是同样形状的曲线，储蓄供给曲线

① 转引自克莱因：《凯恩斯的革命》，薛蕃康译，北京：商务印书馆，2015，第 128–129 页。

② 克莱因：《凯恩斯的革命》，薛蕃康译，北京：商务印书馆，2015，第 129 页。

向右下方倾斜而投资需求曲线向右上方倾斜。但是，克莱因指出的勒纳的第二个错误则理由不够充分。储蓄当然受到收入影响，但是假定收入不变的条件下讨论利息率的决定，这在分析方法上是可取的，其后可以再加入收入变化的因素来考察对利息率的进一步影响。我在下一章的评论部分将详细讨论这个问题。

四、费勒和萨默斯的调和

美国经济学者费勒（Fellner）和萨默斯（Somers）① 在1941年第23卷《经济统计学评论》发表了题为《两种从货币方面对利率理论的研究》的论文，仍试图调和新古典学派的可贷资金利息率理论和凯恩斯的流动性偏好利息率理论。

费勒和萨默斯把货币的需求，即流动性偏好分为三个部分：（1）对不包括要求权在内的货物的需求；（2）人们对他们自己的货币的需求；（3）对要求权的需求。相应地，货币的供给也分为三个部分：（1）除要求权以外的货物的供给；（2）人们自己的货币的供给；（3）要求权的供给。在这里，要求权（claims）是指货币资产。

费勒和萨默斯认为，除要求权以外的货物的需求和除要求权以外的货物供给与利息率无关，它们总是保持相等，另外，不管利息率处于什么水平，人们对自己的货币的需求等于人们对自己的货币的供给。这样，在使要求权的需求和供给相等的利息率水平上，三类需求总和等于三类供给总和。费勒和萨默斯把人们对自己的货币的需求等于人们对自己的货币的供给的方程式称为流动性偏好方程式，把要求权的需求等于供给方程式称为可贷资金方程式，两个方程式形成同一个利息率。②

克莱因的评论意见是："他们这种论证方法实际上等于把货币供求方程式中依存于利率的那一部分作为可贷放资金的供给和需求……如果这两种理论都是根据存货大小而不是根据流量大小叙述，则它们所述是一回事，在二者之间无所用其选择。但根据流量叙述可贷放资金理论更为有用，而灵活偏好理论则明显地是存货理论。在较为通常的情况下，有理由说凯恩斯理论更具有优越

① 无法查找到这两位经济学者的英文全名——本书作者注。

② 转引自克莱因：《凯恩斯的革命》，薛蕃康译，北京：商务印书馆，2015，第129–130页。

性。”[①] 在这段话里，克莱因著作的翻译者把“存量”译为“存货”，把“流动性偏好”译为“灵活偏好”。

我认为，费勒和萨默斯的调和难以成立。按照他们的看法，利息率实际上是由要求权的需求和供给决定的，人们对自己货币的需求和供给只是被动接受利息率，这意味着凯恩斯的流动性偏好理论是多余的。

第二节　凯恩斯利息率理论的解释和扩展

一、克莱因对流动性偏好理论的解释

克莱因在 1947 年出版的《凯恩斯的革命》中，对凯恩斯的利息率理论进行了解释。他认为没有必要在可贷资金利息率理论和流动性偏好利息率理论之间进行调和，凯恩斯流动性偏好利息率理论是对新古典学派可贷资金利息率理论的否定。

克莱因认为，新古典学派可贷资金利息率理论建立在下述方程式之上：$S_w[r,(Y_w)_0]=I_w[r,(Y_w)_0]$。在这个方程式的左边，储蓄 S_w 是利息率 r 和充分就业的收入 $(Y_w)_0$ 的函数；在这个方程式的右边，投资 I_w 是利息率 r 和充分就业的收入 $(Y_w)_0$ 的函数。在这个方程式中，下标 w 表示以凯恩斯所说的按照“工资单位”计算。

克莱因指出，当收入达到充分就业的水平 $(Y_w)_0$ 时，作为利息率函数的储蓄曲线和投资曲线很可能表现为互不相交的曲线，不论利息率发生什么变化，来自充分就业的储蓄都超过来自充分就业收入的投资，因而不能形成均衡的利息率。只有在现行利息率下存在无限的投资机会的情况时，投资曲线表现为在该利息率下的水平线，并与非水平线的储蓄曲线相交形成均衡的利息率，这就是新古典学派描述的情形。但是，凯恩斯的情形与之不同，当收入从充分就业的水平降低到小于充分就业的水平，储蓄曲线和投资曲线将会发生移动，并且在直角坐标系内相交，形成均衡的正数利息率。

① 克莱因:《凯恩斯的革命》，薛蕃康译，北京：商务印书馆，2015，第 130–131 页。

克莱因的结论是，凯恩斯与新古典学派的主要区别是，凯恩斯的储蓄和投资理论是决定有效需求的理论，新古典学派的储蓄和投资理论是决定利息率的理论。①

我认为，如果以英国经济学者马歇尔 1890 年出版的《经济学原理》和美国经济学者费雪（Irving Fisher）1930 年出版的《利息理论》为根据，可贷资金利息率理论没有把充分就业条件下的收入作为储蓄函数和投资函数的自变量，而是在假定收入不变的条件下讨论利息率的决定。在收入不变的条件下，储蓄函数和投资函数未必没有正数解。另外，凯恩斯在《通论》中也没有在小于充分就业收入的条件下分析储蓄曲线和投资曲线如何形成均衡的利息率。克莱因试图借此证明凯恩斯的利息率理论更加正确，但这样的论证缺乏说服力，他解释的并非真实的新古典学派利息率理论和真实的凯恩斯的利息率理论。

但是，克莱因的结论是正确的，凯恩斯的储蓄和投资理论是决定有效需求的理论，新古典的储蓄和投资理论是决定利息率的理论，这就是凯恩斯表示至少赞成部分可贷资金利息率理论但在讨论利息率理论时又只字不提可贷资金利息率理论的主要原因。如果凯恩斯认可储蓄和投资是由利息率调节的，他苦心建立的有效需求理论将难以成立。

二、米什金对流动性偏好理论的解释

美国经济学者米什金（Frederic S. Mishkin）在 1998 年出版的《货币金融学》（第 4 版）中，对凯恩斯的流动性偏好理论作出了解释。他认为，可贷资金理论是解释债券市场利息率决定的理论，流动性偏好理论是解释货币市场利息率决定的理论。按照米什金的解释，这里说的货币市场与金融学提及的货币市场不同，金融学提及的货币市场（money market）是短期债务资产发行和交易的市场，这里说的货币市场（market for money）是指交易媒介的市场。

米什金提出，凯恩斯假定人们作为财富贮藏的资产主要有货币和债券，经济社会中的财富总供给量等于债券供给量 Bs 与货币供给量 Ms 之和，财富总需求量也等于债券需求量 Bd 与货币需求量 Md 之和，在人们愿意持有的财富等于

① 克莱因：《凯恩斯的革命》，薛蕃康译，北京：商务印书馆，2015，第 91–93 页。

财富供给量的条件下，

$$Bs+Ms=Bd+Md \quad (10\text{–}1)$$

把公式（10–1）的债券的供给量和需求量移到等号的一边，而把货币的供给量和需求量移到等号另一边，可以得到

$$Bs-Bd=Md-Ms \quad (10\text{–}2)$$

公式（10–2）表明，如果货币市场处于均衡状态（$Md=Ms$），债券市场也处于均衡状态（$Bs=Bd$）。这就是说，通过债券的供给和需求决定均衡利息率，与通过货币的供给和需求决定均衡利息率没有区别；分析债券市场的可贷资金利息率理论，等同于分析货币市场的流动性偏好理论。

米什金认为，由于凯恩斯假定只存在货币和债券，流动性偏好理论没有考虑对实物资产的投资，因而可贷资金理论优于流动性偏好理论。但是，在分析产值、价格水平、货币供给影响时，流动性偏好理论优于可贷资金理论。①

我认为，米什金的解释存在两个问题：第一，新古典学派可贷资金理论并非只解释债券市场利息率的决定，而是解释借贷市场利息率的决定，而借贷市场包括银行信贷市场、债券市场以及金融学所说的货币市场。第二，凯恩斯的流动性偏好理论确实解释作为交易媒介的货币，但是这个市场不形成利息率，如何去决定均衡的利息率？米什金自己也很清楚，用于交易的货币不产生利息，他指出："由于凯恩斯所用的货币定义包括通货（没有利息收入）和支票账户存款（在凯恩斯生活的年代，一般不付或付很少利息），故他假定货币的回报率为零。"② 既然米什金所说的货币市场利息率为 0，如何在这个市场上形成利息率？

三、产值和利息率的均衡

凯恩斯的有效需求理论指出，当总产值等于消费支出和投资支出之和时，或者当储蓄等于投资时，产值形成均衡。如果其他条件不变，投资的增加将导致均衡产值的增加。另外，凯恩斯的利息率理论指出，当货币供给等于货币需

① 米什金：《货币金融学》，李扬等译，北京：中国人民大学出版社，1998，第 115 页。

② 米什金：《货币金融学》，李扬等译，北京：中国人民大学出版社，1998，第 115 页。

求时，利息率形成均衡。利息率将随着货币供给或货币需求的变化而变化。凯恩斯的这种分析方法被称为局部均衡分析方法，即单独分析商品市场或者货币市场是如何形成均衡的。

凯恩斯的产值决定理论没有价格水平维度，也没有利息率维度。如前所述，凯恩斯学派经济学者提出了 *AD–AS* 分析方法，即总需求—总供给分析方法，在凯恩斯产值决定理论中增加了价格水平的维度。而英国经济学者希克斯提出了 *IS–LM* 分析方法，在凯恩斯产值决定理论中增加了利息率的维度。在这里，*I*、*S* 分别表示投资和储蓄，*L*、*M* 分别表示流动性偏好即货币需求和货币供给。

在凯恩斯出版《通论》的第二年，希克斯在 1937 年第 2 期《计量经济学》杂志上发表了题为《凯恩斯先生与古典学派》的论文，采用一般均衡的分析方法把凯恩斯的有效需求理论和利息率理论综合起来，分析了产值和利息率是如何同时达到均衡的，并且得到了凯恩斯局部均衡分析方法所得不到的结论。

根据凯恩斯的产值决定理论，当投资（*I*）等于储蓄（*S*）时，产值形成均衡。根据凯恩斯的利息率理论，当流动性偏好（*L*）等于货币供给（*M*）时，利息率形成均衡。希克斯据此提出了 *IS* 曲线和 *LL* 曲线（如图 10–2 所示）。

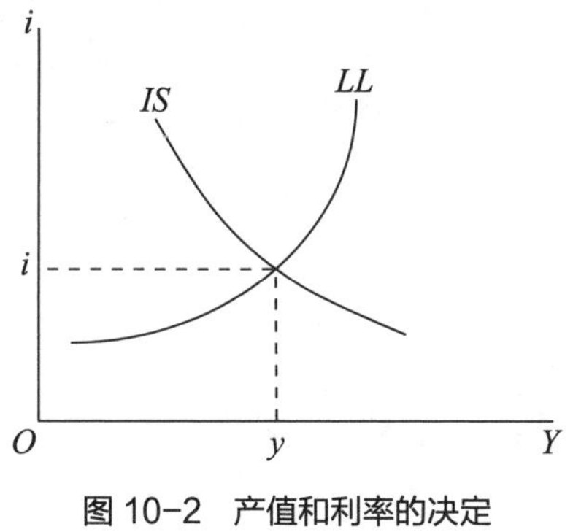

图 10–2　产值和利率的决定

在图 10–2 中，纵轴表示利息率，横轴表示总收入即总产值。*IS* 曲线表示，曲线上的各个点所代表的总收入和利息率的组合可以保持投资等于储蓄。这就是说，*IS* 曲线上的各个点都可以满足总收入均衡的条件。*LL* 曲线表示，曲线上的各个点所代表的总收入和利息率的组合可以保持流动性偏好等于货币供给。

这就是说，*LL* 曲线上的各个点都可以满足利息率均衡的条件。这样，在 *IS* 曲线和 *LL* 曲线的交点上，同时满足总收入均衡的条件和利息率均衡的条件，形成了均衡的总收入 *Oy* 和均衡的利息率 *Oi*。[①]

从图 10–2 中可以看到，在其他条件不变的情况下，投资的增加或者储蓄的减少都会导致 *IS* 曲线向右移动，从而导致总收入增加和利息率的上升。反之，投资的减少或者储蓄的增加都会导致 *IS* 曲线向左移动，从而导致总收入减少和利息率的下降。在这里，总收入增加和减少的结论可以从凯恩斯产值决定理论得到，但是利息率上升和下降的结论从凯恩斯产值决定理论得不到。希克斯的 *IS–LM* 分析方法实际上暗示了投资的增加或储蓄的减少将导致可贷资金供不应求，从而导致利息率上升；投资的减少或储蓄的增加将导致可贷资金供过于求，从而导致利息率下降。

从图 10–2 中还可以看到，在流动性偏好不变的条件下，货币供给的增加导致利息率的下降和总收入的增加。在这里，货币供给的增加导致利息率的下降可以从凯恩斯流动性偏好理论得到，货币供给的增加导致总收入的增加则需要通过利息率下降导致投资增加这个环节从凯恩斯产值决定理论得到。

希克斯的这种分析方法被经济学界称为 *IS–LM* 分析方法，并作为凯恩斯经济理论的代表。

---

① John Hicks, Mr. Keynes and the classics, *Econometrica*, Vol. 5, No. 2, Apr.1937.

第十一章　对凯恩斯利息率理论的质疑和借鉴

第一节　需要澄清的若干问题

一、凯恩斯以后利息率理论的表述

在凯恩斯以前，在经济学界占主导地位的是新古典学派的利息率理论。凯恩斯在《通论》中表示部分认可新古典学派的利息率理论，但又提出了与之不同的流动性偏好理论。在凯恩斯《通论》出版以后，关于凯恩斯利息率引起了激烈的争论，但是没有形成共识，于是经济学界出现各自表述利息率理论的情况。

有的经济学教科书阐述凯恩斯的流动性偏好理论。例如，美国经济学者斯蒂格利茨 1993 年出版的《经济学》[①] 介绍了凯恩斯的流动性偏好理论。有的经济学教科书阐述可贷资金理论。例如，美国经济学者法博奇（Frank J. Fabozzi）和莫迪利亚尼（Franco Modigliani）1996 年出版的《资本市场》[②]，不但介绍了可贷资金理论，而且还以最优选择为基础对该理论进行了严格论证。有的经济学教科书同时阐述可贷资金理论和流动性偏好理论。例如，米什金 1995 年出版的《货币金融学》[③]，同时介绍可贷资金理论和流动性偏好理论，把它们用于解

① 该书中译本于 1997 年由中国人民大学出版社出版。

② 该书中译本于 1998 年由经济科学出版社出版。

③ 该书中译本于 1998 年由中国人民大学出版社出版。

释不同市场的利息率。又如，萨缪尔森1976年出版的《经济学》[①]，在微观经济学部分介绍可贷资金理论，在宏观经济学部分介绍流动性偏好理论。似乎前者解释了某个借贷市场的利息率，后者解释了整个经济社会的利息率水平。上述经济学教科书都是权威的经济学教科书。

我认为，利息率是经济学的一个基本范畴，它属于实证的经济问题，有必要通过澄清一些概念和方法，暂且避开一些涉及意识形态的争论，基于逻辑和事实进行分析，以增进对利息率问题的共识。

二、利息是什么?

利息是什么？这是讨论利息率理论的前提。如果不澄清这个问题，关于利息率理论的争论将会无休止地进行下去。

马歇尔在 1890 年出版的《经济学原理》中指出："借款人为了使用贷款——比方说是一年——所付的报酬，表明了这种报酬与贷款的比率，称为利息。"马歇尔还在《经济学原理》的第四篇第七章第八节的标题中写道："现在的满足与延缓的满足之间的选择。财富的积累一般含有满足的某种等待或延期之意。利息是它的报酬。"[②] 马歇尔对利息的定义很明确，人们把自己的满足从现在延迟到未来而提供了贷款，对这种延迟满足支付的报酬就是利息，利息是在借款和贷款的过程中发生的。

费雪在 1930 年出版的《利息理论》中指出："收入和资本之间的桥梁或联系就是利率。我们可以对利率下一个定义：利率是对某一日期的货币支付的贴水的百分比，这一贴水是以一年以后货币来表示的。……永远要记住，利息和利率是不同的。利息是将资本价值乘以利率来计算的。"费雪还指出："利率表现为现在财货与将来财货在进行交换时的价格。"[③] 费雪所说的"资本"是指能够带来收益的货币收入，当人们没有把现在的全部收入用于消费现在的财货，而是把其中一部分贷放出去，这部分收入就变成"资本"，用以在未来消费更多

① 该书中译本于 1979 年由商务印书馆出版。

② 马歇尔：《经济学原理》(上卷)，朱志泰译，北京：商务印书馆，1964，第 93、246 页。

③ 欧文 · 费雪：《利息理论》，陈彪如译，北京：商务印书馆，2013，第 12、55 页。

的财货。

凯恩斯在1936年出版的《通论》中指出："假如一个人以自己持有现金的形式进行储蓄，他虽然可以像以前一样储蓄，但却赚不到利息。相反，就字面来讲，利息率的定义告诉我们，利息率就是在一特定的时期内，放弃流动性的报酬。"① 凯恩斯的利息的概念也很明确，如果人们把部分货币收入以现金的方式储蓄下来，不会产生利息。人们只有把部分货币收入贷放出去，如购买债券，才有利息收入。因此，利息产生于借贷活动，它是人们放弃流动性把货币贷放出去的报酬。

马克思的《资本论》（第3卷）是马克思逝世后由恩格斯于1894年修订出版的。马克思认为，借贷资本是在货币资本的所有权和使用权相分离的条件下产生的。货币资本家拥有货币资本的所有权，但他把货币资本的使用权让渡给产业资本家和商业资本家，利息就是对货币资本使用权的报酬。马克思在书稿中写道："货币资本家在把借贷资本的支配权移交给产业资本家的时间内，就把货币作为资本的这种使用价值——生产平均利润的能力——让渡给产业资本家。"②

马克思还认为，借贷资本的利息是剩余价值或利润的一部分。马克思在书稿中还写道："利息最初表现为、最初是、并且实际上始终不外是利润即剩余价值的一部分，这部分是执行职能的资本家，即产业家或商人，在他不是使用自有的资本而是使用借入的资本时，必须支付给这个资本的所有者和贷出者的。如果他只使用自有的资本，利润的这种分割就不会发生；利润就会全部归他所有。"③

只要提及"剩余价值"，就会引起经济学者们价值观的冲突。我略去马克思关于利息本质的分析而只考虑马克思关于利息率现象形态的分析，那么马克思的话表明下述意思：第一，从资本的角度看，资金能够带来收益，它是一种货

① 约翰·梅纳德·凯恩斯：《就业、利息和货币通论》，宋韵声译，北京：华夏出版社，2012，第128页。

② 马克思：《资本论》第3卷，《马克思恩格斯全集》第25卷（上册），北京：人民出版社，1974，第393页。

③ 马克思：《资本论》第3卷，《马克思恩格斯全集》第25卷（上册），北京：人民出版社，1974，第415页。

币资本。第二，利息产生的前提是货币资本所有权和使用权的分离，如果产业资本家使用自己的货币资本进行生产，不会产生利息。第三，当货币资本投入借贷过程，货币资本演变为借贷资本，利息才会产生，它是让渡借贷资本使用权的报酬。

由此可见，从利息的定义来看，经济学者们的看法没有太大的差异。但是，到了分析利息率决定的时候，凯恩斯对利息率的定义就发生了变化，把属于非借贷性质的流动性偏好也看作是决定利息率的主要因素，这就是我在逻辑上对凯恩斯流动性偏好理论质疑的主要原因。

三、货币等于可贷资金吗?

在经济学文献中，货币、资金、资本经常被混用，这源于经济学者们对货币的理解存在差异。随着经济和经济学的发展，关于货币的定义也就越来越明确了。如果以各国中央银行对货币供给的现行定义作为标准，对货币、资金、资本三者的关系就可以加以明确区分。

货币是一种交易手段，中央银行狭义货币供给量（M_1）的定义是：M_1 = 现金 + 存款货币，这是严格定义的货币。但是，货币除交易职能以外，还有储藏职能。中央银行广义货币供给量（M_2）的定义是：M_2= M_1+ 各种银行定期存款和储蓄存款。其中各种银行定期存款和储蓄存款已经不是严格定义上的货币，它被经济学界称为准货币，即本身不是货币但易于转变为货币的金融资产。

应该指出的是，在凯恩斯生活的时代以及以后很长的一段历史时期，M_1 是不产生利息的。以美国为例，按照美国联邦储备系统于 1933 年制定的 Q 条例，成员银行对活期存款不得支付利息。直到 1980 年，Q 条例才被取消，但是对活期存款支付的利息率仍然很低。

货币、资金、可贷资金、资本是不同的概念。资金是指可以用于交易、经营和投资的货币性资源。货币是资金的一种形态，但资金不限于货币形态，还包括定期存款、债券、股票等可以转换为货币的金融资产。因此，可贷资金与货币或资金存在重要差别。只有进入借贷市场的货币或资金才是可贷资金，没有进入借贷市场的货币或资金不是可贷资金。例如，现金既是货币也是资金，但不是可贷资金。再如，股票是资金不是货币，但不是可贷资金。

资本是指能够带来收益的一种权利，它可以是物质形态的，也可以是货币形态的。资本与货币或者资金的区别是：资本以获取收益为目的。马克思对资本形态作了清晰的划分：货币资本是以货币形态存在的资本，以获取未来收益为目的。货币资本被投放在机器设备和原材料上，称为不变资本；被投放在劳动力上，则被称为可变资本；被投放在借贷市场上，则被称为借贷资本。因此，从资本家的角度看，在各种资本里，只有借贷资本才是可贷资金。

明确了利息产生于借贷市场以后，再把可贷资金与货币加以区别，就可以发现凯恩斯的流动性偏好理论存在逻辑缺陷。凯恩斯把流动性偏好定义为对具有流动性的货币的偏好，凯恩斯所说的货币就是现在各国中央银行定义的 M_1，而在凯恩斯生活的时代，M_1 不产生利息，那么流动性偏好与货币供给如何决定均衡的利息率水平？凯恩斯只好采取间接方式，把利息率看作是放弃流动性的报酬，而放弃流动性就是投资债券，债券投资与利息率有关，这种论证的逻辑过于牵强。

四、有效需求理论和可贷资金理论的投资和储蓄等同吗?

凯恩斯表示认可新古典学派利息率理论的部分观点，但在分析利息率决定的时候，又另外提出流动性偏好理论，那么如何调和这两种理论呢？凯恩斯没有解释和说明。他之所以没有能够对新古典学派利息率理论和流动性偏好理论的关系作出解释，症结在于，在凯恩斯的有效需求理论中，储蓄和投资决定总收入，储蓄和投资的相等是通过总收入调节实现的；而在新古典学派的利息率理论中，储蓄和投资决定利息率，储蓄和投资的相等是通过利息率调节实现的。凯恩斯担心承认新古典学派的利息率理论，将会否定他的有效需求理论。因此，凯恩斯在他的《通论》中留下了这个逻辑上的遗憾。其他经济学者试图调和新古典学派利息率理论和流动性偏好理论，但论证难以成立，没有得到经济学界的广泛认可。

我认为，有效需求理论的“投资”与可贷资金理论的“投资”内涵和度量存在很大的差异。有效需求理论的“投资”是指对投资品的投资而不管资金来自何方，可能来源于自有资金的使用，也可能来源于借贷市场的融资，还可能来自股票市场的融资。新古典学派利息率理论的“投资”也是指对投资品的投资，但它强调的是因此产生的对可贷资金的需求，不涉及对其他类型的资金的需求。因此，从数量上看，新古典学派利息率理论的“投资”仅是有效需求理论的“投资”的一部分，即来源于借贷市场融资的部分。

另外，有效需求理论的“储蓄”与新古典学派利息率理论的“储蓄”内涵和度量也有所不同。有效需求理论的“储蓄”是指没有用于消费的那部分收入的储存，而不管以什么形式储存，可能是持有现金，可能是存入银行，可能是购买债券，可能是购买股票。新古典学派利息率理论的“储蓄”也是指没有用于消费的那部分收入的储存，但必须提供给借贷市场，才形成可贷资金的供给。因此，新古典学派利息率理论的“储蓄”也只是有效需求理论的“储蓄”的一部分，即进入借贷市场的部分。

由此可见，凯恩斯的有效需求理论分析的是整个社会的产品生产，新古典学派的利息率理论分析的则是借贷市场的借贷，尽管都使用了投资和储蓄的概念，但两者存在很大的差异，不可混为一谈。但是遗憾的是，凯恩斯把它们混为一谈了。

五、储蓄是利息率的函数吗?

凯恩斯不否认投资是利息率的函数，但在储蓄是不是利息率函数的问题上，凯恩斯与新古典学派存在分歧。凯恩斯指出：“当我们进而讨论消费倾向和它的对应概念储蓄倾向时，我们的看法逐渐有了分歧，真正原因在于他们强调利息率对储蓄倾向的影响。但是我想他们不会否认收入水平也会对储蓄量产生重要的影响。与此同时，我也不会否认，当收入不变时，收入中关于储蓄的那部分也许会受到利息率的影响（尽管影响的方式也许不像他们所想象的那样）。”①这样就产生一个问题，在现实的经济中，储蓄对利息率的变化是否存在反应?

我根据美国联邦储备委员会和美国商务部经济分析局提供的历史统计数据，

① 约翰·梅纳德·凯恩斯：《就业、利息和货币通论》，宋韵声译，北京：华夏出版社，2012，第 137 页。

来分析储蓄与利息率的相关关系。图 11-1 反映了 1957 ~ 2021 年美国联邦基金利率的变化情况。在该图中，横轴表示年份，纵轴表示联邦基金利率变化率。之所以忽略 2022 ~ 2023 年的数据，是因为美国联邦储备系统急剧提高了联邦基金利率，导致联邦基金利率的变化率发生大幅跳跃，使其他年份的联邦基金利率变化率难以表现出来。在这里，联邦基金利率是指美国商业银行进行准备金借贷的利率，它是由美国联邦储备系统决定的基准利率。随着联邦基金利率发生变化，美国各种存款和贷款利率也会跟着同向变化。

考虑到凯恩斯的有效需求理论的储蓄和新古典学派可贷资金理论的储蓄有所不同，我分别收集了 1957 ~ 2021 年美国私人净储蓄与美国居民和厂商在借贷市场上的储蓄的历史统计数据，如图 11-2 和图 11-3 所示。这两幅图的横轴表示年份，纵轴分别表示美国私人净储蓄额变化率与美国居民和厂商在借贷市场上的储蓄变化率。

所谓私人净储蓄额是指扣除了厂商折旧后的储蓄额，属于宏观经济意义上的储蓄额。美国居民和厂商在借贷市场上的储蓄是指居民和厂商持有的活期存款、定期存款、短期债务资产、长期债务资产，属于在借贷市场上的储蓄。为了反映私人储蓄额以及居民和厂商的储蓄对联邦基金利率的弹性，这三个变量都以变化率来表示。

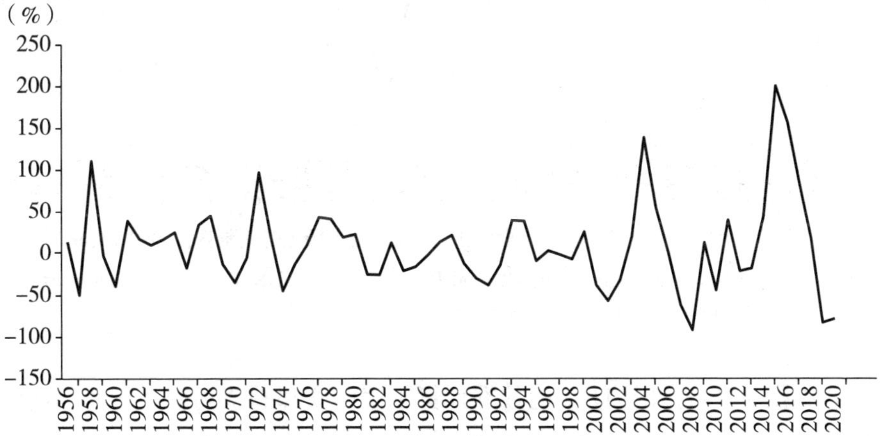

图 11-1　1957 ~ 2021 年美国联邦基金利率变化率的变化情况

资料来源：Board of Governors of the Federal Reserve System, Selected Interest Rates, https://www.federalreserve.gov。

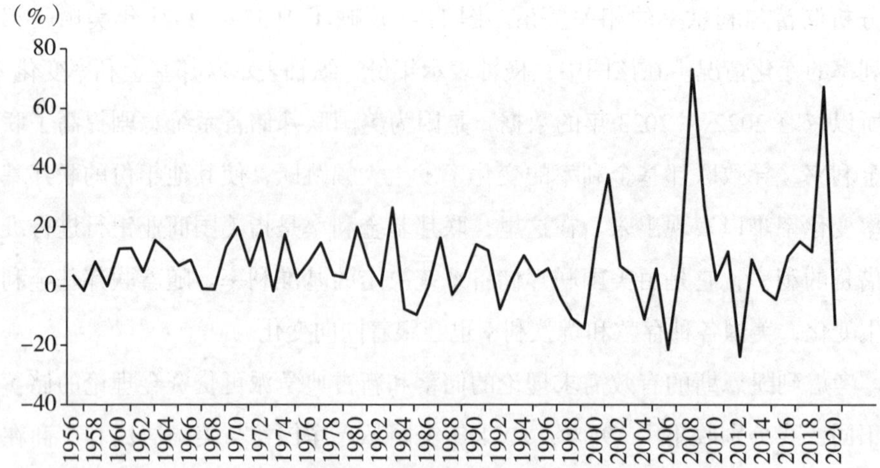

图 11-2　1957 ~ 2021 年美国私人净储蓄额变化率的变化情况

资料来源：Bureau of Economic Analysis, Gross Domestic Income by Type of Income, http://www.bea.gov。

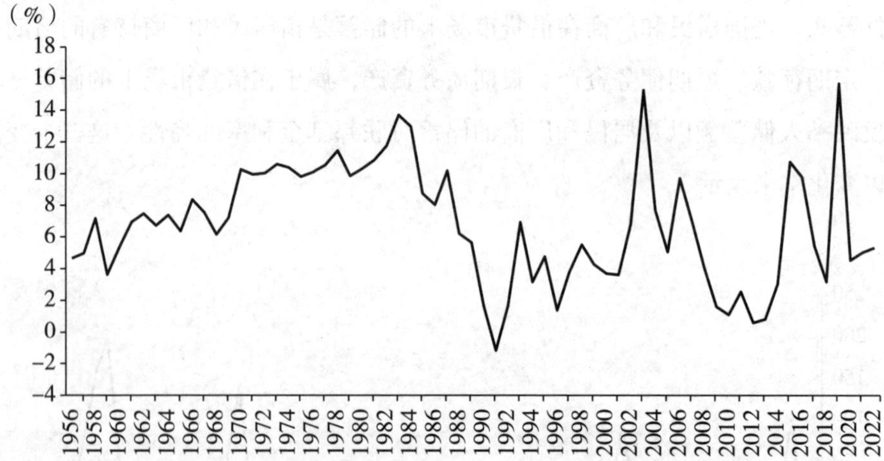

图 11-3　1957 ~ 2021 年美国居民和厂商在借贷市场上的储蓄变化率的变化情况

资料来源：Board of Governors of the Federal Reserve System US, Financial Account of United States, 1955–2024, https://www.federalreserve.gov。

我根据图 11-1 和图 11-2 的数据计算了美国联邦基金利率变化率与美国私人净储蓄额变化率的相关系数，结果是 −0.26。我再根据图 11-1 和图 11-3 的数据计算了美国联邦基金利率变化率与居民和厂商在借贷市场上的储蓄的变化率的相关系数，结果是 0.17。假如储蓄是利息率的函数，储蓄应该与利息率存在正相关的关系，但是利用美国历史统计数据的检验表明，美国私人净储蓄额变化率与利息率变化率之间存在负相关的关系，居民和厂商储蓄变化率与利息率变化率之间存在正相关关系，但属于弱相关关系。因此，凯恩斯有效需求理论所说的储蓄对利息率没有什么反应，新古典学派利息率理论所说的储蓄对利息率有一定的反应。

由于我们关注的是利息率理论，重点讨论居民和厂商的储蓄。居民的储蓄是没有用于消费的那部分收入，厂商的储蓄是折旧费和未分配利润。按照我的理解，可贷资金意义上的储蓄之所以对利息率反应不敏感，是因为下述三个原因：

第一，不同消费观的居民会按照各自的习惯划分消费和储蓄的比例，不大可能因利息率有所上升就增加储蓄的比例，或者因利息率有所下降就降低储蓄的比例。

第二，借贷市场和股票市场的风险是不同的，厌恶风险程度不同的居民按照不同的比例划分投入借贷市场和股票市场的储蓄，不大可能因利息率有所变化就改变这个比例。

第三，厂商的折旧费按照既定的比例提取并用于未来固定资产的更新，未分配利润则服从厂商的发展目标，用于未来扩大再生产，厂商不大可能因利息率的变化而调整折旧费或者未分配利润。因此，居民的储蓄对利息率存在反应，但厂商的储蓄对于利息率的变化就没有什么反应了，总体来看居民和厂商储蓄对利息率的变化存在反应但不敏感。

凯恩斯不否认在收入不变的条件下储蓄会受到利息率的影响。上面的历史统计检验结果是现实经济中各种因素均发生变化的结果，这说明即使在收入可变的条件下，储蓄也会受到利息率的影响。

六、在收入不变的条件下分析利息率决定不合逻辑吗？

凯恩斯在《通论》中激烈批评了新古典学派利息率理论关于收入不变的条件，他指出：“这个理论的荒谬之处是显而易见的，其原因在于，假设收入不变，与假设两条曲线之一可以自己移动而不影响另一条曲线是矛盾的。在一般情况下，两曲线之一移动，收入就会有变化。”① 在这里，两条曲线是指储蓄曲线和投资曲线。

我认为，凯恩斯批评新古典学派的利息率理论存在逻辑缺陷是不成立的。新古典学派讨论的是利息率，均衡利息率是由可贷资金的需求和供给决定的，投资是可贷资金的需求，储蓄是可贷资金的供给，所以均衡利息率是由投资和储蓄决定的。至于投资需求和储蓄又会受到什么因素的影响，则属于进一步的分析，后一步的分析与前一步的分析不存在逻辑矛盾，这是两个不同分析步骤的问题。

以人们熟悉的商品价格的决定分析为例，商品的均衡价格是由这种商品的需求和供给决定的。但是，商品的需求和供给还取决于别的因素，这也是属于下一步的分析。不能因为商品的需求与供给还取决于别的因素，就认为商品均衡价格由这种商品的需求和供给决定的看法在逻辑上存在错误，这是两个不同分析步骤的问题。

经济现象是错综复杂的，一个经济变量会受诸多因素的影响。因此，假设其他因素不变来限定讨论的范围，是常用的经济分析方法。确实，储蓄会受到收入的影响，在借贷市场上投资需求增加导致利息率上升以后，会对社会产品生产的总收入造成影响。但是这不妨碍在收入不变的条件下讨论在借贷市场上投资需求增加对利息率的影响，然后加入收入可变的条件，再讨论利息率随之会发生什么样的调整。

七、从储蓄和投资分析产值和利率发生矛盾吗?

我认为，储蓄和投资是宏观经济中的两个主要变量，用它们去讨论产值的决定和利息率的决定属于讨论不同的问题。前面的分析表明，凯恩斯的有效需求理论中的投资和储蓄，与新古典学派利息率理论中的投资和储蓄是不同的。由于一个理论是分析社会生产，另一个理论是分析借贷市场，均衡状态形成的机制肯定不同。因此，凯恩斯不必担心认可新古典学派利息率理论就会否定他的有效需求理论。

现在假定储蓄不变，从投资的角度考察有效需求理论和可贷资金理论的分

① 约翰·梅纳德·凯恩斯：《就业、利息和货币通论》，宋韵声译，北京：华夏出版社，2012，第 138 页。

析是否会发生矛盾的问题。在凯恩斯的有效需求理论里，投资是指对投资品的需求，它是预期利润率和利息率的函数，在预期利润率不变的条件下，随着利息率的下降而增加。在新古典学派的利息率理论中，投资是对可贷资金的需求，它是利息率的函数。尽管新古典学派没有强调投资也是预期利润率的函数，但很显然，如果预期利润率上升，投资将会增加，对可贷资金的需求也会增加。

按照凯恩斯的有效需求理论，投资增加将导致产值增加，调节机制是总供给和总需求的相互作用。按照新古典学派的利息率理论，投资增加将导致利息率上升，调节机制是可贷资金的供给和需求的相互作用。在有效需求理论中，储蓄等于投资决定的是社会生产中的总产值；在可贷资金理论中，储蓄等于投资决定的是借贷市场上的利息率。因此，这两种理论的论证没有发生矛盾。

但是，凯恩斯的有效需求理论和新古典学派利息率理论均采用局部均衡分析方法，由于各自讨论的问题不同，都没有关注社会生产和借贷市场相互之间进一步的关系。在社会生产中投资的增加在导致产值增加的同时，也会导致借贷市场上通过投资的增加导致对可贷资金需求的增加，以及通过收入的增加导致可贷资金供给的增加。然而，正是通过社会生产和借贷市场的相互作用，最终在社会生产中形成均衡的产值，在借贷市场上形成均衡的利息率。

在澄清了各种问题以后，我准备借鉴新古典学派利息率理论和凯恩斯流动性偏好理论的合理分析，建立一个综合的利息率理论，解决凯恩斯在《通论》中留下的逻辑遗憾。

第二节　新的利息率理论的构建

一、对两种利息率理论吸收和舍弃的内容

我认为，对于新古典学派的利息率理论，应该吸收下述合理的观点：第一，利息是使用借贷资金的报酬，它是借贷市场的一种现象。借贷市场包括银行信贷市场以及各种债务资产发行的市场。第二，在借贷市场上，利息率是由可贷资金的需求和可贷资金的供给决定的。第三，可贷资金的需求来自多个方面，但是投资是主要的因素。借贷市场上的投资需求与社会生产的投资需求在数量上是不等的，前者仅限于因投资而在借贷市场上形成的对可贷资金的需求。第

四，因投资而形成的可贷资金的需求受多种因素影响，包括利息率。

对于凯恩斯的流动偏好理论，应该吸收下述合理的观点：货币供给量的变化对利息率产生影响。在 20 世纪 30 年代金本位制解体以后，货币成为信用货币，一方面以国家信用作为保证，另一方面主要以银行信用的方式投放，进入借贷市场的货币供给将会通过可贷资金的供给对利息率产生影响。

另外，对于新古典学派的利息率理论，应该舍弃下述观点：可贷资金供给只来自储蓄。舍弃的原因是，尽管可以理解新古典学派处于金本位制时代，货币数量受到黄金数量的制约，但是在金本位制解体以后，中央银行可以调整货币供给量，可贷资金的供给不仅来自储蓄，而且来自货币供给。

对于凯恩斯的流动偏好理论，应该舍弃下述观点：第一，流动性偏好对利息率的影响。舍弃的原因是，流动性偏好是对现金和存款货币的偏好，现金和存款货币不产生利息，流动性偏好对利息率没有直接影响。第二，全部货币供给都会对利息率产生影响。舍弃的原因是，货币供给量没有进入借贷市场的部分不会对利息率产生影响。例如，现金是货币供给的组成部分，但对利息率没有影响。第三，利息率是由流动性偏好即货币需求和货币供给决定的。舍弃的原因是，利息率是借贷现象，不是纯粹的货币现象。

二、一个简化的利息率理论

关于如何吸收新古典学派利息率理论和凯恩斯流动性偏好理论的合理因素，进而建立一个综合的利息率理论，罗伯逊的可贷资金利息率理论可供借鉴。我赞成罗伯逊的基本思路，但对罗伯逊的利息率理论提出三点修改：第一，可贷资金的需求不应该包括窖藏需求，窖藏是货币进入借贷市场后形成的，不是人们在借贷市场上借入资金形成的。窖藏需求是对货币的需求，不是对可贷资金的需求。第二，作为可贷资金供给的货币供给量是进入借贷市场的货币供给量，不进入借贷市场的货币供给量不能成为可贷资金供给量的组成部分。第三，在信用货币制度下，进入借贷市场的货币供给量已经成为可贷资金供给的有机组成部分，没有必要再区分自然利息率和市场利息率。

我试图按照罗伯逊的基本思路，参考对有关变量的历史数据统计检验结果，建立一个新的利息率理论，该理论可以借助图 11–4 进行解释。在图 11–4 中，横轴表示可贷资金数量，既表示可贷资金需求量，也表示可贷资金供给量；纵轴表示利息率。I 曲线是因投资形成的可贷资金需求曲线，由于投资是利息率的函数，曲线 I 向右下方倾斜。$S+\Delta M$ 曲线是可贷资金供给曲线，可贷资金供给量包括两部分：一部分是储蓄形成的可贷资金供给量（S），另一部分是货币供给量增量（ΔM）形成的可贷资金供给量。之所以采用货币供给量的增量，是因为货币供给量是存量，而可贷资金供给量是流量。$S+\Delta M$ 曲线是一条向右上方倾斜的很陡的曲线，原因是储蓄随着利息率的上升而增加，但反应不敏感，而货币供给对利息率没有反应。

这里需要说明的是，并非全部货币供给量的增量都形成可贷资金的供给量，只有进入借贷市场的货币供给量才形成可贷资金供给量。$S+\Delta M$ 曲线之所以较陡，是因为储蓄和货币供给对利息率变化不敏感。

在图 11–4 中，当 I 曲线和 $S+\Delta M$ 曲线相交时，可贷资金的需求量等于可贷资金的供给量，形成均衡的利息率 Oi。

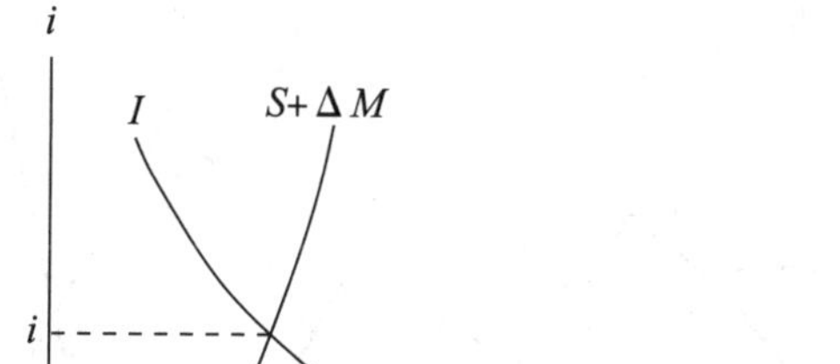

图 11–4　利息率的决定

关于利息率的变化，从图 11–4 中可以看到，假定其他条件不变，存在下述三种情形：第一，由于投资是预期利润率的函数，预期利润率的提高将导致投资增加，I 曲线发生向右移动，从而导致利息率上升；相反，则导致利息率下降。第二，由于储蓄是收入的函数，收入的增加导致 $S+\Delta M$ 曲线向右移动，从而导致利息率的下降；相反，则导致利息率的上升。第三，如果中央银行增加货币供给，$S+\Delta M$ 曲线向右移动，从而导致利息率的下降；相反，则导致利息率的上升。

三、一个更接近现实的利息率理论

在新古典学派所处的时代，对可贷资金的需求主要是投资，因此新古典学派的利息率理论在可贷资金的需求方面突出了投资对可贷资金的需求。但是，在第二次世界大战结束以后，随着人们消费观的变化，居民成为可贷资金需求的一个重要主体。居民对可贷资金的需求来自两个方面：一方面是对住房抵押贷款的需求，另一方面是对消费信贷的需求。在经济学上，住房被视为投资品，因而对住房抵押贷款的需求属于投资需求的组成部分。另外，随着凯恩斯赤字财政思想在世界范围内传播，各主要资本主义国家的政府债务规模不断扩大，政府也成为可贷资金需求的另一个重要主体。

我根据美国联邦储备委员会提供的历史统计数据，计算了自从 1955 年以来每隔 5 年居民、厂商、政府三大可贷资金的需求主体借入资金所占的比例，得到图 11-5。在图 11-5 中，横轴表示年份，纵轴表示居民、厂商、政府借入的资金在总借入资金中所占的比例。

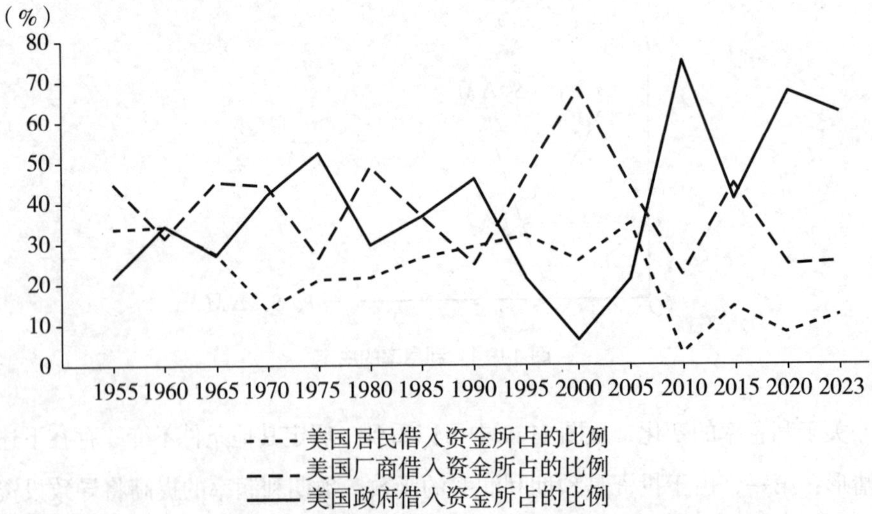

图 11-5　美国居民、厂商、政府借入的资金占总借入资金的比例

资料来源：Board of Governors of the Federal Reserve System US, Financial Account of United States, 1955–2024, https://www.federalreserve.gov。

从图 11–5 中可以看到，居民、厂商、政府借入的资金占总借入资金的比例波动很大，如果计算相应年份所占比例的平均数，那么居民、厂商、政府借入的资金占总借入资金的比例分别是 22.51%、38.58%、38.91%。如果计算 2023 年居民、厂商、政府借入的资金占总借入资金的比例，那么分别是 12.29%、25.46%、62.25%。政府成为借贷市场上最大的借款者。

第二次世界大战以后，可贷资金需求主体发生变化，对于利息率理论来说，这意味着图 11–4 的 *I* 曲线向右移动，形成 *I*+*C*+*G* 曲线（见图 11–6）。其中，*C* 表示消费信贷形成的可贷资金需求，*G* 表示政府财政赤字形成的对可贷资金的需求。另外，*I*+*C*+*G* 曲线与 *I* 曲线相比，将变得更为陡峭。由于政府借入可贷资金受利息率影响很小，造成可贷资金需求对利息率的反应变得更不敏感。

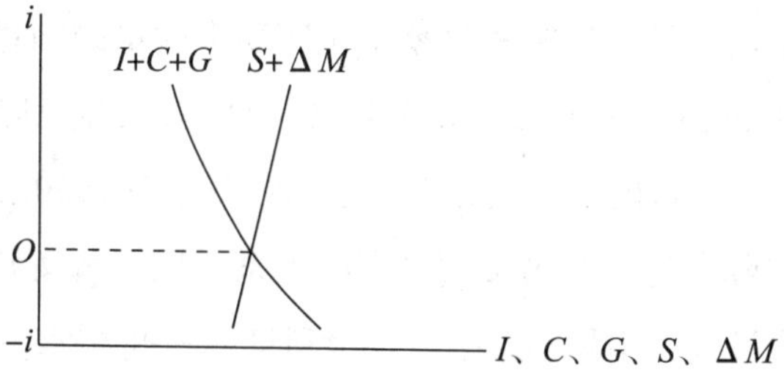

图 11–6　利息率的决定

I+*C*+*G* 曲线变得陡峭的原因如下：在居民、厂商和政府对可贷资金的需求中，厂商因投资而产生的对可贷资金的需求不仅受利息率影响，还受预期利润率的影响，这部分可贷资金需求对利息率有一定的反应。居民对消费信贷和住房抵押贷款的需求取决于他们未来的收入和利息率，对利息率的反应比较敏感。政府对可贷资金的需求是为了弥补财政赤字，对利息率的变化几乎没有反应。随着政府对可贷资金需求比例的提高，从整体来看，可贷资金需求对利息率反应的敏感性将会下降。

另外，在第二次世界大战结束以后，不仅在可贷资金需求方面发生了变化，在可贷资金供给方面也发生了变化。各国中央银行为了刺激有效需求，不断地增加货币供给。充裕的可贷资金通过货币供给增加这个来源进入借贷市场。对于利息率理论来说，这意味着图 11–4 的 *S*+Δ*M* 曲线不断向右方移动，创造了凯恩斯当年想象不到的零利息率甚至局部市场利息率为负数的情况。

这个更加接近现实的利息率理论（图 11–6），与图 11–4 显示的利息率理论不同的是，对可贷资金的需求不仅是投资需求，还有消费需求和政府需求，可贷资金需求曲线向右移动并且更加陡峭。

第三节　现实对利息率理论的挑战

一、负名义利息率现象的发生

1. 不可能事情的发生

利息率分为名义利息率和实际利息率，名义利息率是用货币来表示的利息率，包含价格水平的因素，实际利息率是用实物来度量的利息率，扣除了价格水平的因素。如果价格水平上涨率高于名义利息率，实际利息率就成为负数，因此，实际利息率为负数的现象是经常发生的。费雪在 1930 年出版的《利息理论》中，分析了实际利息率和名义利息率的关系。他把名义利息率称为货币利息率，提出了下述等式：实际利息率 = 货币利息率 − 价格水平上涨率。[①]

但是，名义利息率为零或负数是一个不可思议的现象。人们可以很简单地提出这样的问题：如果名义利息率为零，贷放资金和不贷放资金均没有利息，资金拥有者为何多此一举贷放资金？如果名义利息率为负数，这意味着资金拥有者贷放资金不但得不到利息，而且要倒付利息，他们更不可能贷放资金。

凯恩斯曾经断言：“利息率从来不可能是负数。”[②] 另外，凯恩斯还曾设想，如果利息率为零，经济将达到最优状态。他指出：“如果利息率为零，那么对于任何一种商品，在平均生产要素投入于生产该商品的日期和平均的消费日期之间，都会存在着一个最适度的时间间隔，而依据这一间隔长短，劳动具有最小

① 欧文·费雪：《利息理论》，陈彪如译，北京：商务印书馆，2013，第 37 页。

② 约翰·梅纳德·凯恩斯：《就业、利息和货币通论》，宋韵声译，北京：华夏出版社，2012，第 129 页。

的成本。”①

但是，令凯恩斯遗憾的是，利息率不但不可能为零，而且还远在零以上。他指出：“如果真有这种情况出现（指名义利率很低——本书作者注），那就意味着政府本身可以按照极为低微的利息率向银行系统无限制地借款。”他还指出：“然而在实际上，除了社会体制和组织的因素以外，还有心理的因素能使利息率降低到远在零以上的限度。”②

但是，进入 21 世纪以后，名义利息率为负数这种不可思议的现象发生了。应该指出的是，利息率是一个复杂和庞大的体系。从借贷主体来看，有中央银行利息率、银行利息率、债务工具利息率；从银行来看，有存款利息率和贷款利息率；从债务资产来看，有政府债务资产利息率和非政府债务资产利息率；从期限来看，有短期利息率、长期利息率等。因此，要确认所谓名义利息率为负数是什么类型的名义利息率为负数至关重要。

2. 瑞典实行负利息率政策

2009 年 7 月，瑞典中央银行把回购率确定为 0.3043%，但是把接受银行存款的利息率确定为 −0.1957%，被人们认为第一个实行负利息率政策的中央银行。回购率（repo rate），瑞典中央银行的政策性利息率，它是指瑞典银行向中央银行存放或借入 7 天期限资金的基准利息率。中央银行接受存款利息率是由回购率减去若干百分点构成，发放贷款利息率是由回购率加上若干百分点构成。但是，瑞典中央银行把回购率确定为负数是 2015 年 2 月。正因如此，也有人认为丹麦才是第一个实行负名义利息率的国家。在 2015 年以后，即使瑞典的回购率为负数，但实施结果只是存款利息率为负数，贷款利息率均为正数。

3. 丹麦实行负利息率政策

2012 年 7 月，丹麦中央银行把存款证书利息率（certificates of deposit rate）降低为负数。丹麦中央银行有四种政策性利息率：第一种是经常账户利息率，它是参与货币政策操作的银行在中央银行存款的利息率。第二种是存款证书利

---

① 约翰·梅纳德·凯恩斯：《就业、利息和货币通论》，宋韵声译，北京：华夏出版社，2012，第 166 页。

② 约翰·梅纳德·凯恩斯：《就业、利息和货币通论》，宋韵声译，北京：华夏出版社，2012，第 160、168 页。

息率。存款证书是一种存款凭证，中央银行通过买卖存款证书调节流动性。商业银行向中央出售存款证书意味着把资金存入中央银行，丹麦中央银行对这类存款实行负利息率。第三种是贷款利息率（lending rate），它是中央银行向商业银行提供贷款的利息率。第四种是贴现率（discount rate），它是商业银行到中央银行贴现时中央银行收取的利息率。2012 年以后，丹麦中央银行的经常账户利息率、贴现率均为零，贷款利息率是正数，买进存款证书的利息率是负数。

4. 欧元区实行负利息率政策

2014 年 7 月，欧洲中央银行把存款工具利息率（The rate on the deposit facility）降低为负数。欧洲中央银行的政策性利息率主要有三种：第一种是主要再融资业务利息率（The interest rate on the main refinancing operations），它是中央银行通过贷款向银行提供流动性的利息率。第二种是存款工具利息率（The rate on the deposit facility），它是中央银行对银行存放的隔夜存款支付的利息率。第三种是边际贷款工具利息率（The rate on the marginal lending facility），它是中央银行向银行提供隔夜贷款收取的利率。欧洲中央银行的边际贷款工具利息率没有出现负数；主要再融资业务利息率也没有出现负数，但它在 2016 年 3 月以后降为零。存款工具利息率在 2012 年 7 月以后是零利息率，在 2014 年 7 月以后是负利息率。

2014 年 12 月，瑞士中央银行决定把即期存款利息率（rate of sight deposit）降低为负数。即期存款利息率是中央银行对银行存放的存款支付的利息率，这项负利息率政策的实施意味着当银行存放在中央银行的存款超过 1000 万瑞士法郎时，中央银行对超过的部分收取利息。瑞士中央银行的另一种政策性利率是流动性短缺融资工具特别利息率（special rate）。流动性短缺融资工具（liquidity-shortage financing facility）是指中央银行向银行提供资金以解决资金短缺问题的工具。特别利息率是由中央银行制定的政策利息率（policy rate）加上若干百分点构成，尽管政策利息率已经是负数，但是特别利息率没有出现过负数。

5. 日本实行负利息率政策

2016 年 1 月，日本中央银行对金融机构的经常账户存款实行负利息率。日本中央银行于 2016 年 1 月发布公告，决定对金融机构在中央银行经常账户的存

款实行 −0.1% 的利息率。但是，日本中央银行的负利息率政策较为缓和。日本中央银行把金融机构经常账户的存款划分为两个部分，分别支付正利率和零利息率；对超过这两个部分的存款才实行负利息率。日本中央银行的基础贴现率仍然是正数，并从 2018 年 12 月以来一直保持 0.3% 的水平不变。

以欧洲中央银行的负利息率政策为例，它的主要再融资业务利息率和存款工具利率的具体变化情况如图 11–7 所示。从图 11–7 中可以看到，主要再融资业务利息率从 2016 年 3 月开始降为零，存款工具利息率从 2014 年 6 月开始降为负数。

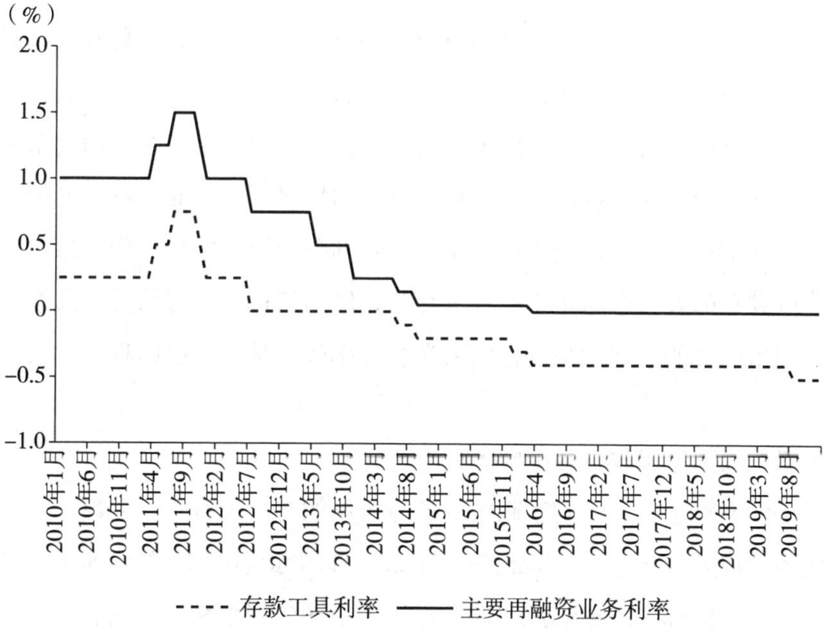

图 11–7　2010 年 1 月 ~ 2019 年 11 月欧洲中央银行基准利息率

资料来源：European Central Bank, Monetary Policy, https://www.ecb.europa.eu。

二、中央银行为什么实行负利息率政策？

1. 负名义利息率的特征

负名义利息率的出现是相关经济体实行负名义利息率政策导致的结果，而所谓负名义利息率政策是指中央银行把它所决定的基准利息率调整为负数。已经实行负名义利息率的经济体的中央银行，主要是对银行存放在中央银行的存款实行负利息率，其他政策性利息率或为零或为正数。但是，在中央银行负名义利息率政策的影响下，部分银行利息率以及部分债务资产利息率出现负数。

2. 实行负利息率政策的原因

多年来，欧洲国家和日本经济停滞不前，欧洲国家和日本的中央银行一直采用扩张性的货币政策来刺激经济，但是效果并不明显。因此，这些国家的中央银行试图强化以前实行的扩张性的货币政策，负名义利率政策就是这样一种超常规的扩张性的货币政策。

从前面的分析可以看到，在相关国家的货币政策中，传统的中央银行基准利率，如欧洲中央银行的主要再融资业务利息率、边际贷款工具利息率以及日本的基础贴现率，并没有变为负数。所谓负名义利息率是指银行存放在中央银行的存款利息率为负数。相关国家中央银行的意图很明显，在增加货币供给难以进一步降低利息率、刺激消费和投资支出的情况下，商业银行只能把贷放不出去或不愿贷放出去的资金存放在中央银行的账户里，中央银行通过对这部分存款收取利息的方法来阻止银行存放存款，以达到扩大银行信贷以及增加消费和投资支出的目的。这就是说，负名义利息率政策是对传统的货币政策的一种补充。

3. 负名义利息率政策的传导机制

经济学界对于负名义利率政策的传导机制的看法没有什么异议。非洲开发银行集团管理人员布兰克（Jennifer Blanke）和国际货币基金组织研究人员克鲁格斯特鲁普（Signe Krogstrup），对此作了一个比较完整和清晰的表达：中央银行对商业银行存款支付负利息率，即收取利息，商业银行将降低接受存款的利息率。在存款利息率下降的情况下，居民或企业将购买更高收益的债券等债务资产，债务资产价格的上升导致债务资产收益率下降，资本市场融资成本趋向下降，商业银行在竞争的压力下不得不相应降低贷款利息率。中央银行希望由此达到下述效果：第一，商业银行不愿意在中央银行的账户上保留资金而趋向于对居民和企业发放贷款。第二，企业由于投资成本下降而增加投资。第三，居民不愿意储蓄而增加消费支出。第四，本币汇率由于本币利率的下降而趋向贬值，从而有利于本国的出口。①

下面将具体分析中央银行的负名义利息率政策，通过什么机理导致部分债务资产的名义市场利息率变为负数。

三、商业银行的名义利息率为什么出现负数？

1. 银行与顾客之间借贷的利息率

中央银行的负名义利息率政策迅速对银行的存款和贷款利息率产生影响。原来，在中央银行实行扩张性货币政策的情况下，社会资金已很充裕，但是由于经济不景气，居民和企业对银行贷款的消费性和投资性的需求不大，银行发放贷款风险又在增加，银行只好把部分资金存放在中央银行以获取低利息。在中央银行要对这部分银行存款收取利息以后，银行只好用降低存款利息率的方式来控制存款的增加和转嫁成本。在实行负名义利息率政策的五个经济体中，瑞典和日本的银行选择降低存款利息率，仍然保持存款利率为正数；丹麦、欧元区、瑞士的银行则选择把部分存款的利息率降为负数。

瑞典银行接受存款按照客户和期限来划分类型，瑞典银行把居民和企业的各个期限的平均存款利息率分别从 2015 年 2 月的 0.1637% 和 0.0958% 降低到 2019 年 11 月的 0.0965% 和 0.0137%。② 日本银行接受存款按照数额和期限划分类型，以 300 万日元以下的一年存款为例，存款利息率从 2016 年 1 月的 0.026% 降低到 2019 年 12 月的 0.010%。③

与瑞典和日本的银行不同，丹麦、欧元区、瑞士的银行则把部分存款利息率降为负数。丹麦银行从 2016 年第三季度开始把非金融公司存款的平均利息率降到 −0.1%，后又继续降低到 2019 年第三季度的 −0.3%。④ 欧元区以德国为例，德国银行把非金融公司一年存款利息率从 2016 年 3 月降为 −0.03%，后又继续降低到 2019 年 11 月的 −0.13%；把非金融公司隔夜存款利息率从 2017 年

① Jennifer Blanke and Signe Krogstrup, Negative Interest Rates: Absolutely Everything You Need to Know, World Economic Forum Articles, https:// www.weforum.org.

② Sveriges Riksbank, Financial Market Statistics, https://www.riksbank.se.

③ Bank of Japan, Deposits and Loads Market, http://www.boj.or.jp.

④ Danmarks Statistik, The Bank's Average Deposit and Lending Interest Rates,www.statbank.dk.

3 月降低到 −0.01%，后又继续降低到 2019 年 11 月的 −0.04%；把非金融公司二年存款利息率从 2019 年 10 月开始降低到 −0.01% 并保持不变。① 瑞士银行把非个人 10 万瑞士法郎以上的 1 个月、3 个月、6 个月、1 年的平均存款利息率从 2015 年 1 月开始降低到不同的负数，这正是瑞士中央银行实施负名义利率政策的时间。②

除了上面提及的银行存款利息率，实行负名义利率政策的五个经济体的其他银行存款利息率和全部银行贷款利息率均为正数。由此可见，这五个经济体的银行一直未对居民存款实行负名义利息率，以避免爆发居民到银行挤提现金的风潮。

在居民存款利息率下降、企业存款利息率出现负数的情况下，居民和企业将会转向投资各种债务工具，从而导致债务工具价格上升和收益率下降，造成直接融资的成本下降。这样反过来对银行贷款利息率形成压力，银行不得不降低贷款的利息率，从而对银行的经营造成不利影响。

2. 银行与银行之间借贷的利息率

银行之间的借贷主要是短期资金的借贷，以用于调整短期资金的余缺。银行之间借贷利息率主要是银行同业拆放利率。对于贷款方来说，它是贷出利息率；对于借款方来说，它是借入利息率。但是一方的贷出就是另一方的借入，所以银行同业拆放利息率就是相互之间的借贷利息率。银行拆放利息率为负数意味着贷款方不但贷出资金而且还倒贴利息，这是不可思议的。但是，这种不可思议的现象发生了，五个实行负名义利息率政策的经济体的银行同业拆放利息率全部为负数。

按照我的理解，银行同业拆放利息率之所以会变为负数，是因为中央银行对银行存放的部分存款收取利息，一些持有多余短期资金的银行不得不为这些短期资金寻找出路。如果银行之间拆放短期资金的代价小于把短期资金存放在中央银行的代价，银行同业拆放利息率就有可能出现负数。

以瑞典银行同业隔夜拆放利息率为例，它在 2015 年 4 月降低到 −0.14%，

---

① European Central Bank, Statistics, https://www.ecb.europa.eu.

② Swiss National Bank, Interest Rate, Yields and Foreign Exchange Market, https://www.snb.ch.

并一直是负数，在 2019 年 11 月以后转为正数。① 同样在 2015 年 4 月，瑞典中央银行对银行部分存款实行的利息率是 −1%。这意味着对于持有多余短期资金的银行来说，把短期资金存放在中央银行要付出 1% 的代价，把短期资金贷放给别的银行要付出 0.14% 的代价，它还是愿意贷放给别的银行。

其他实行负名义利息率政策的经济体也存在类似的情况。丹麦银行同业隔夜拆放利息率在 2012 年 7 月降低到 −0.0742%，以后一直是负数或者没有交易，而在 2012 年 7 月丹麦中央银行对银行存放的部分存款执行的利息率是 −0.2%。② 欧元区银行同业一个月拆放利息率在 2015 年 2 月降到 −0.05%，接着继续下降，到 2019 年 12 月为 −0.42%。③ 但在 2015 年 2 月欧洲中央银行对银行存放的部分存款执行的利息率是 −0.2%。④

综合上述分析可以得到这样的结论：部分银行利息率成为负数是社会资金充裕和负名义利息率政策两个因素结合的结果。如果社会资金不充裕，即使中央银行对银行存放的存款收取利息，由于银行保留的超额准备金很少，对银行的经营没有什么影响；如果中央银行不实行负名义利息率政策，银行会把多余的资金存放在中央银行，但不会把部分存款利息率降为负数。

另外，在中央银行实行负名义利息率政策以后，银行会尽可能地把由此造成的负担转嫁给居民或企业，这样一方面损害了居民和企业的经济利益，另一方面通过削弱消费和投资削弱了负名义利息率政策的效果。但是，银行并不能完全把负利息率政策造成的负担转嫁给居民和企业，银行本身的盈利能力也会受到一定的不利影响。

四、金融市场债务资产收益率为什么出现负数?

1. 债务资产利率与收益率的关系

银行的存款贷款属于间接融资方式，债务资产的发行和交易属于直接融资

① Sveriges Riksbank, Financial Market Statistics, https://www.riksbank.se.

② Danmarks Statistik, Interest Rate and Exchange Rate, www.statbank.dk.

③ 东方财富网数据中心：欧元银行同业拆放利率，http://data.eastmoney.com。

④ European Central Bank, Monetary Policy, https://www.ecb.europa.eu.

方式。中央银行的负名义利率政策的影响通过银行存贷款利率的变化也传递到债务资产的利率和收益率。所谓债务资产是指本身体现债权和债务关系的资金融通手段，它既包括各种短期的债务工具，如商业票据、回购协议、银行承兑汇票、国库券等，也包括各种中长期的债务工具，如中期票据、公司债券、政府票据、政府债券等。发行债务资产的市场称为初级市场，已经发行的债务资产交易的市场称为二级市场。

对于中长期债务资产来说，债务资产的利息率与收益率是不同的概念。固定利息率债务资产的利率是指票面利息率，它在发行的时候就确定并且保持不变，利息定期支付或者到期一次性支付。固定利息率债务资产的收益率是指投资尚未到期的债务资产可以获得的收益率，它通常是指到期收益率。到期收益率（yield to maturity）是指按照现在买进债务资产的价格以及定期得到的利息计算的年收益率。假定现在以 P 的价格买进某债券，每年得到的利息是 R，n 年到期，到期还有偿还的本金 M，那么下面计算公式的 r 就是到期收益率：

$$P=R/(1+r)+R/(1+r)^2+\cdots\cdots+(R+M)/(1+r)^n$$

从上面的计算公式可以看到，债券价格越高，到期收益率就越低。

如果债券的利息率为负数，这意味着发行债券筹集资金的借款者不仅得到了债券面值所表示的资金，还得到了贷款者倒贴给他的票面利息。如果债券的收益率为负数，这意味着投资者按照现在的债券价格买进债券，最后得到的本金和利息弥补不了他支付的价格。例如，某投资者按照面值 105% 的价格买进还剩一年到期的、票面利息率为 4%、面值是 100 欧元的债券。1 年以后，他得到的本金和利息共 104 欧元，但是他支付的价格是 105 欧元，他 1 年的到期收益率是 −1%。

2. 初级市场债务工具的利息率

首先考察债务工具在初级市场上的利息率。以日本的政府债务资产为例，日本在 2020 年 1 月发行贴现国库券（Treasury Discount Bills）和政府债券（Japan Government Bonds）的情况如表 11–1 和表 11–2 所示。日本政府债务资产的发行分为竞争性招标和非竞争性招标两种类型，竞争性招标采用美国式招标，金融机构可以投标，最后以多种价格成交。成交价格的加权平均数为非竞争性招标的中标价格。

日本贴现国库券属于政府短期债务资产，没有票面利率，到期按照面值偿还，金融机构的中标价格与面值之差就是购买国库券的利息收益。从表 11–1 中可以看到，金融机构平均中标价格均超过面值 100%，结果收益率成为负数。

表 11–1　2020 年 1 月日本贴现国库券发行情况

发行日期	国库券期限	竞争性投标数量	非竞争性投标数量	收益率
1 月 8 日	3 个月	35525 亿日元	7875 亿日元	–0.11%
1 月 14 日	3 个月	35514 亿日元	7886 亿日元	–0.12%
1 月 20 日	12 个月	15514 亿日元	3486 亿日元	–0.13%
1 月 27 日	3 个月	35414 亿日元	7985 亿日元	–0.12%

资料来源：Ministry of Finance Japan, What’s new, https://www.mof.go.jp。

新发行的国库券收益率出现负数与银行同业拆放利率出现负数的原因是一样的。由于中央银行对银行存放的存款实行负利率，银行多余的短期资金必须寻找出路。只要代价较低，银行一方面愿意以负利率把资金贷放给其他银行，另一方面以负利率把资金贷放给日本政府。这样，新发行的国库券收益率便出现负数。

日本政府债券属于长期的债务资产，有固定的票面利率，定期按照票面利率支付利息。从表 11–2 中可以看到，所有政府债券的票面利率均是正数，目前在世界范围内的负利率还没有到政府债券票面利率均是负数的程度。但是，5 年和 10 年期限的政府债券的收益率是负数。

表 11–2　2020 年 1 月日本政府债券发行情况

发行日期	政府债券期限	竞争性投标数量	票面利率	收益率
1 月 8 日	10 年	17126 亿日元	0.40%	–0.01%
1 月 9 日	30 年	5710 亿日元	0.40%	0.43%
1 月 15 日	5 年	15603 亿日元	0.10%	–0.09%
1 月 20 日	20 年	7363 亿日元	0.30%	0.30%

资料来源：Ministry of Finance Japan, What’s new, https://www.mof.go.jp。

按照我的理解，新发行的政府债券收益率是正数还是负数主要取决于投标金融机构的判断。从表 11–2 中 5 年和 10 年期限政府债券收益率为负数可以推断，投标金融机构一方面认为日本负利率的状态将会在较长时间存在，而且还可能会加强；另一方面判断政府债券发行以后，人们出于同样的考虑会买进政府债券，需求的增加会导致政府债券价格上升，持有政府债券可以获得差价收益，所以投标的价格就比较高。这样，就造成新发行的期限较短的政府债券收益率也变成负数。

3. 二级市场债务工具的收益率

再来考察债务资产二级市场上的收益率。以欧元区的政府债务资产为例，我把欧元政府债券分为较短时期和较长时期两组来进行比较，如图 11–8 和图 11–9 所示。二级市场上的政府债券的期限是已知的，票面利息率是正数并且是不变的。到期收益率的计算公式表明，买进政府债券的价格越高，到期收益率就越低。

图 11–8 表明，剩余 1 年和 2 年的政府债券的收益率变化情况相似，均出现负数。我认为，这是下述两个因素造成的：第一，人们认为未来一段时间负利息率的状态将存在并且还可能加剧，因而买进政府债券，需求的增加导致政府债券价格上升，而政府债券的利息收益不变，政府债券收益率便降为负数。第二，人们之所以买进政府债券，是因为他们判断大家都会这么做，当政府债券被推高以后可以卖出政府债券获取价格差价的收益，这种投机的心理也导致政府债券价格上升，造成了政府债券收益率降为负数。

图 11–9 的情况与图 11–8 不同，剩余 10 年和 20 年的政府债券的收益率变化情况相似，但始终是正数。这表明，人们判断负利息率的状态不可能长期存在，但是低利息率将长期存在，人们更多是投资心理而不是投机心理，所以政府债券收益率保持正数。

图 11-8　2014 ~ 2019 年剩余 1 年和 2 年的政府债券收益率

资料来源：European Central Bank, Financial Market and Interest Rate, http://sdw.ecb.int。

图 11-9　2014 ~ 2019 年剩余 10 年和 20 年的政府债券收益率

资料来源：European Central Bank, Financial Market and Interest Rate, http://sdw.ecb.int。

政府债券收益率变为负数的过程就是政府债券价格上升的过程，而政府债券价格上升是由负名义利率政策导致的存款利率下降以及部分企业存款利率变为负数造成的。在居民和企业的存款利率下降或变为负数的情况下，居民和企业将转向投资具有更高收益的债务资产，从而导致债务资产价格的上升。

丹麦中央银行的一份报告显示，自 2009 年以来，投资 10 年期限的债券得到利息的收益率趋向减少，从 2009 的 4.28% 降低到 2019 年的 0.86%；买进后以较高价格卖出的差价收益率上下波动，2019 年的差价收益率达到 2.36%，债券的收益率达到 3.22%（=0.86%+2.36%）。① 这验证了居民和企业从存款转向投资债务资产。

五、负名义利息率政策有效吗？

1. 政策效果有限

我认为，要判断负名义利息率政策的效果，首先要明确中央银行负名义利息率政策的目标。实行负名义利息率经济体的中央银行都明确指出，货币政策的目标是稳定价格水平，并把目标通货膨胀率确定在 2%。实际上，价格水平与经济景气是相互联系的，表 11–3 列举了实行负名义利率经济体国内生产总值（GDP）增长率和消费者价格指数（CPI）增长率的统计数据。

从表 11–3 中可以看到，从 GDP 增长率来看，欧洲国家 2015 ~ 2018 年有一个小幅度上升，但在 2019 年又略有下降，日本则呈现小幅度波动的情况。从 CPI 增长率来看，各个国家和地区都没有达到 2% 的目标，但在实行负名义利率政策以后都略有上升。如前所述，负名义利息率政策是作为扩张性货币政策的辅助手段使用的，这些经济体的财政政策已趋向中性化，不能认为负名义利息率政策没有效果，更不能认为负名义利息率政策会阻碍通货膨胀率回升和经济复苏。但是，这些经济体的经济依然停滞，CPI 增长率依然很低，负名义利息率政策效果不明显是客观事实。

表 11–3　2014 ~ 2019 年负名义利率政策的宏观经济效果

		2014 年	2015 年	2016 年	2017 年	2018 年	2019 年
瑞典	GDP 增长率	2.7%	4.4%	2.4%	2.4%	2.3%	0.9%
	CPI 增长率	−0.3%	0.1%	1.7%	1.7%	2.0%	1.8%
丹麦	GDP 增长率	1.4%	2.3%	2.4%	2.3%	1.5%	1.7%
	CPI 增长率	0.4%	0.4%	0.5%	1.0%	0.8%	0.8%

① Demark National Bank, High Return on Danish Bonds in 2019, Oct. 28, 2019, www.statbank.dk.

续表

		2014 年	2015 年	2016 年	2017 年	2018 年	2019 年
欧元区	GDP 增长率	1.4%	2.1%	1.9%	2.5%	1.9%	1.2%
	CPI 增长率	0.3%	0.3%	1.1%	1.3%	1.5%	1.3%
瑞士	GDP 增长率	2.5%	1.3%	1.7%	1.9%	2.8%	1.8%
	CPI 增长率	0.3%	−1.3%	0	0.8%	0.7%	0.2%
日本	GDP 增长率	0.4%	1.2%	0.6%	1.9%	0.8%	0.9%
	CPI 增长率	2.7%	0.8%	−0.1%	0.5%	0.8%	0.8%

资料来源：GDP 增长率数据来自 IMF, Data Mapper, https://www.imf.org；瑞典、欧元区、瑞士 CPI 增长率数据来自各自中央银行，丹麦、日本 CPI 增长率数据来自各自的国家统计局。

2. 政策效果有限的原因分析

要使货币政策对产值和价格水平产生影响，如果不考虑利息率因素，中央银行通过增加银行准备金所增加的基础货币必须要转变为银行贷款，银行贷款必须要转变为消费支出和投资支出。但是现在这两个环节都出现了问题。由于经济不景气，人们不愿意增加消费和投资支出，不仅银行难以增加贷款而且贷款风险也在增大。如果中央银行为银行的超额准备金支付利息，那么银行宁愿增加存放在中央银行的超额准备金。中央银行的负名义利息率政策就是对超过一定数量的超额准备金收取利息，以促使银行增加贷款。但在经济不景气的状况下，即使利息率出现进一步下降，银行又如何增加贷款呢？这就是中央银行负名义利息率政策效果有限的根本原因。

这种情况在日本表现得很明显。表 11–4 反映了日本金融机构超额准备金的变化情况。[①] 从表 11–4 中可以看到，日本中央银行无法忍受超额准备金的大幅度增长，从 2016 年 1 月开始对超过一定数额的超额准备金收取利息，结果超额准备金增长率迅速下降，这说明中央银行的负名义利息率政策对于阻止超额准备金的增加是有效果的。但是，被中央银行驱赶出来的银行存款在金融市场“打圈

① 这种情况在实行负名义利率政策的经济体普遍存在。据欧洲中央银行的统计数据，2019 年欧洲存款机构的超额准备金是最低限度准备金的 10 倍以上。

圈”，并没有多少转变为向实体经济的贷款。银行贷款增长率除了 2017 年有所上升以后又下降了，这说明中央银行的负名义利息率政策效果有限。

表 11-4 2014 ~ 2019 年日本金融机构的准备金和贷款情况 单位：亿日元

	2014 年	2015 年	2016 年	2017 年	2018 年	2019 年
要求准备金	83352	86773	90777	96697	100111	102332
实际准备金	1323826	2009300	2650445	3157684	3358678	3460439
超额准备金	1240474	1922527	2559668	3060987	3258567	3358107
超额准备金增长率	101.48%	54.98%	33.14%	19.59%	6.45%	3.05%
银行贷款	4777779	4897052	5006104	5152310	5262972	5379469
银行贷款增长率	2.26%	2.50%	2.23%	2.92%	2.15%	1.64%

资料来源：Bank of Japan, Bank of Japan Statistics, Deposits and Loads Market, http://www.boj.or.jp。

人们以为，货币供给增加必然引起物价上涨。实际上，货币供给增加引起物价上涨是通过消费和投资支出的增加实现的。当货币供给大幅度增加时，如果发生恐慌性支出，就会造成恶性通货膨胀。但是，实行负名义利息率政策经济体的中央银行都明确提出 2% 的目标通货膨胀率，人们并不担心未来会出现严重的通货膨胀，因而也就不会发生恐慌性支出，物价也不会出现较大幅度上升。在货币供给增加难以导致消费和投资支出增加的情况下，货币流通速度下降，在相当程度上抵消了货币供给增加对经济的影响。

2016 年 10 月 24 日，瑞士中央银行行长乔丹（Thomas Jordan）发表了演讲，正好是在瑞士中央银行实行负名义利率政策将近两年的时间。他对实行负利息率政策的原因和效果进行分析。他指出，瑞士作为一个小型开放经济体，在实行负名义利息率政策以后，至少部分恢复了瑞士法郎与欧元的利差，从而减轻了瑞士法郎对欧元升值的压力。另外，负名义利息率政策压低了抵押贷款利息率，可惜信贷没有明显增长。但是他并未指望负名义利息率政策有多大的效果，他强调扩张性的货币政策不是“灵丹妙药”，它只是使实体经济的调整变得容易一些。① 瑞士中央银行行长的评价可以作为我前面的分析的一个旁证。

从五个经济体实行负利息率政策的总体情况来看，没有取得什么好的效果，也没有带来什么不好的问题。瑞典中央银行于 2019 年 12 月退出负利息率政策，欧洲中央银行于 2022 年 7 月退出负利息率政策，瑞典、瑞士中央银行于 2022 年 9 月退出负利息率政策，日本中央银行于 2024 年 3 月退出负利息率政策。至此，人类历史上一次涉及范围较广的负利息率政策试验告一段落。

尽管在现实经济中出现了部分利息率为负数、部分利息率接近于零的情况，但是并没有从根本上颠覆利息率理论，只是展示了利息率理论没有认识到的一种特殊的利息率现象。以图 11–6 所采用的图形解释如下：在某个经济体实行超级宽松货币政策的情况下，可贷资金供给曲线 $S+\Delta M$ 大幅度向右移动，但由于经济不景气，对可贷资金的需求不但没有增加，反而还有所减少，可贷资金需求曲线 $I+C+$G 向左移动，结果在负名义利息率的状态下形成均衡（如图 11–10 所示）。

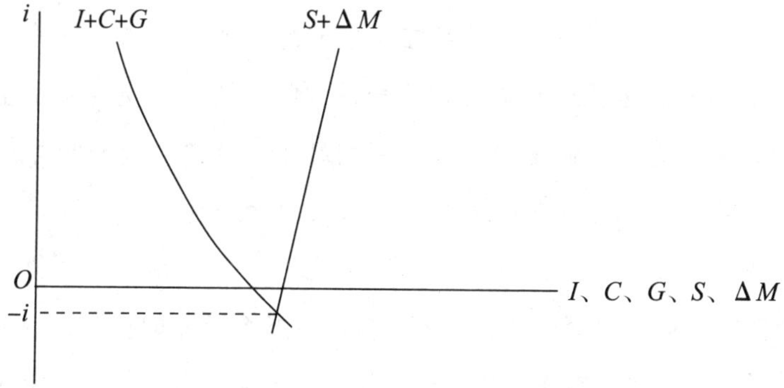

图 11–10　负名义利息率的形成

① Thomas Jordan, Monetary Policy Using Negative Interest Rates: A Status Report, 24 October 2016, https://www.snb.ch.

第四篇小结：凯恩斯利息率理论的历史地位

根据本篇的分析，我对凯恩斯利息率理论在经济思想史的地位得出下述结论：

第一，新古典学派的利息率理论认为，投资形成可贷资金的需求，储蓄形成可贷资金的供给，利息率是由投资和储蓄决定的。凯恩斯赞同新古典学派可贷资金利息率理论的部分说法，批评新古典学派忽略了收入对储蓄的影响，否认投资和储蓄是通过利息率的调节实现均衡的。既然如此，利息率应该由投资需求和假定收入不变条件下的储蓄供给决定。但是，凯恩斯又提出利息率是由货币供给和流动性偏好决定的。这样，两种利息率理论是什么关系？凯恩斯没有回答。后来多位经济学者试图调和新古典学派的利息率理论和凯恩斯的流动性偏好利息率理论，但难以令人信服。

第二，凯恩斯之所以没有对新古典学派的利息率理论和他的流动性偏好理论之间的关系作出解释，症结在于在凯恩斯的有效需求理论中，储蓄和投资决定产值，储蓄和投资的相等是通过收入调节实现的；而在新古典学派的利息率理论中，储蓄和投资决定利息率，储蓄和投资相等是通过利息率调节实现的。凯恩斯担心如果承认可贷资金理论，就会否定自己的有效需求理论。实际上，凯恩斯的有效需求理论和新古典学派的利息率理论涉及两个完全不同的研究领域，前者分析的是社会产品的生产，后者分析的是借贷市场的利息率。前者分析中的投资和储蓄与后者分析中的投资和储蓄并不等同，前者通过总收入进行调节与后者通过利息率进行调节并不矛盾。

第三，利息率是借贷市场上的一种现象，而货币只有进入借贷市场才能成为可贷资金，才会对利息率产生影响。因此，新古典学派利息率理论的基本逻辑是正确的。尽管凯恩斯的流动性偏好利息率理论难以成立，但随着金本位制解体、进入信用货币时代，进入借贷市场的货币供给量成为可贷资金供给量的重要组成部分。凯恩斯利息率理论的历史作用，在于在金本位制向信用货币制度转变的历史条件下，指出货币供给对利息率的重要影响。我本人在罗伯逊可贷资金理论的基础上，建立了一个简化的利息率理论和一个更接近现实的利息率理论。

第四，不论是新古典学派的利息率理论，还是凯恩斯的利息率理论，都认为利息率不可能是零，更不可能是负数。但是，在2009年以后，瑞典、丹麦、欧元区、瑞士、日本出现部分名义利息率是负数的现象。负名义利息率现象实际上是一种特殊的货币政策造成的，这种特殊政策作为扩张性货币政策的一种辅助手段产生，最初是部分中央银行基准利息率为负数，接着造成部分市场利息率为负数。但是，负利息率政策并不能解决居民和厂商不愿意贷款消费投资的问题，效果很有限。负名义利息率的出现，并没有颠覆利息率理论。

第五篇

凯恩斯的货币理论

第十二章　凯恩斯本人表述的货币理论

第一节　货币需求函数

一、货币的定义

凯恩斯的利息率理论是凯恩斯货币理论的一个组成部分，它主要说明货币供给的变化如何通过利息率的传导机制对经济产生影响。但是，由于利息率和货币属于不同的研究领域，我把凯恩斯的利息率理论和货币理论分开阐述。

也许是凯恩斯在出版《通论》以前已经出版了《货币论》的缘故，凯恩斯在《通论》中阐述他的货币理论时没有提出货币的定义，而是反复使用"现金"的概念。按照现在的理解，所谓现金是指硬币和纸币，也称通货，与普遍使用的存款货币是不同的。因此，凯恩斯所说的"现金"就是指硬币和纸币吗？如果这个问题不明确，很容易引起误解。

实际上，凯恩斯在1930年出版的《货币论》中已经分析了存款货币的产生，并把它称为银行货币。凯恩斯认为，银行货币包括收入存款和商业存款（business deposits），前者是指个人调节收支时间差而形成的活期存款，后者是指企业和金融机构出于经营和投资需要而形成的活期存款。按照凯恩斯的计算，1926～1928年，英国纸币在货币总额中的比例只有19%。[①] 这表明，凯恩斯

① 约翰·梅纳德·凯恩斯：《货币论》，罗淑玲等译，重庆：重庆出版社，2021，第20–23页。

在出版《通论》前已经明确地区分了存款货币和作为现金的纸币。

凯恩斯在《通论》中指出："在拙著《货币论》中，我用收入存款、业务存款（指《货币论》中翻译的商业存款——本书作者注）和储蓄存款三个标题研究货币的总需求。在这里，我没有必要重复在该书第三章所作的分析。"① 尽管凯恩斯认为没有必要重复《货币论》的分析，但仍然没有清楚地说明他反复使用的"现金"是指什么。从凯恩斯阐述流动性偏好动机时涉及的"现金"来看，凯恩斯在货币理论分析中的"现金"，应该包括现金和存款货币在内的货币。

二、货币需求函数

凯恩斯把货币需求函数称为流动性偏好函数，他在《通论》第 13 章阐述他的利息率理论时指出："如果利息率较低，即如果放弃现金的报酬有所降低的话，公众想要持有的现金量就会超过现有的供给量。如果利息率提高了，就会出现无人愿意持有的多余现金。假如这种解释是正确的，那么货币数量和流动性偏好，就是在特定情况下决定实际利息率的两大因素。流动性偏好是一种潜在的可能性或者是一种函数关系，当利息率为已知时，它决定着公众所愿意持有的货币量。这样，如果用 r 代表利息率，用 M 代表货币量，那么我们就可以得到 $M=L(r)$ 的函数关系式。"② 在这里，凯恩斯说的"货币数量"或者"货币量"应该是指货币供给量。

凯恩斯还指出："在通常情况下，流动性偏好曲线（表示货币数量与利息率关系函数曲线）是一条平滑曲线，该曲线表明：当利息率下降时，货币数量增加。导致这一结果的原因有两个：第一，假如利息率下降，由交易动机引发的流动性偏好将随利息率的降低而吸收更多的货币。因为利息率的降低可使国民收入增加，为方便交易而保持的货币数量将随着收入的增加而增加（尽管比例有时多有时少）。同时，以放弃利息来计算的持有足够现金的方便之处的代价便

① 约翰·梅纳德·凯恩斯:《就业、利息和货币通论》，宋韵声译，北京：华夏出版社，2012，第 151 页。

② 约翰·梅纳德·凯恩斯:《就业、利息和货币通论》，宋韵声译，北京：华夏出版社，2012，第 129 页。

会减少。……第二，正如我们已经看到的那样，利息率的每一次下降都会增加某些个人所愿持有的现金数量，因为，他们对将来的利息率的看法与市场的看法不同。”① 在这里，凯恩斯说的“货币数量”应该是指货币需求量。凯恩斯经常用一个概念表达不同的意思以及用不同的概念表达同一个意思。

从凯恩斯的上述分析可见，在一个以横轴表示流动性偏好、纵轴表示利息率的坐标系里，凯恩斯的流动性偏好曲线表现为一条向右下方倾斜的曲线。

三、货币需求函数形成的原因

1. 交易和预防动机

关于人们为什么需要货币，也就是人们为什么存在流动性偏好，凯恩斯指出：“我们可以把上面论述的三种流动性偏好的理由进行分类，说明它们取决于：（1）交易动机，即需要现金，以便个人或业务上进行当前交易之用。（2）谨慎动机，即希望保证有一部分资产与未来的现金等价。（3）投机动机，即认为自己比市场中一般人对未来所要发生的一切知道得更清楚，并想从中牟利。”② 凯恩斯在《通论》第 15 章阐述他的货币理论时，对货币需求的三大动机进行了详细的分析。

关于交易动机和谨慎动机，凯恩斯指出：“在分析动机时，为了方便起见，可以把它们分为不同的几类。第一类大致相当于上述的收入存款和业务存款，第二类和第三类相当于我以前讲过的储蓄存款。……交易动机又可再分为收入动机和业务动机。

“1. 收入动机——持有现金的一个理由是为了在两次收入之间保证支付，这一动机决定了人们要在手中保持一定数量的现金。……严格地说，货币收入流通速度这一概念，只适用于为此目的所持有的货币。2. 业务动机——同样道理，企业也需要持有现金，以保证在得到销售款之前支付业务上的开支。……3. 谨

① 约翰·梅纳德·凯恩斯：《就业、利息和货币通论》，宋韵声译，北京：华夏出版社，2012，第 132 页。

② 约翰·梅纳德·凯恩斯：《就业、利息和货币通论》，宋韵声译，北京：华夏出版社，2012，第 131 页。

慎动机——由于这种动机所持有的货币，是为了防止意外的支出或遇到偶然有利的购买机会。……

“上述三种动机的强弱程度均部分地取决于需要现金时以某种暂时借贷方式取得现金的代价和可靠性，尤其是银行透支或类似透支方式的代价和可靠性。……上述三种动机的强弱程度，也取决于我们持有现金的相对成本。如果持有现款的代价是放弃对有利可图的资产的购买，就会增加成本。”①

2. 投机动机

关于投机动机，凯恩斯指出：“投机动机——这是最后一种动机。这种动机比上述三种动机更有详细研究的必要。……经验告诉我们，用货币去满足投机动机的总需求，通常要随利息率变化的变化而逐渐变化。就是说，存在一条连续性的曲线，这条曲线就能显示出满足投机的货币需求量的变化和各种债务的价格的变化之间的关系。诚然，如果情况不是这样，‘公开市场业务’将无法进行。……银行系统用买（或卖）债券的方法来得到（或放弃）现金的数量越大，则利息率降低（或提高）的程度也越大。”②

凯恩斯的这段话是要表述货币的投机需求量与利息率呈现反方向变化的关系，但是由于表达含糊，使人们感到费解。这段话中的“银行系统”和“得到”是导致费解的两个关键词。“银行系统”是指谁呢？如果“银行系统”是指中央银行，中央银行买进债券投放货币可以导致利息率下降，但中央银行并没有“得到现金”，而且也不是“投机动机”。如果“银行系统”是指商业银行，商业银行买进债券属于投机动机，买进债券导致债券价格上升和债券收益率下降也会带动利息率下降，但商业银行也没有“得到现金”。

由于凯恩斯在这句话之前提到“公开市场业务”，按照我的理解，凯恩斯所说的“银行系统”是指中央银行。也就是说，凯恩斯的意思是，流动性偏好与利息率存在反方向变化的关系，流动性偏好函数表现为一条向右下方倾斜的曲

① 约翰·梅纳德·凯恩斯：《就业、利息和货币通论》，宋韵声译，北京：华夏出版社，2012，第 152 页。

② 约翰·梅纳德·凯恩斯：《就业、利息和货币通论》，宋韵声译，北京：华夏出版社，2012，第 153 页。

线。因此，当中央银行以公开市场业务的方式买进债券投放货币，货币供给曲线向右方移动，利息率趋向下降。“得到货币”是指中央银行投放货币，也就是社会增加货币。

至于为什么利息率下降导致货币的投机需求量增加，正是凯恩斯在后面要解释的。凯恩斯指出：“虽然如此，还存在两个理由可以认为，在任一给定的预期状态下，r 的下降会导致 M_2 的上升。首先，如果一般人认为 r 的安全水平不变，则 r 每降低一次，市场利息率与‘安全的’利息率相比较，市场利息率相对减少，由此使得放弃周转的流动性的风险加大。其次，放弃周转的流动性的报酬，可以看成是一种保险赔偿金，用来抵消由于利息率的变动而造成的债券价值上的亏损，利息率的下降会使这种赔偿金减少……”①

凯恩斯的解释的第一个理由是，放弃流动性是存在风险的，如果利息率下降到放弃流动性得到的利息不足以弥补放弃流动性的风险时，人们愿意持有更多的具有流动性的货币。凯恩斯的解释的第二个理由是，放弃流动性是需要补偿的，如果利息率下降，得到的补偿减少，人们愿意持有更多的具有流动性的货币。在这里，所谓“债券价值上的亏损”，是指利息率的变化会导致债券价格的变化，从而有可能给投机债券带来损失。如果利息率是下降的，债券价格将上升，在投机动机下按照上升的价格买进债券导致收益率下降，“赔偿金”将会减少，人们宁愿持有具有流动性的货币。

第二节　货币需求方程式

一、货币方程式的形式

凯恩斯指出：“用 M_1 表示为满足交易动机和谨慎动机所持有的现金数量，用 M_2 表示为满足投机动机所持有的现金数量。与这两部分现金量对应的，我们有两个流动性偏好函数 L_1 和 L_2。L_1 主要取决于收入水平，L_2 主要取决于当

① 约翰·梅纳德·凯恩斯：《就业、利息和货币通论》，宋韵声译，北京：华夏出版社，2012，第 156 页。

前利息率和预期状态的关系。于是，有下面的等式成立：

$$M=M_1+M_2=L_1(Y)+L_2(r) \quad (12\text{–}1)$$

式中，L_1 表示 Y 与 M_1 之间的函数关系，L_2 表示利息率 r 与 M_2 之间的函数关系。”①

凯恩斯没有说明等号左边的 M 表示什么。从下文来看，M 表示货币供给量。因此，公式（12–1）是一个货币供给量等于货币需求量的货币方程式。

凯恩斯的货币方程式存在一个逻辑问题：凯恩斯在《通论》第 13 章阐述货币需求函数时，曾经明确指出三个动机下的流动性偏好都是利息率的函数。但是，凯恩斯在《通论》第 15 章阐述货币方程式时，却只把投机动机下的流动性偏好看作是利息率的函数。如果要保持凯恩斯货币需求函数的一致性，公式（12–1）应该是：$M=M_1+M_2=L_1(Y,r)+L_2(r)$。实际上，$M_1=L_1(Y,r)$ 按照凯恩斯的思想是成立的。如果利息率越高，也就是持有货币的机会成本越大，人们在交易和谨慎动机下持有货币的数量就越小。

二、货币供给对利息率的影响

凯恩斯指出：“如果 M 的变化是由于政府印发纸币以应付当前的开支……新纸币也会成为某些人的收入。然而，这个新的收入水平，还不会高得使所有 M 的增加都吸收在 M_1 之中。所以一部分货币要另寻出路，去购买证券或其他资产，直到利息率降低以致 M_2 加大。同时，利息率的降低还会刺激 Y 的提高。而利息率的降低，Y 的提高，使得所有的新货币，或吸收在 M_2 中，或吸收在 M_1 中。……假设 M 的改变要首先改变 r，而 r 的改变将导致一部分 M_2 的变动和一部分由 Y 的变化引起的 M_1 的变动的新的均衡。在新的均衡条件下，新增加的现金在 M_1 和 M_2 之间的分配将取决于投资对利息率的降低所作出的反应，以及收入对投资增加所作出的反应。由于 Y 部分地取决于 r，所以 M 的改变必然会使 r 发生一定的变化，以便使 M_1 和 M_2 所作出的改变的总和等于 M 的上述的改变量。”

---

① 约翰·梅纳德·凯恩斯：《就业、利息和货币通论》，宋韵声译，北京：华夏出版社，2012，第 155 页。

凯恩斯曾经提到，中央银行采用公开市场业务投放货币，这里又提到中央银行用印制纸币的方式投放货币，可见在凯恩斯所处的时代，中央银行同时采用这两种方法发行货币。如果采用公开市场业务即买进债券的方式发行货币，新增货币将会进入商业银行体系，从而导致可贷资金供给的增加和利息率的下降。可能是凯恩斯否定新古典学派利息率理论的缘故，他用中央银行印制纸币的方式分析货币供给增加对利息率的影响。但是，正如凯恩斯自己说的，当时英国纸币在货币中所占的比例只有 19%，即使中央银行用印制纸币方式发行货币，让这部分纸币成为一些人的收入，但这些人也会把绝大部分的收入存入银行，从而导致可贷资金供给增加和利息率下降。我认为，凯恩斯所说的纸币增加对利息率影响的环节是存在的，但并非一般情况。另外，如果人们用纸币购买债券导致债券价格上升，降低的是债券的收益率而不是利息率。人们还要在债券与其他债务资产之间进行套利，才有可能导致利息率的下降。

三、货币流通速度

凯恩斯指出："所谓的货币收入流通速度，到底该定义为 Y 与 M 之比，还是该定义为 Y 与 M_1 之比，一般的讨论都没有得出清楚的结论。然而我建议使用后一种定义。这样，如果用 V 表示货币收入流通速度，则有

$$L_1(Y) = Y/V = M_1 \tag{12-2}$$

"当然我们没有理由认为 V 是一个常数，它的数值取决于银行及工业组织的性质、社会习惯、收入在各个阶层之间的分配以及持有闲置货币的成本。但是，假如我们所讨论的是一个短时期，我们不妨假设以上各个因素都没有多大的变化，这样也可以把 V 看作一个常数。"①

货币流通速度是指平均每单位货币在一定时期里周转的次数，如果把它定义为 Y 与 M 之比，意味着相对于收入 Y 来说，全部货币需要周转多少次；如果把它定义为 Y 与 M_1 之比，意味着相对于收入 Y 来说，用于交易动机和谨慎动机的货币需要周转多少次。凯恩斯建议采用后者，也就意味着凯恩斯认为不必

① 约翰·梅纳德·凯恩斯：《就业、利息和货币通论》，宋韵声译，北京：华夏出版社，2012，第 156 页。

考虑用于投机动机的货币的周转次数。

显然，用于交易动机和谨慎动机的货币的流通速度是稳定的，用于投机动机的货币的流通速度是不稳定的。因此，按照凯恩斯的货币理论，他最应该得到货币流通速度不稳定的结论。如果当年凯恩斯指出货币流通速度不稳定，也不至于使人们在如此长的时间里对货币流通速度是否稳定的问题产生误解。

第三节　货币供给传导机制

一、货币供给对有效需求的影响

凯恩斯没有专门对货币供给进行分析，但是凯恩斯认为“货币数量，由中央银行决定”①，并在《通论》中多处提到中央银行的“公开市场业务”，这意味着凯恩斯认为货币供给是由中央银行的货币政策决定的。既然货币供给不受利息率影响，在一个以横轴表示流动性偏好、纵轴表示利息率水平的坐标系里，凯恩斯的货币供给曲线表现为一条垂直线。

所谓货币供给传导机制，是指货币供给的变化通过什么途径对经济产生影响。凯恩斯指出：“货币数量的变动对有效需求的主要影响，是通过它对利息率的影响而产生的。假如这是唯一的反应，那么其影响的大小，可以由以下三个因素推出：（1）流动偏好曲线，这条曲线可以告诉我们，利息率下降多少才能使人们吸收到新增加的货币量。（2）资本边际效率曲线，这条曲线可以告诉我们，利息率降低一定量时，投资将增加多少。（3）投资乘数，这个乘数可以告诉我们，当投资增加一定量时，总有效需求量增加多少。”②

具体地说，凯恩斯分析了货币供给量变化带来的下述影响：“假如其他条件不变，我们期望货币数量的增加可以降低利息率。假如公众流动性偏好的增加

---

① 约翰·梅纳德·凯恩斯：《就业、利息和货币通论》，宋韵声译，北京：华夏出版社，2012，第 189 页。

② 约翰·梅纳德·凯恩斯：《就业、利息和货币通论》，宋韵声译，北京：华夏出版社，2012，第 229 页。

比货币数量的增加的速度快，利息率还是不会下降的。假设其他条件不变，利息率的降低可以增加投资量。但是如果资本边际效率比利息率下降得迅速，投资量还是不会增加。如果其他条件不变，投资量的增加可以增加就业量。但是如果消费倾向也下降，就业量就不会增加。最后，如果就业量有所增加，就会引起物价上涨，其上涨的程度一部分由生产函数的形状所决定，一部分由工资单位（以货币表示的）上涨的倾向所决定。当产量增加时，价格也要上涨，对流动性偏好的影响又必须增加货币数量，以保持既定的利息率。”①

凯恩斯还指出：“然而，在讨论投机动机时，重要的是区别两种利息率的变化，第一类是流动性偏好函数不变，但是由于用来满足投机动机的货币供给量的变化，引起利息率的变化。第二类是因为预期的改变影响到流动性偏好本身，从而影响到利息率的变化。公开市场业务对这两类情况中的利息率确实都能产生影响，因为它们不仅可以改变货币的数量，而且可以改变人们对政府或中央银行未来政策的预期。”② 按照我的理解，凯恩斯所说的前一种利息率的变化是指在流动性偏好曲线不变的情况下，货币供给曲线发生向右方移动所导致的利息率的变化；凯恩斯所说的后一种利息率的变化是指在流动性偏好曲线和货币供给曲线均发生向右方移动所导致的利息率的变化。

凯恩斯关于货币传导机制的分析表明，在流动性偏好不变的条件下，中央银行增加货币供给可以降低利息率，利息率的下降可以刺激投资需求以增加有效需求。

二、凯恩斯的货币政策主张

凯恩斯指出：“然而，资本边际效率部分取决于那些不变因素，还部分取决于各种资本资产的预期收益。而利息率则部分取决于流动偏好的状态（即流动性偏好函数），还部分取决于货币数量（以工资单位衡量）。因此我们可以说，

① 约翰·梅纳德·凯恩斯：《就业、利息和货币通论》，宋韵声译，北京：华夏出版社，2012，第 133 页。

② 约翰·梅纳德·凯恩斯：《就业、利息和货币通论》，宋韵声译，北京：华夏出版社，2012，第 153 页。

最终的自变因素由以下三个部分组成:(1)三个基本心理因素，即心理上的消费倾向、心理上的流动性偏好，以及心理上对资本资产的预期。(2)工资单位，由劳资双方议价决定。(3)货币数量，由中央银行决定。因此，如果我们以上所说的因素不变，这三个自变因素就决定了国民收入(或国民所得)和就业量。”①

既然由中央银行决定的货币数量是决定产值和就业的三个因素之一，那么中央银行就可以通过增加货币供给降低利息率，从而刺激投资需求，以解决有效需求不足的问题。

凯恩斯还提到中央银行的货币政策失效的问题。他指出:“存在着这样一种可能性，这就是当利息率降到某种水平时，流动性偏好可能变成几乎是绝对的。就是说，由于利息率太低，几乎每个人都宁愿持有现金而不愿持有债券。在这种情况下，货币当局会失去它对利息率的有效控制。”②“因为当r(指利息率——本书作者注)降低到某一水平以下时，M_2(指投机动机下对货币的需求量——本书作者注)将无限增加。”③

凯恩斯描述的这种情况被称为“流动性陷阱”，中央银行的货币政策一旦陷入“流动性陷阱”，将无法继续降低利息率以刺激有效需求。

① 约翰·梅纳德·凯恩斯:《就业、利息和货币通论》，宋韵声译，北京:华夏出版社，2012，第189页。

② 约翰·梅纳德·凯恩斯:《就业、利息和货币通论》，宋韵声译，北京:华夏出版社，2012，第160页。

③ 约翰·梅纳德·凯恩斯:《就业、利息和货币通论》，宋韵声译，北京:华夏出版社，2012，第157页。

第十三章　凯恩斯货币理论的解释和发展

第一节　凯恩斯货币理论的解释

一、对货币的投机需求的解释

凯恩斯提出的货币的投机需求是凯恩斯流动性偏好理论的一个难点，凯恩斯本人的解释并不清晰，问题主要体现在人们如何投机债券，导致货币的投机需求量与利息率存在反方向变化的关系。

凯恩斯在论述货币的投机需求时举了这样一个例子：“例如，设现在的长期债券的利息率为年息 4%，若未来利息率的增加速度为现在利息率的 4%，即每年增加 0.16%，则利息收入与资本账上的损失约略相抵，所以除非人们根据或然率估计结果，觉得未来利息率上涨速度会大于现行利息率，否则，他们将宁愿放弃周转的流动性而赚取利息。”①

凯恩斯的例子令人费解。按照我的猜测，凯恩斯的意思是，如果人们在凯恩斯假定的情况下买进债券，债券的价格将会由于利息率上升而贬值，即发生资本损失。当资本损失与得到利息相等时，买进债券与持有货币没有差别。但是，如果利息率上升幅度较小，资本损失将小于利息收益，人们将选择买进债券而放弃流动性。

---

① 约翰·梅纳德·凯恩斯：《就业、利息和货币通论》，宋韵声译，北京：华夏出版社，2012，第 156 页。

美国经济学者阿克利在 1963 年出版的《宏观经济理论》中，对类似的行为作了解释："当然，持有现金而不持有证券意味放弃利息报酬。古典学派作者假定放弃可以获得的报酬是不合理的，因而这种情形绝不会发生。但是，如果预期利率要大大上涨（债券价格大大下跌），这种举动就不是不合理的。凯恩斯指出，设利率的预期上涨速度恰好等于利息本身，那将会使持有证券的预期收益化为乌有。如果每年付息 5 美元的一张证券现在卖 100 美元，那么 5 美元的资本损失就会吞噬掉 5 美元的利息。要是预期它不只下跌这么多，则持有不生产的现金显然有净利可图。凯恩斯把这叫做货币的'投机需求'。"①

如果这是凯恩斯的货币投机性需求的原意，那么美国经济学者夏皮罗在 1978 年出版的《宏观经济分析》中则主要解释了人们如何进行债券投机，从而导致货币的投机性需求与利息率反方向变化。由于债券的票面利息率在发行的时候就已经确定，直到期满不会改变，所以如果市场上的利息率下降，持有债券有利可图，人们纷纷买进债券，从而导致债券价格上升。因此，债券价格与利息率是反方向变化的。如果人们认为利息率过低，也就是认为债券价格过高，他们将卖出债券持有货币；相反，如果人们认为利息率过高，也就是认为债券价格过低，他们将减少货币的持有而购买债券。这意味着在利息率低的时候人们对货币的投机性需求大，在利息率高的时候人们对货币的投机性需求小。②夏皮罗的这种解释在后来成为许多宏观经济学教科书的解释。

二、对"流动性陷阱"的解释

1．"流动性陷阱"的定义

"流动性陷阱"的思想是凯恩斯提出来的，但是凯恩斯本人没有提出"流动性陷阱"的概念。美国经济学者克鲁格曼（Paul R. Krugman）曾经提到，"流动性陷阱"的概念是英国经济学者希克斯在 1937 年发表的论文《凯恩斯先生与古

① 加德纳·阿克利：《宏观经济理论》，陈彪如译，上海：上海译文出版社，1981，第 192–193 页。

② 爱德华·夏皮罗：《宏观经济分析》，杨德明等译，北京：中国社会科学出版社，1985，第 370–375 页。

典学派》中提出来的。[①] 但是，据我查证，在希克斯的这篇论文中并没有出现“流动性陷阱”这个词汇。

下面引证经济学者们对“流动性陷阱”的定义以了解“流动性陷阱”的意思。克鲁格曼认为：“流动性陷阱可以定义为这样一种情形：由于名义利率已经是或者接近于零，私人部门把货币和债券看作是完全的替代品，向经济注入基础货币没有效果，传统的货币政策不起作用。”[②] 美国经济学者多恩布什（Rudiger Dornbusch）等人认为：“它表明一种情况，即在既定的利率情况下，不管货币供应量是多少，公众就打算持有多少。……货币政策无力影响利率。”[③] 由此可见，经济学界对于“流动性陷阱”的定义没有异议。

谁最早提出“流动性陷阱”这个概念已经很难追溯了，但是希克斯是最早对“流动性陷阱”的情形进行解释的经济学者。希克斯在 1937 年第 2 期《计量经济学》上发表了题为《凯恩斯先生与古典学派》的论文，根据凯恩斯的总收入决定理论提出了保持国民收入均衡的 *IS* 曲线，以及根据凯恩斯的货币理论提出了保持利率均衡的 *LL* 曲线（如图 13–1 所示）。

在图 13–1 中，纵轴表示利息率，横轴表示国民收入。*IS* 曲线表示保持国民收入处于均衡状态下（$I=S$）利息率和国民收入的对应关系，LL 曲线表示保持利息率处于均衡状态下（$L=M$）利息率和国民收入的对应关系。

希克斯对于“流动性陷阱”的情形是这样表达的：“如果货币供给增加，*LL* 曲线向右移动，但该曲线的水平部分几乎相同。……如果 *IS* 曲线位于 *LL* 曲线的左边，我们不能增加就业，货币手段不能导致利率进一步下降。”[④] 至于

① Paul R. Krugman, Kathryn M. Dominquez and Kenneth Rogoff, It's Baaack: Japan's Slump and the Return of the Liquidity Trap, *Brookings Papers on Economic Activity,* Vol. 1998, No. 2, 1998, p. 137.

② Paul R. Krugman, Kathryn M. Dominquez and Kenneth Rogoff, It's Baaack: Japan's Slump and the Return of the Liquidity Trap, *Brookings Papers on Economic Activity,* Vol. 1998, No. 2, 1998, p. 141.

③ 多恩布什等：《宏观经济学》，王志伟译，北京：中国财政经济出版社，2003，第 251 页。

④ John Hicks,Mr. Keynes and the classics，*Econometrica*, Vol. 5, No. 2, Apr., 1937, p. 155.

LL 曲线的左边部分之所以呈现水平状态，从希克斯 *LL* 曲线的推导过程可以知道，是因为在利息率很低的时候，凯恩斯货币的投机性需求趋向无限增加，货币的投机性需求曲线变成水平线。

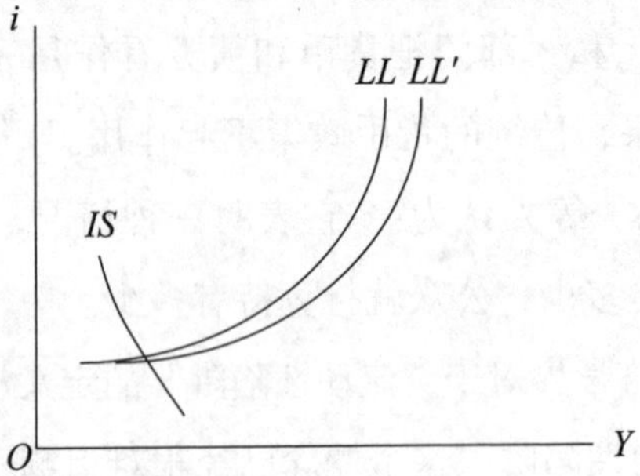

图 13–1　流动性陷阱

希克斯只是从理论上重复了凯恩斯的分析，但是希克斯的表述成了“流动性陷阱”的经典表述，经济学界把“流动性陷阱”称为 *LM* 曲线（希克斯所称的 *LL* 曲线）呈现水平状态。

2.“流动性陷阱”在现实中存在吗？

根据夏皮罗在 1978 年出版的《宏观经济学分析》的记载，从 20 世纪 40 年代到 60 年代，经济学者们曾经讨论过“流动性陷阱”在现实中是否存在的问题，其中一篇重要的论文是美国经济学者托宾 1947 年 5 月在《经济学和统计学评论》发表的《流动性偏好与货币政策》。[①] 经济学者们的看法是：“流动性陷阱”是一种极端情形。

夏皮罗写道：“虽然这是一种有趣的在假定上可能的现象，但流动性陷阱的实际出现显然是很少见的。利息率很难得降到这样一个低水平，使得财富持有者抱有一种为产生流动性陷阱所需要的预期。根据美国的经验，最接近于流动性陷阱的时期是紧接着大萧条后的年代，距今已经四十多年了。”[②]

① 爱德华·夏皮罗：《宏观经济分析》，杨德明等译，北京：中国社会科学出版社，1985，第 387 页。

② 爱德华·夏皮罗：《宏观经济分析》，杨德明等译，北京：中国社会科学出版社，1985，第 387 页。

美国经济学者萨缪尔森把“流动性陷阱”称为“萧条时期的极端情况”。①

3.“流动性陷阱”又回来了

由于“流动性陷阱”被认为是一种极端情况，世界各国在第二次世界大战以后没有发生大萧条，关于流动性陷阱的问题就没有引起人们的关注。据克鲁格曼考证，从 1975 年到 1998 年，根据经济研究数据库（EconLit）的记录，仅有 21 篇论文讨论“流动性陷阱”问题。

1991 年，日本爆发了金融危机并陷入经济衰退，“流动性陷阱”的问题又重新引起人们的关注。克鲁格曼等人在 1998 年第 2 期《布鲁金斯经济活动报告》中发表的一篇题为《回来了：日本的低迷与流动性陷阱的回归》的论文，成为这个研究领域的经典论文。

克鲁格曼建立了一个跨时期消费的效用函数，先引入货币供给因素分析价格水平和利息率的关系，再引入生产因素讨论货币供给对产量的影响。克鲁格曼的结论是：第一，名义利率为零的情况下，人们将用货币取代债券，货币当局买进债券投放货币的货币政策无效，这就是“流动性陷阱”，但是它对实际经济变量没有什么不良影响。第二，在陷入“流动性陷阱”的情况下，债券被货币完全替代，货币被储存下来而不是用于支出，货币供给的增加不会导致产量的增加。第三，即使生产性投资为正数以及资本边际收益不是负数的情况下，“流动性陷阱”的现象也会出现。

三、货币供给量的界定

凯恩斯曾经分析过货币需求量的构成，把货币需求量划分为收入存款、业务存款和储蓄存款，但是凯恩斯没有分析过货币供给量的构成。在凯恩斯以后，随着经济学的发展，各国中央银行根据实践提出了货币供给量的定义。虽然各国中央银行提出的货币供给量定义的具体内容有所不同，但基本上都是根据流动性划分狭义货币供给量和广义货币供给量。

以美国为例，美国联邦储备系统的货币供给量的定义包括 M_1 和 M_2。M_1 是狭义货币供给量，包括下述组成部分：在美国财政部、联邦储备银行和存款机

① 萨缪尔森：《经济学》，高鸿业译，北京：商务印书馆，1979，第 501 页。

构之外的通货，即硬币和纸币；非银行金融机构签发的旅行支票；商业银行的需求存款，即支票账户存款，但要扣除存款机构、美国政府、外国官方机构和外国银行持有的需求存款；其他可用支票使用的存款，如可转让存单、存款机构自动转账服务账户的存款、信贷会社分享汇票账户的存款、节约机构的需求存款。

M_2 是广义货币供给量，包括下述组成部分：M_1；包括货币市场存款账户在内的储蓄存款；10 万美元以下的定期存款，但要扣除存款机构中个人退休账户（IRA）的存款和自由职业者退休存款（Keogh balances）；零售货币市场共同基金的余额，但要扣除在该类共同基金中个人退休账户的存款和自由职业者退休存款。①

美国联邦储备系统没有货币和准货币的划分。经济学界一般把执行交易职能的货币称为货币，把可以转换为货币但是本身还不是货币的金融资产称为准货币。在美国联邦储备系统货币供给量的定义中，M_1 属于货币，M_2 扣除 M_1 以后的余额属于准货币。

在现代经济中，各国中央银行并非以发行纸币的方式发行货币，而是以增加商业银行存放在中央银行的准备金方式发行货币。硬币、纸币、商业银行的准备金三者之和被称为基础货币或者高能货币。

四、凯恩斯货币理论的解释

萨缪尔森在 1976 年出版的《经济学》第 10 版中，用简洁的语言和简单的图形表述了凯恩斯的货币理论。

萨缪尔森指出，凯恩斯的货币理论的论证逻辑是，M（货币供给）上升→ i（利息率）下降→ I（投资）上升→ GNP（国民生产总值）上升。这就是说，在货币需求不变的条件下，货币供给增加导致利息率下降；在资本边际效率不变的条件下，利息率下降导致投资的增加；在其他条件不变的情况下，投资的增加导致国民生产总值的增加。这个过程可以用图 13–2 表示。

---

① Board of Governors of the Federal Reserve System, Money Stock Measures, January 2016, http://www.federalreserve.gov.

在图 13–2 中，左上方坐标系的横轴表示货币供给量或者货币需求量，纵轴表示利息率。L 曲线表示流动性偏好曲线，M 曲线表示货币供给曲线。在右上方的坐标系中，横轴表示投资，纵轴表示利息率，MEI 表示投资边际效率曲线，即投资如何随着利息率的变化而变化。在右下方的坐标系中，横轴表示投资，纵轴表示 GNP。

在图 13–2（A）中，当货币供给从 M 增加到 M'，利息率从 Oi_1 下降到 Oi_2。从图 13–2（B）中可以看到，利息率从 Oi_1 下降到 Oi_2 导致投资从 OI_1 增加到 OI_2。从图 13–2（C）可以看到，投资从 OI_1 增加到 OI_2 导致投资曲线从 I 移动到 I'，国民生产总值从 OY_1 增加到 OY_2。

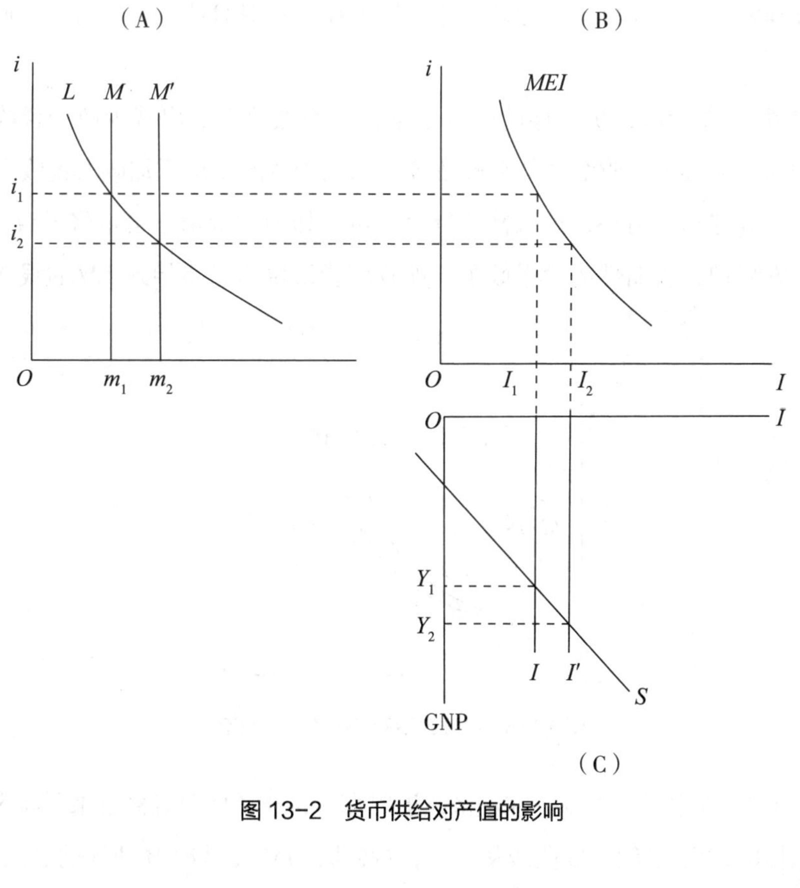

图 13–2　货币供给对产值的影响

五、财政政策和货币政策的选择

凯恩斯的《通论》出版以后，特别是在第二次世界大战结束以后，各主要资本主义国家的政府不仅采纳了凯恩斯的财政政策主张，而且采纳了凯恩斯的货币政策主张，以保持经济稳定。凯恩斯本人对财政政策和货币政策没有进行详细的论述，但是希克斯归纳凯恩斯产值决定理论和利息率决定理论所提出的 *IS–LM* 分析方法，可以得出明确的政策结论。

参见图 13–3，图中横轴表示产值，纵轴表示利息率。图中表示产值均衡（$I=S$）的 *IS* 曲线是一条向右下方倾斜的曲线，表示货币均衡（$L=M$）的 *LM* 曲线是一条向右上方倾斜的曲线。*LM* 曲线左边的部分比较平坦，中间的部分向右上方倾斜，右边部分比较陡峭，分别表示经济衰退时期、正常时期、通货膨胀时期。

如图 13–3 所示，扩张性的财政政策，如增加政府支出减少政府税收导致 *IS* 曲线向右方移动；收缩性的财政政策，如减少政府支出增加政府税收导致 *IS* 曲线向左方移动。另外，扩张性的货币政策，如增加货币供给量将导致 *LM* 曲线向右方移动；收缩性的货币政策，如收缩货币供给量将导致 *LM* 曲线向右方移动。

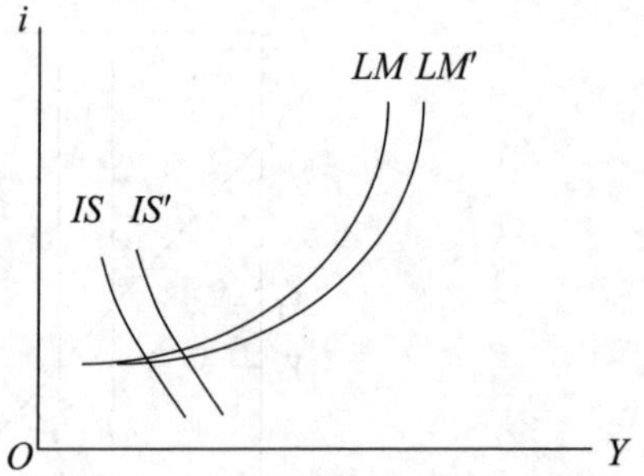

图 13–3　财政政策和货币政策的作用

从图 13–3 中可以看到，在经济衰退时期，由于 *LM* 曲线接近水平状态，实行扩张性的财政政策使 *IS* 曲线从 *IS* 向右移动到 *IS′*，与 *LM* 曲线的交点表明，可以导致较大幅度的产值增加。但是，如果实行扩张性的货币政策，*LM* 曲线

从 LM 向右移动到 LM'，与 IS 曲线的交点表明，对产值没有什么影响。因此，在经济衰退时期，扩张性的财政政策比扩张性的货币政策更有效。用同样的方法可以证明，在通货膨胀时期，收缩性的货币政策比收缩性的财政政策更有效。

另外，凯恩斯没有详细分析中央银行货币政策的手段，只是多次提及“公开市场业务”。在凯恩斯以后，各国中央银行在实践中逐渐形成一系列的货币政策手段，通过调整货币供给来影响经济。

以美国联邦储备系统（以下简称美联储）投放的货币为例，由于美国的存款准备金比例较低，因而可调节幅度不大，美联储很少用降低法定准备金比例的方法投放货币。所谓准备金，是指商业银行接受存款以后，按照规定必须存放在中央银行的资金。所谓法定准备金比例，是指中央银行规定的、商业银行存放在中央银行准备金占其存款比率的下限。当中央银行降低法定准备金比例的时候，商业银行出现超额准备金，当它们把超额准备金贷放出去的时候，导致货币供给量增加。但是，从 2020 年 4 月开始，美联储放弃法定存款准备金比例的要求，因而也就放弃了降低法定存款准备金比例这个政策工具。

美联储投放货币的主要方式有：第一，公开市场业务，即在公开的证券市场上买进的通常是政府债券的证券。当中央银行向商业银行买进政府债券时，商业银行在其存款账户上记入相应的款项，商业银行出现超额准备金。当商业银行以此为根据发放贷款时，便导致存款增加，即货币供给量增加。第二，降低贴现率，即降低商业银行以贴现的方式进行借款的利率。当美联储降低贴现率的时候，商业银行向中央银行贴现支付的利息减少，因而增加向中央银行的贴现。美联储买进商业银行短期债务工具，增加商业银行在其账户的存款，从而导致存款准备金增加和货币供给量的增加。第三，结构性政策工具，如商业票据融资便利（Commercial Paper Funding Facility），即美联储以购买特定经济实体的商业票据的方式提供贷款等；一级交易商信贷便利（Primary Dealer Credit Facility），即美联储向一级证券交易商提供贷款；等等。

美联储除调整货币供给量以外，还经常用调整联邦基金利息率的方法引导市场利息率的变化。所谓联邦基金利息率，是指商业银行相互借贷准备金所支付的利息率，它是由美联储决定的。

第二节　凯恩斯货币理论的发展

一、货币转递机制研究的发展

1. 托宾的“Q 理论”

凯恩斯的货币理论认为，货币供给的增加导致利息率的下降，在预期利润率不变的前提下，利息率的下降导致投资的增加。1961 年，托宾在《美国经济评论》上发表了题为《货币、资本和其他价值储藏》的论文，提出了“Q 理论”，对凯恩斯的货币传导机制作了补充。

托宾的“Q 值”是指公司的市场价值与资产重置成本之比。所谓公司市场价值，是指公司在金融市场上的价值，包括股权的市场价值和债务资本的市场价值。所谓资产重置成本，是指公司目前的资产价值，也就是现在创建公司所要付出的成本。托宾认为，当 Q>1 时，通过购买资本品来建立公司更为有利，投资支出将增加；当 Q<1 时，通过购买股权的方式收购公司更有利，没有产生投资支出。

接着，托宾证明，当货币供给导致利息率下降时，股票价格将上升，Q 值将上升。如果 Q 值上升超过 1，企业经营者倾向于投资新的资本品，投资支出将增加。托宾还用“Q 理论”解释 20 世纪 30 年代大萧条的情形：由于股票价格大跌，公司的市场价值是原来的 1/10，货币供给增加在 Q 值过低的情况下无法导致投资支出增加。[①]

我认为，托宾的“Q 理论”所阐述的情况是存在的，它对凯恩斯货币传导机制的分析是一种补充。但是，托宾的“Q 理论”所分析的是新建企业的投资支出，而在现实的经济里，普遍存在的是已建企业的投资支出，即扩大再生产的投资支出。因此，凯恩斯所说的是准确的，厂商的投资支出主要取决于预期的利润率和利率，在预期利润率不变的条件下，利息率下降将导致投资支出的增加。在经济衰退时期，利息率下降之所以不能导致投资支出增加，主要是因为预期利润率发生下降。

---

① James Tobin. Money, Capital and other Stores of Value. *American Economic Review*, 51, 1961（5）,pp.26–51.

2. 莫迪利亚尼的财富效应

凯恩斯的货币理论指出，货币供给增加导致利息率的下降，从而导致投资支出的增加。美国经济学者莫迪利亚尼（Franco Modigliani）在 1961 年发表了题为《货币政策与消费》的论文，根据他的生命周期消费理论提出了财富效应的影响。

莫迪利亚尼的生命周期消费理论指出，个人消费支出与他们的生命周期有关，人们总是按照整个生命周期来安排消费支出，以实现一生消费支出效用的最大化。因此，决定人们消费支出的不是短期的收入，而是一生的财富，尤其是包括股票在内的金融财富。因此，当货币供给增加导致利率的下降时，股票价格将会上升，人们的金融财富将会增加，从而导致人们消费支出的增加，这就是所谓的“财富效应”。①

我认为，莫迪利亚尼指出的财富效应也是存在的，它对凯恩斯货币传导机制的分析也是一种补充。但是，财富效应似乎与凯恩斯的消费函数的关系更为密切，与莫迪利亚尼的消费函数的关系反而没那么密切。凯恩斯的消费函数认为，消费支出受现期收入影响，对股票价格上升带来的收入增加的反应十分敏感。但是，莫迪利亚尼的消费函数认为，人们的消费支出受他们生命周期的收入影响，除非股票价格长期趋向上升，否则消费支出对股票价格上升带来的收入增加的反应并不敏感。

二、货币乘数的提出

各国中央银行通常以增加商业银行存放在中央银行的准备金的方式发行货币。例如，假定中央银行在公开的证券市场上向商业银行 A 买进政府债券，将在商业银行的准备金账户记入同等金额的货币，商业银行 A 出现超额准备金；商业银行 A 出于追求利润的动机，将把超额准备金贷放出去；取得贷款的企业将把借款存入商业银行 B 以便使用，商业银行 B 出现超额准备金；商业银行 B 出于追求利润的动机，又把超额准备金贷放出去——这个过程一直继续下去，

---

① Franco Modigliani, Monetary Policy and Consumption, in Consumer Spending and Money Policy: The Linkages. Federal Reserve Bank of Boston, 1971，pp.9–84.

中央银行通过买进政府债券投放的货币将会派生出数倍的货币，这就是货币的乘数效应。

1963 年，美国经济学者弗里德曼和施瓦茨（A. J. Schwartz）出版了《美国货币史：1867—1960》，他们在书中分析了中央银行增加高能货币（基础货币）对货币供给的影响，阐述了货币的乘数效应。设货币供给为 M，高能货币为 H，公众持有的通货即现金为 C，准备金为 R，银行存款为 D，弗里德曼和施瓦茨推导出下面的公式：

$$M = H \cdot \frac{\frac{D}{R}\left(1+\frac{D}{C}\right)}{\frac{D}{R}+\frac{D}{C}} \tag{13-1}$$

在公式（13-1）两边同时除以 H，就是高能货币创造货币供给的倍数（M/H）。①

根据英国经济学者温特劳布（S. W. Weintraub）在 1977 年出版的《现代经济思想》中的描述，在弗里德曼和施瓦茨之后，美国经济学者布朗纳（K. Brunner）、梅尔策 (A. Meltzer)、伯格（A. E. Burger）等人对弗里德曼和施瓦茨的分析进行拓展，在货币供给变化过程的分析中补充了超额准备金、借入准备金、现金比率、定期存款比率等因素。②

弗里德曼是与凯恩斯学派争论不休的货币学派的代表人物，但是他的货币乘数的分析被凯恩斯学派接受。在一般的宏观经济学教科书里，在假定商业银行不保留超额准备金、人们不把存款转换为现金等条件下，可以把货币乘数简化为等于法定准备金比例的倒数。

三、弗里德曼的现代货币数量论

1. 弗里德曼的货币理论

在凯恩斯以后，货币研究领域的主要研究成果是弗里德曼的现代货币数量

---

① 弗里德曼和施瓦茨：《美国货币史：1867—1960》，巴曙松等译，北京：北京大学出版社，2009，第 582–583 页。

② 转引自 S. W. Weintraub edited, Modern Economic Thought, University of Pennsylvania Press, 1971, p.267.

论。弗里德曼并非凯恩斯学派经济学者，但他的现代货币数量论在货币研究领域具有重要地位。

弗里德曼在 1956 年和 1970 年分别发表了题为《货币数量论——重新表述》和《货币分析的理论结构》的论文，提出了“现代货币数量论”。

弗里德曼认为，如果设 M 为名义货币需求量，P 为价格水平，M/P 为实际货币需求量，y 为实际收入，w 为非人力财富占总财富的比例，即来自财产的收入占总收入的比例，r_m 为预期的货币名义报酬率，r_b 为预期的包括利息和价格变化的债券的名义报酬率，r_e 为预期的包括股息和价格变化在内的股票的名义报酬率，$\frac{\frac{1}{p}dp}{\mathrm{d}t}$ 表示商品价格的预期变化率，u 为非收入方面的因素，那么货币需求函数为

$$\frac{M}{P}=f\left(y,w,r_m,r_b,r_e,\frac{\frac{1}{p}dp}{\mathrm{d}t};u\right)$$

弗里德曼把货币看作一种资产，一种可以与各种实物资产和金融资产相互替代的资产，所以他从财富配置的角度分析货币需求。按照弗里德曼的货币需求函数，实际货币需求量受到实际国民收入和一系列金融资产名义报酬率的影响。弗里德曼还证明，货币需求函数是一个稳定的函数。

由于人们持有各种实物资产和金融资产的比例从长期来看是稳定的，货币需求保持稳定，如果货币供给量发生变化，人们发现他们持有的货币与各种资产的比例发生变化，将会调整货币资产与其他资产的结构。如果货币供给量增加，人们将持有的过多的货币购买各种实物资产和金融资产，从而导致总支出的增加和价格水平的上升，从而导致名义国民收入的增加。①

弗里德曼的现代货币数量论所描述的货币供给增加导致人们重新调整各种资产持有比例的过程是一个令人费解的过程，夏皮罗根据弗里德曼和施瓦茨合

① 弗里德曼：《弗里德曼的货币理论结构》，高榕译，北京：中国财政经济出版社，1989，第 28–33、55–56 页。

著的《货币和经济周期》所作的解释可能有助于理解这个过程：

当中央银行通过购买债券增加货币供给的时候，由于债券发行时的票面利息率是既定的，债券价格上升导致债券收益率下降。这样债券和其他债务类资产的收益率就出现了差异，人们将在债券和其他债务资产之间进行套利，卖出债券买进其他债务资产。与此同时，向中央银行卖出债券的商业银行准备金增加，它们将增加贷款，利息率趋向下降。另外，人们不仅在金融资产之间进行替代，还在实物资产和金融资产之间进行替代。一些人可能购买不动产，另一些人可能购买设备，还有一些人可能购买耐用消费品，从而导致对实物资产支出的增加。

夏皮罗指出的弗里德曼货币转递机制与凯恩斯货币传递机制的区别：凯恩斯认为货币供给的增加是通过利息率的变化影响经济的，而弗里德曼并不认可利息率环节的重要性，他认为货币供给的增加通过导致实物资产支出的增加对经济产生影响。①

2. 弗里德曼货币理论与凯恩斯货币理论的比较

弗里德曼的货币理论与凯恩斯的货币理论的联系和区别如下：

第一，弗里德曼与凯恩斯相似，注意到货币的资产功能。凯恩斯分析人们如何在利息率的影响下，通过债券和货币之间的选择决定持有多少货币；弗里德曼进一步分析，人们如何在利率和各种金融资产报酬率的影响下，通过在货币、各种物质资产、各种金融资产之间的选择决定持有多少货币。因此，弗里德曼从长期财富配置的角度分析货币需求。

第二，凯恩斯分析的是名义货币需求量如何受到名义国民收入和名义利率的影响。由于利息率是易变的，货币需求函数在性质上是易变的。弗里德曼分析的是实际货币需求量如何受实际国民收入和一系列名义报酬率的影响。他根据历史统计数据证明，货币需求量与决定货币需求量的各种因素存在稳定的相关关系，货币需求函数是稳定的。

第三，凯恩斯的货币理论强调利息率传导机制的作用：当货币供给与货币需求不等时，利息率将发生变化，然后通过投资支出的变化首先对实际国民收

① 爱德华·夏皮罗：《宏观经济分析》，杨德明等译，北京：中国社会科学出版社，1985，第 732–734 页。

入产生影响，在接近充分就业状态时再对价格水平产生影响。弗里德曼的货币理论强调总支出传导机制的作用：由于货币需求是稳定的。当货币供给增加时，人们在调整资产结构时将增加总支出，从而对实际国民收入和价格水平产生影响。

第四，凯恩斯和弗里德曼的货币理论都认为货币在短期里是非中性的，即货币供给在短期里可以对实际国民收入产生影响。但是，弗里德曼认为国民收入的增加将导致货币需求量的增加，从而导致利息率的上升和价格水平的上升。价格水平的上升使人们产生通货膨胀预期，也助长了名义利率的上升。因此，在长期里，货币供给的增加只会导致名义利息率和价格水平等名义变量的上升，对实际国民收入等实际变量不会产生什么影响。

四、货币政策实践

1. 货币政策的实施原则

各国中央银行在实践中都总结了一些原则或者规则，以指导货币政策的实施。

以美联储为例，美联储货币政策的目标是最大化的就业、稳定的价格、适度的长期利息率。货币政策的实施原则是，第一，货币政策必须易于理解并且是系统性的。美联储要清楚地向公众解释它的战略意图和具体行动，货币政策要对经济的变化作出持续的和可预测的反应。第二，当经济活动低于社会资源充分利用的目标值或者低于通货膨胀的目标值时，美联储应该采用刺激性的货币政策；相反，当经济活动高于社会资源充分利用的目标值或者高于通货膨胀的目标值时，美联储则应该采用限制性的货币政策。第三，在发生持续性的通货膨胀的情况下，美联储应该不止一次地提高政策性利息率来作出反应；相反，在发生持续性的通货紧缩的情况下，美联储应该不止一次地降低政策性利息率来作出反应。①

① The Board of Governors of The Federal Reserve System, Monetary Policy, https://www.federalreserve.gov.

2. 货币政策规则

所谓货币政策规则是指如何运用货币手段达到货币政策的目标。美国经济学者泰勒（John Taylor）1993 年在《卡内基－罗切斯特公共政策系列会议》发表了一篇题为《实践中的与审慎相对的政策规则》的文章，说明美国 1987 ~ 1992 年的货币政策接近于下面的回归方程所描述的情形：

$$FFR_t = r_t^{LR} + \pi_t + 0.5(\pi_t - \pi^*) + 0.5(y_t - y_t^P) \qquad (13\text{–}2)$$

在等式（13–2）中，FFR_t 表示联邦基金季度利息率，r_t^{LR} 表示长期的中性的联邦基金利息率，π_t 表示四个季度的通货膨胀率，π^* 表示美联储通货膨胀目标值，$y_t - y_t^P$ 表示实际 GDP 增长率和潜在 GDP 增长率的差距。泰勒设 r_t^{LR} 为 2%，π^* 为 2%。

泰勒的回归方程表明，在美联储的货币政策实践中，根据三个变量调整联邦基金利率：长期的联邦基金利率、实际通货膨胀率与目标通货膨胀率的差距、实际 GDP 增长率和潜在 GDP 增长率的差距。泰勒描述的美联储的这种实施货币政策的规则被称为“泰勒规则”（Taylor rule）。

除了泰勒规则，美国中央银行界还提出一些其他的货币政策规则，如平衡接近规则（balanced–approach rule）等。平衡接近规则与泰勒规则相似，只是给予实际通货膨胀率与目标通货膨胀率的差距以及实际 GDP 增长率和潜在 GDP 增长率的差距不同的系数。平衡接近规则的公式为：

$$FFR_t = r_t^{LR} + \pi_t + 0.5(\pi_t - \pi^*) + (y_t - y_t^P) \qquad (13\text{–}3)$$ [①]

自 20 世纪 80 年代美国和英国等国政府减少用财政政策干预经济以来，货币政策一直在稳定经济中扮演重要角色。

① John B. Taylor, Discretion Versus Policy Rules in Practice, Carnegie–Rochester Conference Series on Public Policy, Vol. 39 ,December, 1993, pp. 195–214.

第十四章　凯恩斯货币理论的比较和评论

第一节　对凯恩斯货币理论若干问题的质疑

一、对凯恩斯“流动性偏好”概念的质疑

凯恩斯把人们对货币的需求看作是人们对货币所具有的流动性的偏好，我对此表示质疑。正如凯恩斯所说的，人们之所以需要货币，是因为存在交易动机、谨慎动机、投机动机。只要人们要进行商品的交易，要应付未来的不测事件，要投机金融资产，就要保留货币，这与人们是否偏好货币所具有的流动性无关。即使人们不偏好货币所具有的流动性，他们也必须持有一定数量的货币。另外，人们在保留了可以应付交易、谨慎、投机所需要的货币以后，会尽量地把货币转换为非货币金融资产以获取收益，这是否也可以说明人们并非偏好流动性，而是偏好收益？

凯恩斯在分析流动性偏好函数时，很重视利息率导致的流动性偏好的变化。他指出：“在任一既定不变的预期状态下，除了交易动机和谨慎动机之外，在公众心目中，还有某种潜在的愿望想要持有现金。至于在什么程度内，这种潜在的愿望会变成实际持有现金，则要看货币当局把货币创造出来时的利息率而定。”[①] 在投机动机下，人们是根据债券的投机机会而调整持有货币的数量，而

① 约翰·梅纳德·凯恩斯：《就业、利息和货币通论》，宋韵声译，北京：华夏出版社，2012，第 158 页。

不是为了调整持有货币的数量而投机债券。人们在多买进债券的时候持有货币减少，在少买进债券的时候持有货币增加。因此，在投机动机下，人们是偏好收益，而不是偏好流动性。

因此，我认为凯恩斯应该采用经济学界早已采用的货币需求的概念，没有必要创造出"流动性偏好"这样一个容易引起争议的新词汇，把货币领域客观存在的现象归因于心理因素。

二、对凯恩斯关于货币的投机需求与利息率关系的质疑

凯恩斯指出："虽然如此，还存在两个理由可以认为，在任一给定的预期状态下，r 的下降会导致 M_2 的上升。首先，如果一般人认为 r 的安全水平不变，则 r 每降低一次，市场利息率与'安全的'利息率相比较，市场利息率相对减少，由此使得放弃周转的流动性的风险加大。其次，放弃周转的流动性的报酬，可以看成是一种保险赔偿金，用来抵消由于利息率的变动而造成的债券价值上的亏损，利息率的下降会使这种赔偿金减少……"①

从凯恩斯的论述可以看到，凯恩斯对货币投机需求函数的分析，建立在人们只能在货币和债券之间进行选择的前提之下，但是这个前提距离现实经济太远。从逻辑分析，货币的投机需求对利息率的反应，在利息率上升和下降的情况下有所不同。

在利息率上升的情况下，人们可能把持有的货币降低到最低限度，并把货币用于投资债券。另外，在利息率上升的时期，往往是经济较热的时期，人们也可能把持有的货币降低到最低限度，并把货币用于投资其他金融资产。这意味着货币的投机需求对利息率的上升可能有一定反应。但是，由于人们不可能大量持有无收益的货币，货币的投机需求对利息率的上升反应不大。

相反，在利息率下降的情况下，人们即使不投资债券，也可以选择增持其他金融资产，而不是只能选择增持货币。另外，在利息率下降的时期，往往是经济较冷的时期，其他金融资产的收益率也不高，但是有收益总比没有收益好，

① 约翰·梅纳德·凯恩斯:《就业、利息和货币通论》，宋韵声译，北京：华夏出版社，2012，第 156 页。

人们未必会卖出债券或其他金融资产增持货币。因此，货币的投机需求对利息率的下降没有什么反应。

我在本章第三节讨论“流动性陷阱”的时候，将根据历史统计数据证明，在利息率下降的时候，人们并没有卖出债券增持货币。在利息率接近于零的时候，货币需求量也没有趋向无限增加。

凯恩斯要建立流动性偏好函数，目的是建立货币需求量与利息率的关系，以为他论证货币供给对利息率的影响奠定逻辑基础。实际上，凯恩斯所描述的货币供给对利息率的影响是正确的，但是发挥作用的机制不是流动性偏好函数，而是可贷资金的供给和可贷资金需求的相互作用。

三、对凯恩斯关于货币供给对利息率影响机制的质疑

凯恩斯在《通论》中是这样表达货币供给对利息率的影响的：“银行系统用买（或卖）债券的方法来得到（或放弃）现金的数量越大，则利息率降低（或提高）的程度也越大。”[①] 我在前面曾经对凯恩斯的这句话作过解释，现在进一步解释如下：

中央银行购买债券导致债券价格的上升。由于债券的票面利息率在发行的时候就是确定的，债券价格的上升导致债券收益率的下降，即现在买进债券只能按照更高的价格去得到既定的票面利息。因此，债券的收益率与别的债务资产的收益率出现差异，人们将会在不同的债务资产之间进行套利，即卖出收益率降低了的债券，买进收益率没有降低的别的债务资产，结果导致各种债务资产价格的上升和收益率的下降。各种债务资产就是融资的工具，在各种债务资产收益率下降的情况下，人们融资的利息率随之下降。

我不否认货币供给通过债务资产价格变化这个机制对利息率产生影响，但是这个机制并非主要机制。在经济现实中，中央银行在公开的证券市场上买进债券，不管它是向居民、厂商购买，还是向商业银行购买，都会导致商业银行在中央银行账户上的准备金增加。商业银行是追求利润的金融机构，在其他条

① 约翰·梅纳德·凯恩斯：《就业、利息和货币通论》，宋韵声译，北京：华夏出版社，2012，第 153 页。

件不变的情况下将会增加贷款。这意味着在借贷市场上，可贷资金的供给增加会导致利息率的下降，这才是货币供给增加导致利息率下降的主要机制。

所以说货币供给通过债务资产价格对利息率产生影响不是主要机制，是因为在现实经济里，中央银行并非在公开的证券市场上短时间大规模买进债券，也就是说，中央银行的“公开市场业务”未必会导致债券价格明显上升。但是，只要中央银行在公开的证券市场上买进债券，都会导致借贷市场上可贷资金的供给增加，从而对利息率产生影响。因此，货币供给增加对利息率影响，主要不是通过资产价格变化的机制实现的，而是通过可贷资金供给的增加实现的。

四、对凯恩斯货币流通速度定义的评论

凯恩斯把货币流通速度定义为货币收入流通速度，即总收入（Y）与交易动机和谨慎动机下的货币需求（M_1）之比。这意味着相对总收入来说，用于交易动机和谨慎动机的货币需要周转多少次。但是，在现实的经济中，不同类型的货币需求量是很难划分的。例如，人们在活期存款账户中保留一部分货币，无法确定这是出于交易动机和谨慎动机，还是出于投机动机。因此，在经济学界，通常把产值与广义货币供给量（M_2）之比称为货币流通速度。

我认为，凯恩斯的货币流通速度定义给了我们一个启示：是否应该把货币流通速度定义为产值与广义货币供给量（M_2）之比？广义货币供给量（M_2）包括狭义货币供给量（M_1）。M_1 体现货币的交易职能，M_2 扣除 M_1 的余额体现了货币的储藏职能，这两部分货币的流动性存在很大的差异，把货币流通速度定义为产值与 M_2 之比有多大的意义？我认为，应该从两个角度定义货币流通速度：一是与 M_1 相比，反映用于交易的货币的流通速度；二是与 M_2 相比，反映总体货币流通速度。

但是，我认为，无论是凯恩斯用总收入与货币需求量之比定义货币流通速度，还是现行经济学界用总产值与货币供给量之比定义货币流通速度，都是不对的。货币是用于交易的，货币流通速度应该定义为社会交易量与货币供给量之比，这个问题留待后面专题讨论。

另外，正如我前面所指出的，凯恩斯把货币需求看作利息率的函数，他最有可能是第一个指出货币流通速度是不稳定的经济学者。但是，凯恩斯把货币流通速度定义为收入的流通速度，即交易动机和谨慎动机下的货币需求的流通速度，结果又把货币流通速度假定是稳定的。

第二节　凯恩斯货币理论与前人货币理论的比较

一、古典学派的货币理论

经济学界很早就开展了对货币的研究。英国经济学者休谟（D. Hume）是早期货币数量论的重要代表人物，所谓货币数量论是用货币数量的变化来解释商品价格变化的理论。马克思曾经评价道："休谟是十八世纪这一理论的最重要的代表人物。"①

斯密（A. Smith）和李嘉图（D. Ricardo）等古典经济学家都分析过货币对经济的影响，马克思更是古典经济学货币理论的集大成者。马克思论述了货币的起源、本质、职能，揭示了货币所体现的商品交换的矛盾，提出了货币流通规律。马克思在 1867 年出版的《资本论》第 1 卷中指出："就一定时间的流通过程来说：商品价格总额 / 同名货币的流通次数＝执行流通手段职能的货币量。这个规律是普遍适用的。"②

马克思分析了金本位制条件下货币对商品价格的影响，他指出："商品价格，只有在货币价值不变、商品价值提高时，或在商品价值不变、货币价值降低时，才会普遍提高。反之，商品价格，只有在货币价值不变、商品价值降低时，或在商品价值不变、货币价值提高时，才会普遍降低。"③

---

① 马克思：《政治经济学批判》，《马克思恩格斯全集》第 13 卷，北京：人民出版社，1998，第 150 页。

② 马克思：《资本论》（第 1 卷），《马克思恩格斯全集》第 23 卷，北京：人民出版社，1972，第 139 页。

③ 马克思：《资本论》（第 1 卷），《马克思恩格斯全集》第 23 卷，北京：人民出版社，1972，第 117 页。

但是，马克思认为，在纸币代表黄金流通的情况下，则有可能发生通货膨胀。他指出："纸币流通的特殊规律只能从纸币是金的代表这种关系中产生。这一规律简单说来就是：纸币的发行限于它象征地代表的金（或银）的实际流通的数量。……如果纸币超过了自己的限度，即超过了能够流通的同名的金币量，那么，即使不谈有信用扫地的危险，它在商品世界毕竟只是代表由商品世界的内在规律所决定的那个金量，即它所能代表的那个金量。"①

二、新古典学派的货币理论

1. 费雪方程式

马歇尔（A. Marshall）等新古典经济学家也分析了货币需求以及对经济的影响，但是费雪和庇古是这个发展阶段的代表人物。美国经济学者费雪在1911年出版了他的代表作《货币的购买力》，提出了"费雪方程式"。

费雪认为，如果用 W 表示交易量，用 P 表示平均价格水平，那么 PW 就是交易金额，也就是从需求角度分析的要完成商品的交易所需要的货币数量。另外，如果用 M 表示货币存量，V 表示单位货币的流通速度，即单位货币的流通次数，那么 MV 就是实际流通的货币数量，也就是从供给角度分析的实际发生作用的货币数量。由于买就是卖，货币的供给量等于需求量，即 $MV=PW$。

费雪还指出："物价在这种假定情形之下，必将（1）直接随流通货币的数量（M）而变动，（2）直接随流通率（V）而变动，（3）与交易量（W）作反向的变动。三种关系中，以第一种为最有注重的价值，它构成'货币的数量原理'。"② 费雪不认为货币流通速度和交易量是不变的，但是他认为最重要的是价格水平与流通货币数量的关系。

既然费雪认为商品价格与商品交易量和货币流通速度之间的关系相对不重要，因而可以假定是稳定的。这样，"费雪方程式" $MV=PW$ 可以写成 $P=(V/W)M$，这意味着价格水平与流通中的货币数量成比例变化。由于费雪认为货

① 马克思：《资本论》（第1卷），《马克思恩格斯全集》第23卷，北京：人民出版社，1972，第147页。

② 欧文·费雪：《货币购买力》（第1册），金本基译，上海：商务印书馆，1931，第29–33页。

币需求量取决于商品的交易量，“费雪方程式”在经济学界也被称为“交易方程式”。

2. 剑桥方程式

在费雪之后，按照美国经济学者弗里德曼（M. Friedman）的解释，在货币研究领域中产生了商品交易量无法计量的问题。弗里德曼曾指出：“国民账户和社会账户近来的发展已开始侧重于国民收入交易而不是总交易，而且已经很明确地、令人满意地解决了区分价格变化和数量变化所产生的概念上及统计上的问题。”① 这样，在货币研究领域出现了“货币收入学说”，即认为货币需求量取决于国民收入。在这以前的货币学说被称为“货币交易学说”，即认为货币需求量取决于商品交易量。

“货币收入学说”成为“费雪方程式”和“剑桥方程式”之间的桥梁。英国经济学者庇古于 1917 年在《经济学季刊》发表了题为《货币的价值》的论文，提出了“剑桥方程式”：$M=kPY$。在这个方程中，M 是现金余额，P 表示平均价格，Y 是国民收入，k 是名义国民收入（PY）与现金余额（M）的系数。② 由于庇古分析的货币是现金余额，“剑桥方程式”在经济学界也被称为“现金余额方程式”。

弗里德曼曾经这样评价费雪的“交易方程式”和庇古的“现金余额方程式”：“货币数量理论的交易方程式和国民收入方程式关于货币作用的定义是不同的。在交易方程式中，货币最要紧的是用来交换。而在国民收入方程式中，货币的关键在于它被人们所持有。这一区别从数量方程中的剑桥现金余额方程式来看就更为清楚了。”③

如果把“剑桥方程式”$M=kPY$ 中的价格水平 P 置于等号的左边，把其他变量置于等号的右边，那么“剑桥方程式”可以表达为 $P=[1/(kY)]M$。由于庇

① 米尔顿·弗里德曼：《弗里德曼的货币理论结构》，高榕译，北京：中国财政经济出版社，1989，第 21 页。

② Arthur Cecil Pigou, The Value of Money. Journal Quarterly Journal of Economics, 32, November，1917，pp.38–56.

③ 米尔顿·弗里德曼：《弗里德曼的货币理论结构》，高榕译，北京：中国财政经济出版社，1989，第 24 页。

古认为国民收入（Y）以及人们以现金形式持有国民收入的比例（k）是稳定的，他的基本思想与费雪的基本思想是相似的：价格水平与持有的货币数量成比例变化。

三、对凯恩斯以前的货币理论的评论

马克思的货币理论不仅指出了货币的起源、本质、职能以及货币所体现的商品交换矛盾，还提出了货币流通公式。马克思的货币流通公式实际上是货币需求函数，即货币需求量取决于商品交易数量、商品的价格和货币流通速度。马克思明确指出，在纸币代表黄金流通的情况下，如果纸币发行过多，将导致以纸币表示的商品价格上涨。但是，商品价格上涨是由于单位纸币代表的黄金价值减少，以黄金表示的商品价格没有上涨。

在马克思货币流通公式中，如果在等式的左边加入货币供给因素并把货币流通速度移到等式的左边，马克思的货币流通公式便是“费雪方程式”：$MV=PW$。另外，如果从货币需求的角度分析，“费雪方程式”可以写成 $M=PW/V$，这就是马克思的货币流通公式。马克思的论著比费雪的论著早 44 年，“费雪方程式”实际上是货币均衡条件下的马克思货币流通公式。

马克思和费雪的货币理论都关注货币流通速度的因素，都指出货币需求量取决于商品的交易量。在马克思所处的时代，金融市场还不发达，马克思所分析的交易量是商品交易量，没有考虑金融资产交易量对货币需求量的影响。费雪的货币理论比马克思的晚 44 年，但他关注的同样是商品交易量，他写道：“交易量，即以货币购得的货物数量。”① 他也没有考虑金融资产交易对货币需求量的影响。

马克思货币理论不同于费雪货币理论的地方是，他还考虑到赊购情况下对货币需求量的影响，也就是考虑到货币作为支付手段的情况下对货币需求量的影响。费雪货币理论不同于马克思货币理论的地方是，他考虑了货币供给量的因素。马克思的货币流通公式是货币需求函数，“费雪方程式”是货币供给和需求的均衡等式。

---

① 欧文·费雪：《货币购买力》(第1册)，金本基译，上海：商务印书馆，1931，第17页。

马克思认为，如果流通中的货币是黄金，那么货币供给对价格水平没有什么影响；如果纸币代表黄金流通，那么流通的纸币增加将导致价格水平上涨。费雪所分析的是代表黄金流通的纸币数量对价格水平的影响，他认为价格水平与货币数量成比例变化。

到了庇古时期，货币理论开始发生变异。庇古的“剑桥方程式”与马克思和费雪的货币理论相比发生了较大的差异：

第一，马克思和费雪货币理论中的货币流通数量（M）是存量，但是货币流通数量与货币流通速度的乘积（MV）是流量，马克思和费雪货币理论属于流量分析。马克思和费雪的货币理论强调货币的交易职能，他们说明要完成商品的交易需要多少货币。但是，庇古货币理论的现金余额（M）是存量，庇古的货币理论属于存量分析，强调的是货币的贮藏职能。他说明人们希望把名义国民收入（PY）按照多大比例（k），以现金余额（M）的形式持有。

第二，马克思和费雪认为决定货币需求量的主要因素是商品交易量，庇古用国民收入取代商品交易量。但是，商品交易量与国民收入存在很大的差异，国民收入是指最终产品的价值，而商品交易量是包括中间产品、二手产品、最终产品在内的商品交易量。即使就最终产品而言，最终产品的价值和最终产品的交易量也存在很大差别。中间产品经过多次交易，才生产出最终产品；最终产品要经过多次交易，才能最后到达使用者手上。

第三，由于马克思和费雪的货币理论是流量分析，他们都提出了货币流通速度的范畴。但是庇古的货币理论是存量分析，他用系数 k 来表示人们愿意以现金形式持有国民收入的比例。尽管 k 实际上是货币流通速度的倒数，但是货币流通速度的范畴消失了。

四、凯恩斯货币理论的历史地位

凯恩斯的货币理论与他以前的货币理论相比，存在下述差异：

第一，在凯恩斯以前，马克思、费雪、庇古都生活在金本位制时代，他们分析的货币要么是黄金，要么是代表黄金流通的纸币。但是，凯恩斯经历了金本位制解体的过程，他所分析的货币是信用货币制度下的货币。

第二，马克思、费雪都强调货币的交易功能，他们认为决定货币需求量的主要自变量是商品交易量。庇古强调货币的贮藏职能，认为决定持有货币数量的主要自变量是名义国民收入。由于凯恩斯注重对货币和债券的选择，人们一般认为凯恩斯同样强调货币的贮藏职能。但是，凯恩斯指出货币需求取决于交易、谨慎和投机动机，在第一个动机下持有的货币相当于他所说的收入存款和业务存款，在第二、第三个动机下持有的现金相当于他所说的储蓄存款。① 因此，凯恩斯与前人不同，他从货币的交易职能和贮藏职能分析货币的需求。

但是，凯恩斯把他的三个动机下形成的货币需求对应于相应的存款就不够准确了。凯恩斯的收入存款和业务存款是指存款货币，第一个动机下形成的货币需求相当于收入存款和业务存款没有问题。凯恩斯的储蓄存款是指定期存款，在第二个动机下形成的货币需求相当于储蓄存款也没有问题。但是第三个动机是投机动机，需要人们经常根据债券市场的变化增持或者减持债券，在第三个动机下形成的货币需求如何是储蓄存款？理应是随时可以使用的存款货币。

第三，凯恩斯目睹了 20 世纪 30 年代的资本主义经济的大萧条。一方面，金本位制已经解体或正在解体，货币当局可以调整货币供给量；另一方面，社会需求不足，通过货币供给增加来刺激社会需求能够导致国民收入的增加，因此凯恩斯提出了货币非中性的思想，这是他对货币理论的贡献。

经济学者们都批评凯恩斯以前的经济学者的货币中性的看法，但是，如果返回到他们所处的时代，人们就可以理解其中的原因。实际上，货币供给量对实际产量产生影响需要有两个前提条件：一是货币当局可以调整货币供给量；二是社会生产力有了很大的发展，社会供给可以对社会需求的变化迅速作出反应。

马克思生活在比较严格的金本位制时代，当时的货币是黄金，纸币是黄金的符号，货币当局还不能调整货币供给量。费雪和庇古生活在金本位制逐渐虚化的时代，纸币脱离黄金已经成为常态，所以他们注意到货币数量对价格水平的影响。另外，当时社会生产力的水平还不高，经济社会还处于供给短缺的状

① 约翰·梅纳德·凯恩斯：《就业、利息和货币通论》，宋韵声译，北京：华夏出版社，2012，第 152 页。

态，即使货币供给的变化导致社会需求的变化，实际产量也难以作出反应。因此，马克思、费雪、庇古认为货币供给不会对实际产量产生影响不足为奇。

第三节　关于“流动性陷阱”形成原因的分析

一、对凯恩斯等经济学者解释质疑

1. 对“流动性陷阱”原因的检验

在本书第十三章第一节中，我阐述了凯恩斯、希克斯、克鲁格曼等经济学者关于“流动性陷阱”的定义和原因，他们的解释是一致的：在名义利率接近于零的时候，货币趋向无限增加，对债券实现了完全替代，流动性偏好曲线成为水平线，相应的 LM 曲线也成为水平线，货币供给的增加不能导致利息率的下降和进一步导致产值的增加。我对此质疑：在陷入流动性陷阱的情况下，货币需求量会大幅度增加吗？货币对债券会进行完全替代吗？

我以克鲁格曼提出的 1993 ~ 1997 年日本陷入“流动性陷阱”的时期为例，来验证货币对债券的替代情况。如表 14–1 所示，国内生产总值（GDP）是指实际国内生产总值；利息率是商业票据贴现率或基础贷款利息率；M_1 是狭义货币供给量，包括现金和存款货币，即需求存款；国内债券余额是指尚未偿还的日本政府和日本公司债券余额。

表 14–1　1993 ~ 1997 年日本货币和债券余额变化情况　　单位：亿日元

年份	GDP 增长率	利息率	M_1	M_1 增长率	国内债券余额	债券余额增长率
1993	0.78%	1.75%	4411653		1951350	
1994	1.19%	1.75%	4602156	4.32%	2093640	5.29%
1995	1.41%	0.50%	4838092	5.13%	2279750	8.89%
1996	2.63%	0.50%	4842423	0.09%	2474620	8.55%
1997	2.13%	0.50%	4867839	0.52%	2739070	10.69%

资料来源：Statistics Bureau of Japan, Historical Statistics of Japan, http://www.stat.go.jp。

从表 14–1 中可以看到：日本 GDP 增长率较低，经济处于不景气时期，利息率在后 3 年接近于零。如果把这个时期看作日本陷入“流动性陷阱”的时期，那么日本有没有发生如凯恩斯等经济学者所说的货币对债券的替代？如果人们倾向于卖出债券持有货币，在到期债券不断偿还的同时，新的债券难以发行，债券存量应该减少。但从表 14–1 中可以看到，每年新发行的债券价值超过了到期的债券价值，债券存量在不断增加。另外，从表 14–1 中还可以看到，虽然 M_1 也在增长，但是债券余额增长率远高于 M_1 增长率。因此可见，不但不存在货币对债券的替代，反而可能有更多的货币转换为债券。

实际上，日本在 1993 ~ 1997 年只是相对于以前更接近“流动性陷阱”的状态，当时国内生产总值增长率还不算很低。2007 年美国爆发金融危机并给世界各国造成衰退性冲击，日本也在 2008 年发生经济衰退，陷入了更为典型的“流动性陷阱”。我利用日本经济从衰退到停滞的 2008 ~ 2015 年的数据，再次验证货币与债券的替代情况。

表 14–2 说明了 2008 ~ 2015 年日本货币和债券余额的变化情况，表中各项指标的定义与表 14–1 相同。从表 14–2 中可以看到，日本经济陷入了较为严重的经济衰退，在 8 年的时间里有 5 年的 GDP 是负增长，利息率下降到 0.30% 的水平，接近于零。

表 14–2　2008 ~ 2015 年日本货币和债券余额变化情况　　单位：亿日元

年份	GDP 增长率	利息率	M_1	M_1 增长率	国内债券余额	债券余额增长率
2008	–4.10%	0.30%	4817550		1551530	
2009	–2.36%	0.30%	4866683	1.02%	1608190	3.65%
2010	–3.14%	0.30%	5014790	3.04%	1644200	2.24%
2011	– 0.40%	0.30%	5280186	5.29%	1656090	0.73%
2012	1.74%	0.30%	5456691	3.34%	1652630	–0.21%
2013	1.36%	0.30%	5769353	5.73%	1665270	0.76%
2014	– 0.03%	0.30%	6036426	4.63%	1661340	–0.24%
2015	0.55%	0.30%	6305980	4.47%	1632410	–1.74%

资料来源：Statistics Bureau of Japan, Japan Statistical Yearbook, http://www.stat.go.jp。

从表 14–2 中可以看到，在 2008 年到 2015 年的 8 年时间里，有 5 年日本国内债券发行额超过到期债券额，债券余额处于正增长；有 3 年日本国内债券发行额小于到期债券额，债券余额出现很小幅度的负增长。这意味着在 2012 年、2014 年、2015 年这 3 年里，人们减持债券，但问题是债券被什么替代？

我收集了这个时期日本金融市场的数据，发现部分短期和长期债务资产都出现收缩的情况，但是货币和其他金融资产规模却在增加。表 14–3 和表 14–4 分别从绝对数和相对数说明货币和部分金融资产的增长情况，表中股票投资信托的数据是股票型开放式基金的数据，表中绝对数是年终余额。

表 14–3　2013 ~ 2015 年日本趋向增加的货币和金融资产　　单位：亿日元

年份	现金	存款货币	存单	股票投资信托	人寿保险
2013	797609	4805501	336270	776770	13326180
2014	825733	5041831	358710	845290	13347240
2015	866755	5230406	372570	959540	13373522

资料来源：Statistics Bureau of Japan, Japan Statistical Yearbook, http://www.stat.go.jp。

表 14–4　2013 ~ 2015 年日本趋向增加的货币和金融资产的增长率

年份	现金	存款货币	存单	股票投资信托	人寿保险
2013	3.07%	5.11%	3.76%	6.77%	0.20%
2014	3.53%	4.92%	6.67%	8.82%	0.16%
2015	4.97%	5.20%	3.86%	13.52%	0.20%

资料来源：Statistics Bureau of Japan, Japan Statistical Yearbook, http://www.stat.go.jp。

从表 14–3 和表 14–4 中可以看到，在这个时期，股票资产增幅最大，其次是存款货币，最后是存单和现金，人寿保险则小幅度增长。这意味着在这段时期出现一定程度上收缩的债券资产，部分被股票资产替代，部分被属于 M_2 的存单资产替代，部分被属于 M_1 的现金和存款货币取代。这就是说，在利息率接近于零和当时的经济环境下，人们在货币和各种非货币资产之间进行重新配置，才出现了上述的资产替代情况。

应该指出的是，2011 ~ 2015 年是日本实行超级宽松货币政策的时期，日本基础货币的年增长率分别是 13.45%、11.83%、46.58%、38.22%、29.54%。[①]日本货币在这个时期的增加，可能是由于利息率太低人们觉得不如持有货币，也可能是由于日本中央银行大量投放货币。虽然这两个原因的影响无法严格分离，但是从日本基础货币如此高的增长率来看，后一种可能性更大。

2. 基于检验得到的结论

从前面的统计检验可以得出下述结论：即使利息率接近于零，货币对债券也未必发生替代。即使发生替代，货币对债券的替代也是极不充分的。我认为，凯恩斯分析上的缺陷在于只关注利息率水平，没有注意利息率结构；只关注债务资产收益率，没有关注权益资产收益率。在现实的经济里，利息率是一个体系，存在一个利率结构，利息率随风险、期限、权利不同而不同。即使这种债务资产的利息率为零，那种债务资产的利息率未必为零。另外，在现实的经济里，不仅存在债务市场，而且还存在权益市场。即使债务资产的利息率为零，股票资产的收益率未必为零。人们总会根据宏观经济的变化以及不同类型金融资产的收益和风险情况配置金融资产，货币对债券的替代即使存在，替代的程度也是很低的。

克鲁格曼断言利息率不可能出现负数，但是五个经济体的中央银行实行负利息率政策以后，部分市场利息率成为负数已经是历史事实。另外，凯恩斯曾经说过一句很有意思的话："如果真有这种情况出现（即零利率——本书作者注），那就意味着政府本身可以按照极为低微的利息率向银行系统无限制地借款。"[②]零利息率和负利息率的情况现在已经出现，政府会无限制地借款吗？政府借款不仅要支付利息，还要偿还本金，如果政府无限制借款如何偿还本金？显然，凯恩斯的提问没有考虑借款需要偿还本金的问题。

二、我本人对"流动性陷阱"之谜的求解

1. 需要澄清的两个问题

我认为，要求解"流动性陷阱"之谜，首先要澄清两个问题：第一，利息

① Bank of Japan, Statistics, https://www.boj.or.jp.

② 约翰·梅纳德·凯恩斯：《就业、利息和货币通论》，宋韵声译，北京：华夏出版社，2012，第 160 页。

率不是取决于货币的供给和需求，而是取决于可贷资金的供给和需求。第二，货币流通速度不是稳定的，而是易变的。

关于第一个问题，我在本书第十一章的图 11–4 关于利息率决定的模型中已经作过分析，我的结论是，利息率是借贷市场的现象，货币只有进入借贷市场，才会对利息率产生影响。因此，利息率是由可贷资金的供给和需求决定的，货币供给是通过影响借贷市场可贷资金的供给来影响利息率的。

关于第二个问题，我将在本章第三节进行详细分析。在这里，先认定货币流通速度既不是不变的也不是稳定的，而是易变的，它是货币供给和需求达到均衡状态的一种调节机制。

2. 揭开“流动性陷阱”之谜

澄清了利息率决定和货币流通速度的问题后，就可以揭开“流动性陷阱”之谜了。问题最初是这样提出来的：在陷入“流动性陷阱”的情况下，货币的传导机制为什么失效？我否定了凯恩斯所提出的货币对债券完全替代的原因，那么货币传导机制失效的原因是什么呢？

凯恩斯是这样分析货币供给的传导机制的：在货币需求不变的条件下，货币供给的增加导致利率下降，刺激了投资，从而导致国民收入增加。凯恩斯以后的经济学者作了如下补充：利息率下降不仅刺激了投资，而且推高了实物资产和金融资产的价格，从而导致消费支出和投资支出增加，最终导致产值和价格水平的上升。

但是，正如前面的分析所指出的，利息率不是由货币需求和供给决定的，而是由可贷资金的供给和需求决定的。在陷入“流动性陷阱”的情况下，当货币当局增加货币供给量时，正是商业银行存款增加到贷款增加这个环节出现障碍，货币供给的增量难以转化为有效的可贷资金，从而难以通过利息率对消费需求和投资需求产生影响。

从可贷资金的供给方来看，在经济发生衰退和陷入“流动性陷阱”的情况下，一方面利息率很低，另一方面贷款风险增大，商业银行贷款意愿下降，它们甚至宁愿增加超额准备金也不愿意把吸收的存款贷放出去。从可贷资金需求方来看，在经济发生衰退和陷入“流动性陷阱”的情况下，尽管利息率很低，但消费者对未来收入的预期不乐观，消费信贷需求难以增加。同样，尽管利息率很低，投资者对未来利润率的预期也不乐观，投资信贷需求也难以增加。因此，即使利息率下降到接近于零的水平，有效的借贷依旧难以增加，货币供给的增加难以促使消费需求和投资需求的增加，凯恩斯的利息率传导机制失去效果。

日本的实际情况明显地证明了这一点。日本中央银行通常通过买进政府证券来投放货币。由于交易一般通过银行转账的方式进行，在日本中央银行向公众或者金融机构买进政府证券并支付货币以后，公众和金融机构在商业银行的存款将增加。如果商业银行保留超额准备金，这部分货币便不能转变为可贷资金。只有在商业银行相应增加贷款的情况下，才会导致可贷资金供给的增加。

参见表 14–5，表中的储备余额是指金融机构在中央银行的储备，它不仅包括法定准备金，还包括用于金融机构之间结算的存款；存款余额和贷款余额是指存款性金融机构接受存款和发放贷款的余额。日本法定准备金比率因存款类型和数额不同而不同，但这个时期最高的比率为 1.3%。另外，日本中央银行对超额准备金支付利息，但从 2016 年 1 月开始对超额准备金执行负利息率政策。

表 14–5　2012 ~ 2016 年日本金融机构的储备、存款和贷款　　单位：亿日元

年份	储备余额	存款余额	贷款余额	超额准备金	存款 / 贷款	贷款 / 储备
2012	428791	8062387	4631183	350512	1.74	11.63
2013	968070	8332551	4736513	886065	1.76	5.14
2014	1621136	8598947	4858476	1535570	1.77	3.09
2015	2305693	8788215	4966453	2117739	1.77	2.11
2016	2975424	9090501	5095163	2881752	1.78	1.69

资 料 来 源：Bank of Japan, Monetary Base and Principal Figures of Financial Institution, http://www.boj.or.jp。

从表 14–5 中可以看到，从 2012 年到 2016 年，即使日本中央银行实行扩张性的货币政策，日本金融机构超额准备金大幅度增加，但存款对贷款的比率依旧缓慢上升，贷款对储备的比率大幅度下降。这意味着在陷入“流动性陷阱”的情况下，日本中央银行通过买进政府债券投放货币以后，日本金融机构选择

把部分货币存放到储备里，即使日本中央银行在 2016 年 1 月开始对超额准备金收费的情况下也依然如此。这意味着货币在中央银行和商业银行之间“打圈圈”：货币从中央银行投放出来以后，其中一部分又通过增加储备的方式回到中央银行，货币政策的作用受到了严重削弱。

在陷入“流动性陷阱”的情况下，不论是凯恩斯的利息率传导机制，还是弗里德曼的总支出传导机制，都会失去效果。按照弗里德曼的说法，在货币需求稳定的条件下，如果货币供给增加，人们发现他们持有的货币与各种资产的比例发生变化，人们会将持有的多余的货币用于购买各种实物资产和金融资产，从而导致总支出的增加和价格水平的上升，即导致名义国民收入的增加。[①] 但是，在陷入“流动性陷阱”的情况下，人们对未来收入和利润的预期不乐观，货币供给的增加有可能导致金融资产结构的变化，但难以导致消费支出和投资支出的增加，从而难以对实体经济形成影响。

日本的实际经历也证明了这一点。表 14–3、表 14–4、表 14–5 表明，在货币供给增加的情况下，人们持有的金融资产的结构发生变化，但是消费需求和投资需求没有什么增长，国内生产总值也就没有什么增长。

到目前为止，还留下这样一个问题：货币供给增加了，但是消费需求、投资需求、国内生产总值没怎么增加，按照凯恩斯和弗里德曼的货币需求理论，货币需求也没怎么增加，那么增加的货币到哪里去了？

我的回答是：第一，由于商业银行的借与贷均出现障碍，超额准备金比例大幅度提高，货币乘数大幅度下降。这就是说，中央银行发行的货币有一部分以商业银行储备的形式回到中央银行。第二，货币流通速度趋向下降，抵消了货币供给存量增加的影响。可举例说明如下：货币流通速度是易变的。在经济衰退和陷入“流动性陷阱”的情况下，利息率、消费需求、投资需求机制失效，货币流通速度将随着货币供给量的增加而下降，从而使货币供给流量与货币需求流量维持均衡。例如，假定原来社会交易额是 200000 亿美元，如果货币供给存量是 10000 亿美元，那么货币流通速度是 20 次，则货币供给流量是 200000

① 米尔顿·弗里德曼：《弗里德曼的货币理论结构》，高榕译，北京：中国财政经济出版社，1989，第 55–56 页。

亿美元。假定现在社会交易额没有变化，货币供给存量增加了 500 亿美元，但货币流通速度下降到 19 次，货币供给流量仍然是 200000 亿美元。

概括地说，我对“流动性陷阱”之谜的解析是，在陷入“流动性陷阱”的情况下，由于居民的消费意愿和企业的投资意愿下降，商业银行的借与贷均出现障碍，货币供给增加难以对消费需求和投资需求产生影响，因而扩张性的货币政策不能导致产值增加。

第十五章　对货币理论若干重大问题的研究

第一节　货币供给内生性和外生性研究

一、货币内生性和外生性问题的提出

凯恩斯在《通论》中很少讨论货币供给，也没有提出所谓货币供给内生性和外生性的问题。所谓货币供给的内生性和外生性，主要是指在信用货币制度下，货币供给是由经济体系的内部因素还是外部因素决定，这是后凯恩斯学派经济学者提出的命题。

根据所读到的文献资料，美国经济学者格利（John G. Gurley）和肖（Edward S. Shaw）在1960年出版的《金融理论中的货币》中，曾提出“内在货币”和“外在货币”的概念，虽然这两个概念与货币供给的内生性和外生性的概念并不等同，但是他们在书中提到中央银行调整货币供给的效果将受到内在经济因素的影响。

较早提出货币供给内生性问题的是后凯恩斯学派的英国经济学者明斯基（Hyman P. Minsky）。他在1975年出版的《约翰·梅纳德·凯恩斯》中写道：“在美国的银行系统，银行可以通过下述方式提高银行负债对银行准备金的比率：用定期存款替代活期存款，用承诺贷款（lines-of-load）替代实际贷款，通过银行间的准备金交易即联邦基金交易来改变准备金使用效率。因此，这些有效的货币数量是内生地（endogenously）决定的。”① 但是，他的这本书主要是

① Hyman P. Minsky，John Maynard Keynes(New York：Mc Graw Hill, 2008), p.120.

解读凯恩斯的经济理论，并没有专门讨论货币供给的内生性和外生性的问题。

后凯恩斯学派的美国经济学者温特劳布（Sidney Weintraub）在 1978 年出版的《凯恩斯、凯恩斯主义者和货币主义者》中，明确提出货币供给是内生决定的。[①] 货币供给外生性和内生性的命题由此产生。后凯恩斯学派的美国经济学者罗西斯（Stephen Rousseas）在 1986 年出版的《后凯恩斯主义货币经济学》中提出了货币供给外生性的定义："同所有其他人一样，凯恩斯也假定货币供应量是外生决定的。外生货币供应量的概念只不过是下述观点的另一种说法，即中央银行（通过公开市场业务、贴现率和准备金要求）可以根据货币需求的变化来调整总的货币供应量，而使之同自己的政策目标相一致。"[②] 我要讨论的货币供给的内生性和外生性问题，也将按照这个定义展开。

长期以来，货币供给内生性和外生性的争论时起时伏。2012 年，瑞安 – 柯林斯（Josh Ryan–Collins）等 4 位英国经济学者出版了《货币从哪里来：英国货币和银行体系的指引》一书，该书中译文于 2022 年 12 月出版，出版简介声称"颠覆传统认知"。这个问题再次引起人们的关注。由于这个问题是货币理论的核心问题，又涉及中央银行货币政策的有效性，有必要进行深入研究。

二、凯恩斯的货币理论被认为是"外生性"的

1930 年，也就是在金本位制处于解体的过程中，凯恩斯出版了《货币论》。他在这本书中把货币定义为"用于清偿债务、支付价目的物品，也是一般购买力的储存形式"。[③] 他认为货币包括现金和银行货币，其中银行货币是指银行存款。银行存款包括活期存款和定期存款，活期存款包括收入存款和商业存款。其中收入存款是指人们为了解决收支时间差异问题的存款，商业存款是指企业家、商人、投机者为了经营和投机需要的存款。[④] 由此可见，凯恩斯认为货币

① Sidney Weintraub, Keynes, Keynesian and Monetarist(University of Pennsylvania Press, 1978), p.154.

② 斯蒂芬 · 罗西斯:《后凯恩斯主义货币经济学》，吴国宝等译，北京：中国社会科学出版社，1991，第 34 页。

③ 约翰 · 梅纳德 · 凯恩斯:《货币论》，罗淑玲等译，重庆：重庆出版社，2021，第 2 页。

④ 约翰 · 梅纳德 · 凯恩斯:《货币论》，罗淑玲等译，重庆：重庆出版社，2021，第22–24 页。

具有交易职能和贮藏职能。

凯恩斯指出："如果整个银行体系创造存款的速度导致准备金降得太快，有些银行家将发现其准备金不足，因而将会被迫后退一步。但如果存款总量与准备金的比例低于正常值，某些银行就会发现其准备金率过高，因而受到激励前进一步。所以，决定整个银行共同'步伐'的是准备金总量。…… 假设中央银行同时也是纸币发行机构，那么只要中央银行能够控制纸币发行总量与存款总量，会员银行的准备金总量便在其控制范围之内。此时，中央银行便是整个乐队的指挥，节奏由它控制。"① 在凯恩斯看来，中央银行既可以控制纸币的发行，又可以控制准备金总量，因而可以控制包括现金和银行存款在内的货币供给量。

凯恩斯在 1936 年出版的《通论》中，提出了货币当局通过增加货币供给刺激经济的政策主张："假如其他条件不变，我们期望货币数量的增加可以降低利息率。……利息率的降低可以增加投资量。……投资量的增加可以增加就业量。"②

凯恩斯本人没有提出货币供给是外生变量，当时也没有"外生"和"内生"的概念，但凯恩斯的货币供给理论被后凯恩斯学派经济学者认为是外生性的。

三、货币供给内生性的论证

1. 格利和肖的分析

格利和肖在 1960 年出版的《金融理论中的货币》中，在下述方面涉及货币供给的内生性和外生性问题。

第一，内在货币和外在货币。格利和肖把经济分为三个部门：家庭、企业、政府。政府拥有发行货币的权利。当政府发行货币购买私人部门的商品和服务时，这种货币是消费者和生产者持有的对政府的债权，这对私人部门来说是一种外部或外在的净债权，可称为"外在货币"。但是，当政府通过购买私人部门的证券发行货币（增加私人部门准备金）时，对于政府来说证券是债权，货币

① 约翰·梅纳德·凯恩斯：《货币论》，罗淑玲等译，重庆：重庆出版社，2021，第19页。

② 约翰·梅纳德·凯恩斯：《就业、利息和货币通论》，宋韵声译，北京：华夏出版社，2012，第 133 页。

是债务；对于私人部门来说，准备金是债权，证券是债务，私人部门不存在净债权，这种货币可称为“内在货币”。①

第二，商业银行的反应。格利和肖在《金融理论中的货币》中，分析了中央银行调整货币供给要受一系列因素的影响。由于中央银行调整商业银行活期存款是通过商业银行进行的，商业银行的反应至关重要。格利和肖指出：“收益和成本在中央银行刺激货币扩张时影响银行的反应。如果增加实际货币供给量看来会减少实际利润或增加实际亏损，银行就很可能漠视关于名义货币量扩张的信号。”② 由此可见，货币供给不完全是由中央银行决定的。

第三，非货币金融中介可以改变可贷资金供给量。格利和肖把家庭、企业、政府三个部门称为“支出单位”，把企业发行的证券称为“初级证券”，把金融中介机构划分为货币系统和非货币中介的机构，前者购买初级证券创造货币，后者购买初级证券创造非货币金融资产，这种非货币金融资产称为非货币间接资产。③

格利和肖对非货币中介机构如何影响可贷资金供给量进行了论证。按照定义，可贷资金供给量 = 支出单位储蓄量 + 货币存量的增加 − 整个经济对货币窖藏需求的增加。格利和肖根据这个等式进行推导，得出下面的等式：可贷资金供给量 = 支出单位对初级证券需求增加 + 非货币中介机构对初级证券需求增加 + 货币系统对初级证券需求增加。这个等式表明，非货币中介机构对初级证券需求的增加可以导致可贷资金供给量的增加。④

2. 温特劳布货币供给内生性模型

后凯恩斯学派英国经济学者温特劳布在 1978 年出版的《凯恩斯、凯恩斯主义者和货币主义者》中，提出货币供给内生性模型，该模型的基本逻辑如下：

---

① 约翰·G.格利、爱德华·S.肖：《金融理论中的货币》，贝多广译，上海：上海三联书店，1988，第 65 页。

② 约翰·G.格利、爱德华·S.肖：《金融理论中的货币》，贝多广译，上海：上海三联书店，1988，第 243 页。

③ 约翰·G.格利、爱德华·S.肖：《金融理论中的货币》，贝多广译，上海：上海三联书店，1988，第 12、53 页、167 页。

④ 约翰·G.格利、爱德华·S.肖：《金融理论中的货币》，贝多广译，上海：上海三联书店，1988，第 189–191 页。

由于单位商品的工资成本 = 年名义工资率 / 年平均劳动生产率，如果年名义工资率的增长率超过年平均劳动生产率的增长率，单位商品工资成本将上升。在货币的收入流通速度为一定的条件下，单位商品工资成本的上升导致价格水平的上升，从而导致名义国民收入的增加和货币交易需求的增加。如果货币供给不变，货币需求的增加导致利息率的上升，从而导致投资的减少和产量与就业的下降。中央银行为了避免经济衰退和维持充分就业，将不得不增加货币供给。因此，货币供给的增加是内生的。①

3. 卡尔多货币供给内生性模型

后凯恩斯学派英国经济学者卡尔多（Nicholas Kaldor）在 1982 年出版了《货币主义的祸害》，提出了他的货币内生性模型。卡尔多认为："在任何时候，或在一切时候，货币存量将由需求决定，而利息率将由中央银行决定。" ②

卡尔多的基本逻辑可用图 15–1 来解释。图中纵轴表示利率，由政府外生地决定；横轴表示货币数量，既表示货币需求量也表示货币供给量。*D*（*Y*）是货币需求曲线，表示货币需求量（*D*）是名义收入（*Y*）的函数。*D*（*Y*）曲线之所以向右下方倾斜，是因为名义收入越高，货币需求量越大。S_m 是货币供给曲线，它之所以是水平线，是因为货币当局发挥了"最后贷款人"作用，提供内生需要的全部货币供给量。

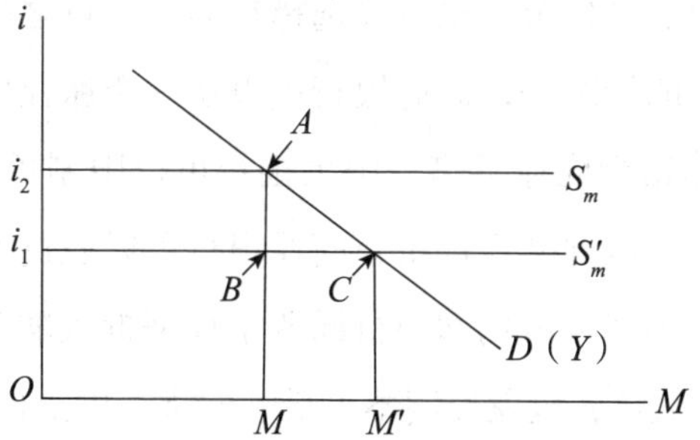

图 15–1　内生货币的创造

① 转引自斯蒂芬·罗西斯：《后凯恩斯主义货币经济学》，吴国宝等译，北京：中国社会科学出版社，1991，第 83–85 页。

② Nicholas Kaldor, The Scourge of Monetarism(Oxford: Oxford University Press,1982), p.24；转引自斯蒂芬·罗西斯：《后凯恩斯主义货币经济学》，吴国宝等译，北京：中国社会科学出版社，1991，第 90 页。

A 点表示货币需求量等于与利率 i_2 对应的实际产量所形成的货币供给量。现在从 A 点出发，利率发生下降，导致投资支出增加和实际产量增加。假定货币当局把利率降低到 i_1，在价格水平不变的条件下，实际产量增加将导致名义收入增加，D（Y）曲线上的 A 点移向 C 点，货币需求量随之增加 MM'。由于中央银行是最后贷款人，货币供给曲线从 S_m 移向 S_m'，即增加了 MM'，货币需求量和货币供给量在利率 i_1 下形成新的均衡，内生的货币 MM' 由此被创造出来。①

4. 莫尔的货币内生性论证

后凯恩斯学派英国经济学者莫尔（B. J. Moore）在 1988 年春季刊《后凯恩斯经济学杂志》发表了题为《内生的货币供给》的论文，他的论证逻辑如下：主流货币供给理论指出，当中央银行通过货币手段增加基础货币时，商业银行的准备金增加，商业银行出于利润动机将增加贷款，从而导致存款和贷款一轮一轮地增加，最后导致货币供给量的增加。但是，这里还存在两个环节，即商业银行对准备金变化的反应以及公众对商业银行贷款的反应，中央银行决定不了货币供给量。

从准备金变化到贷款变化的环节来看，准备金可分为法定准备金、借入准备金、非借入准备金、超额准备金。在中央银行增加基础货币的情况下，商业银行可以选择保留超额准备金，也可以选择在商业银行之间拆出准备金。在中央银行减少基础货币的情况下，商业银行可以从三个途径借入准备金：贴现窗口、联邦基金拆借和银行同业拆借。中央银行可以限制单一银行的贴现数量，也可以用提高贴现率来压抑贴现数量，商业银行可以通过不同种类的贴现规避限制，也可以通过联邦基金市场和银行同业市场来拆入准备金。因此，中央银行控制不了准备金的数量，也就控制不了最终的货币供给量。

从贷款变化到货币供给量的环节来看，贴现率、联邦基金利率、银行同业拆借利率、市场利率是不同的。在中央银行调整贴现率或联邦基金利率以后，

---

① Nicholas Kaldor, The Scourge of Monetarism(Oxford: Oxford University Press，1982), p.24；转引自斯蒂芬·罗西斯：《后凯恩斯主义货币经济学》，吴国宝等译，北京：中国社会科学出版社，1991，第 92–94 页。

商业银行会在不同货币市场上进行套利，即在低利率市场借入资金、在高利率市场贷放资金，导致贴现率或联邦基金利率向银行同业拆借利率和市场利率传递。但是，商业银行能否向公众发放贷款，一方面取决于公众是否借款，另一方面取决于商业银行的成本和收益分析，中央银行控制不了最终的货币供给量。

莫尔的结论是："内生的货币供给可以简单地理解为货币供给是由市场力量决定的。"①

5. 瑞安－柯林斯等人的货币供给内生性看法

英国经济学者瑞安－柯林斯（Josh Ryan–Collins）、沃纳（Richard Wemer）、杰克逊（Andrew Jackson）和格里纳姆（Tony Greenham）于 2012 年出版了名为《货币从哪里来：英国货币和银行制度的指引》的著作，提出了三个"颠覆传统认知"的观点。

第一，瑞安－柯林斯等人认为，人们对银行的通行认知是先吸收存款再发放贷款，但这种认知是不对的。他们指出："现实情况是，在发放贷款时，银行并不需要任何其他人的钱。银行并不会等待存款来发放贷款。银行存款纯粹是由银行体系自身创造的。"②

第二，瑞安－柯林斯等人认为，人们对中央银行的通行认知是可以控制货币供应量，不幸的是这种教科书中的中央银行模式已经过时，也不准确。他们写道："当银行信心十足时，它们将通过发放贷款和增加借款人存款的方式创造新的货币。……商业银行信贷规模的大小以及整个国家的货币供应量，主要取决于银行的信心和动力。"③

第三，瑞安－柯林斯等人认为，人们对中央银行的通行认知是可以决定商业银行信贷，但是这种认知是不对的。他们指出："现实是，'尾巴摇狗'（把'狗摇尾巴'倒过来说——本书作者注）：不是英格兰银行决定了银行能发行多少信

① B. J. Moore, The Endogenous Money Supply, Journal of Post Keynesian Economics, Spring 1988, Vol. X. pp.372–385.

② 瑞安－柯林斯等人：《货币从哪里来：英国货币和银行制度的指引》，朱太辉等译，北京：中信出版集团，2022，第 27 页。

③ 瑞安－柯林斯等人：《货币从哪里来：英国货币和银行制度的指引》，朱太辉等译，北京：中信出版集团，2022，第 27、31 页。

贷，而是银行决定了英格兰银行必须借给它们多少中央银行准备金和现金。”①

6. 后凯恩斯学派的货币政策建议

后凯恩斯学派有许多经济学者，对货币政策的建议并非相同，但是他们一般认为，不管是凯恩斯主义的还是货币主义的，货币政策的传统模式只会加剧金融系统内在的不稳定性。因此，中央银行不应该实行无差别的货币政策，而是有差别的货币政策，即选择性控制。例如，中央银行为了影响商业银行对不同产业的贷款，可以对商业银行不同的贷款规定不同的准备金比率的要求。②

四、货币供给外生性和内生性分歧何在?

1. 凯恩斯的货币供给理论是外生性的吗?

凯恩斯指出中央银行可以控制货币供给量，并不意味着可以完全控制最终的银行存款总量。凯恩斯提到：“但是有可能中央银行自身创造的存款额不在其掌控之内，而是由法律和习惯决定，受硬性规矩的约束。……会员银行或许本身拥有一些权力（但权力有限），可以任意增加在中央银行的存款额，或增加在纸币发行机构的取款额。”③ 凯恩斯把中央银行比喻为乐队指挥，控制着乐队的节奏。这不意味着乐队指挥可以决定一切，也不意味着乐队指挥不需要乐师的配合。因此，认为凯恩斯的货币供给理论是外生性的看法不确切。

2. 格利和肖的货币供给内生性分析具有意义

我对格利和肖的货币供给内生性分析的看法如下：

第一，格利和肖提出的“内在货币”和“外在货币”，在概念上与货币内生性和外生性是不同的，他们主要从私人经济净资产是否增加的角度划分“内在货币”和“外在货币”。他们所说的“外在货币”是通过政府购买私人部门物品和服务投放通货。但通货实际上是由私人部门用准备金或者金融资产换取的，与他们所说的“内生货币”无异。他们所说的“内在货币”是中央银行购买债

① 瑞安－柯林斯等人：《货币从哪里来》，朱太辉等译，北京：中信出版集团，2022，第133–134 页。

② 斯蒂芬·罗西斯：《后凯恩斯主义货币经济学》，吴国宝等译，北京：中国社会科学出版社，1991，第 119–125 页。

③ 约翰·梅纳德·凯恩斯：《货币论》，罗淑玲等译，重庆：重庆出版社，2021，第19页。

券创造的准备金，从货币内生性和外生性的角度看，这是外生的。经济学界围绕着格利和肖提出的“内在货币”和“外在货币”曾发生争论，可参看美国经济学者哈里斯（Laurence Harris）于1981年出版的《货币理论》。[①] 由于这个问题并非这里分析的主题，在这里就不再讨论了。

第二，格利和肖提出非货币金融中介对可贷资金供给的影响是存在的。由于可贷资金供给量是扣除了货币的贮藏需求后的余额，而非货币金融中介机构的职能，也就是发行非货币间接资产，该资产用于满足货币的贮藏需求，因此非货币金融中介机构的行为会影响可贷资金的供给量。这意味着非货币金融中介机构的行为将影响广义货币供给量中的狭义货币供给量与非狭义货币供给量的配置。如果进一步引申，在货币供给增加的过程中，非货币金融中介机构的行为还会影响货币资产和非货币金融资产的配置，从而对最终货币供给量产生影响。

第三，格利和肖提出商业银行对货币供给的影响是存在的，我认为这是货币供给理论的重要进展。在信用货币制度下，货币供给主要是需求存款。当货币当局要调整货币供给时，效果如何取决于商业银行的反应，而商业银行的反应又取决于家庭和企业的反应，格利和肖就商业银行的这个环节作了比较详细的解释。

3. 温特劳布货币供给内生性模型成立吗？

我对温特劳布的货币供给内生性模型进行下述质疑：

第一，温特劳布的论证以货币流通速度不变为前提，但在现实的经济中，货币流通速度是可变的。当货币需求增加的时候，如果货币供给不变，货币流通速度会加快，从而维持货币的均衡。温特劳布本人也意识到了这个缺陷，他在1978年出版的《资本主义的物价上涨和失业危机》中指出：“当货币供给反应不完全时——换句话说，当货币存量不随支出的增加而按比例增加——流通速度的增加将弥补这一不足。”[②]

---

① 劳伦斯·哈里斯：《货币理论》，梁小民译，北京：中国金融出版社，1989，第37–47页。

② 转引自斯蒂芬·罗西斯：《后凯恩斯主义货币经济学》，吴国宝等译，北京：中国社会科学出版社，1991，第97页。

第二，温特劳布的论证以工资成本以外的各项生产成本以及利润均保持不变作为前提，但是这个前提在现实经济中未必成立。生产成本主要包括折旧费、原材料成本、工资成本等。只有在其他生产成本不变的条件下，工资成本的上升才导致生产成本的上升。另外，即使生产成本上升，厂商需要根据市场情况决定商品价格，而不是简单地按照成本加成的方法决定商品价格。只有在利润不能受到任何影响的条件下，商品生产成本的上升才导致商品价格的上升。

第三，如果发生了温特劳布所描述工资成本上升的情况，中央银行的反应未必是增加货币供给。工资成本上升带来价格水平的上升并非经济中经常和普遍发生的情况，即使发生这种情况也是发生在总供给方面，而中央银行调整货币供给主要是从总需求方面调节经济，难以解决总供给方面的问题。例如，美国在 20 世纪 60 年代末和 70 年代初发生了成本推进通货膨胀，美国政府采取收入政策（工资物价指导和管制）来控制通货膨胀。

第四，温特劳布并不能证明货币供给是内生的。温特劳布认为，如果在经济中发生货币需求的增加，将迫使中央银行增加货币供给。正如罗西斯在 1986 年出版的《后凯恩斯主义货币经济学》中所说的：“这种对于货币的完全内生性的论证是建立在政治而不是经济的考虑基础之上的。”[①] 如果温特劳布认为中央银行为了保持充分就业增加货币供给是内生的，那么凯恩斯认为中央银行为了保持充分就业增加货币供给怎么就变成外生的呢？

4. 卡尔多货币供给内生性模型成立吗？

我本人对卡尔多货币供给内生性模型进行如下质疑：

第一，卡尔多关于利率由中央银行决定的看法不准确。在美国、英国等西方发达国家，利率早已市场化，基准利率是由中央银行决定的，市场利率是由借贷市场决定的。中央银行调整基准利率或者引起货币供给的调整，或者中央银行同时调整货币供给，才能对市场利率产生影响。因此，卡尔多的下述逻辑是不准确的：货币当局降低利率→投资增加→实际产量增加→名义收入增加，货币需求量增加→货币供给量增加。正确的逻辑如下：货币当局降低利率＋增

① 转引自斯蒂芬·罗西斯：《后凯恩斯主义货币经济学》，吴国宝等译，北京：中国社会科学出版社，1991，第 86 页。

加货币供给→投资增加……这就是说，货币供给在开始的时候就发生增加，并非最后的结果。

第二，卡尔多关于货币供给必须随着货币需求变化而变化的看法不合理。温特劳布借助政治压力进行解释，卡尔多则借助“最后贷款人”进行解释。首先，“最后贷款人”是指中央银行在商业银行发生流动性不足的时候提供信贷支持，这与中央银行在经济衰退的时候降低贴现率以诱导商业银行借款，在性质上是不同的。其次，正如前面我在评论温特劳布看法时所指出的，货币需求增加可以通过提高货币流通速度来恢复货币的均衡，货币供给未必需要增加。最后，我对温特劳布进行质疑在这里也适用，如果卡尔多认为中央银行根据“最后贷款人”的职能增加货币供给，货币供给就是具有内生性的，那么凯恩斯认为中央银行根据“保持经济稳定”的职能增加货币供给，货币供给怎么就变成是外生性的呢？

5. 莫尔对货币内生性的论证是合理的

我认为，莫尔对货币供给内生性的论证言之有理，货币当局增加基础货币能否导致最终货币供给量的增加，取决于商业银行对超额准备金的反应，以及居民和企业对银行发放贷款的反应。在极端的情况下，在货币当局增加基础货币以后，如果商业银行保留全部超额准备金，或者商业银行愿意发放贷款但没有居民和企业借款，货币当局就无法增加货币供给量。但是，商业银行是追求利润的机构，它们为什么要保留全额的超额准备金？居民要计划自己的消费支出，企业要扩大投资以获取利润。在资金供给充裕和利率下降的情况下，它们为什么要拒绝借款？因此，中央银行投放货币对于社会的货币供给量肯定会产生影响，但是这种影响的大小并非中央银行可以完全掌控的，这取决于客观的经济环境。

6. 瑞安－柯林斯等人对货币供给内生性的论证具有片面性

瑞安－柯林斯等人在《货币从哪里来：英国货币和银行制度的指引》一书中对英国货币和银行体系的论述是清楚的，但证明不了他们提出的“颠覆传统认知”的论点。我对瑞安－柯林斯等人提出的“颠覆传统认知”的三个观点回应如下：

第一，瑞安－柯林斯等人第一个观点所描述的情况是存在的，但只有在特定条件下才会发生，商业银行不可能无条件地脱离存款而发放贷款。假定某商业银行没有接受存款，在中央银行没有准备金，在别的商业银行没有存款，也没持有别的金融资产，现在该商业银行以在借款人账户中记下一笔存款的方式发放了一笔贷款，贷款似乎创造出存款。但是，当借款人凭借存款支出或者提取存款的时候，该商业银行如何支付？

如果该商业银行通过中央银行进行多边结算，它在中央银行要存有准备金；如果该商业银行与别的商业银行进行双边结算，它在别的商业银行要有存款；如果该商业银行通过出售其他金融资产来付款，它要先持有其他金融资产。这意味着该商业银行必须满足上述条件，才能用贷款创造存款。而商业银行接受存款，正是形成在中央银行的准备金、在别的商业银行存款、持有别的金融资产的源泉。

如果英格兰银行使用贴现窗口和公开市场操作来增加基础货币，也就是商业银行用自己的金融资产交换准备金而出现过多的准备金，当然也可以是商业银行用存款补充准备金而出现过多准备金，确实可以凭借过多的准备金用贷款创造存款，货币的乘数作用就是这样发生的。但即便如此，过多准备金的来源也是商业银行接受的存款。由此可见，瑞安－柯林斯等人把出现过多准备金或者在某些特定条件下所发生的贷款创造存款的过程绝对化和一般化了。

第二，商业银行贷款创造存款的规模受到中央银行的制约。虽然英格兰银行在 1981 年取消了强制的法定准备金制度，许多西方国家的中央银行也弱化了对准备金的管理，但是中央银行仍然采取各种措施对商业银行的准备金实行监管，商业银行为了避免经营风险也必须保留足够的准备金。以英国为例，正如瑞安－柯林斯等人在《货币从哪里来：英国货币和银行制度的指引》一书中所说的，英格兰银行一直设有流动性机制，并在 2009 年以后实行新的流动性机制：每家商业银行必须持有一定数量的准备金或者英国政府债券作为流动性保证。[①] 另外，英格兰银行根据《巴塞尔协议Ⅲ》对英国商业银行进行监管，核心资本充足率，即核心资本对风险加权资产的比率为 8.5% ~ 11%。显然商业银行没有信心必然会影响货币供给的创造，但是商业银行信心十足并非就可以

① 瑞安－柯林斯等人：《货币从哪里来：英国货币和银行制度的指引》，朱太辉等译，北京：中信出版集团，2022，第 127–128 页。

随意创造货币供给。中央银行不能决定最终的货币供给量是多少，但可以决定货币供给量的变化方向。

瑞安－柯林斯等人把现金和准备金称为中央银行货币，他们指出：“在 1 万英镑的贷款总额中，该银行只需获得额外的 937 英镑的中央银行货币——不到贷款总额的 7%。”① 但要知道，假定其他条件不变，没有 937 英镑的中央银行货币增加，就不会有 1 万英镑的贷款产生。实际上，货币供给量变化过程是中央银行、商业银行、存款者、借款者相互作用的过程，夸大或否认中央银行的作用都是片面的。

在现实中，英格兰银行仍然通过调整基础货币来影响英国的货币供应量。英格兰银行的货币政策目标是保持价格水平稳定，它通常采用调整银行率和调整基础货币来实现货币政策的目标。这里所谓银行率（bank rate）是指英格兰银行对商业银行的准备金支付的利率。当英国发生经济衰退时，英格兰银行降低银行率并以购买债券的方式增加基础货币；当英国发生通货膨胀时，英格兰银行提高银行率并以出售债券的方法减少基础货币。根据英格兰银行的统计数据，在 2020 年 11 月到 2022 年 9 月的货币扩张周期，英国基础货币（M_0）增加了 44.54 亿英镑，通货和活期存款（M_1）增加了 4284.19 亿英镑；在 2022 年 9 月到 2023 年 2 月的货币收缩周期，M_0 减少了 10.87 亿英镑，M_1 减少了 1674.79 亿英镑。② 活期存款的变化未必完全是由基础货币的变化带来的，但是基础货币对活期存款的影响是明显的。

第三，中央银行“最后贷款人”的职能并非单方面和无条件的。瑞安－柯林斯等人提到“不是英格兰银行决定了银行能发行多少信贷，而是银行决定了英格兰银行必须借给它们多少中央银行准备金和现金”。③ 这种看法把英格兰银行通过“贴现窗口便利”（the Discount Window Facility）对商业银行提供的流动性支持，变成了商业银行单方面和无条件的诉求。

---

① 瑞安－柯林斯等人：《货币从哪里来：英国货币和银行制度的指引》，朱太辉等译，北京：中信出版集团，2022，第 96–97 页。

② Bank of England, M_0, M_1, https://www.bankofengland.co.uk/statistics.

③ 瑞安－柯林斯等人：《货币从哪里来：英国货币和银行制度的指引》，朱太辉等译，北京：中信出版集团，2022，第 133–134 页。

实际上，当英格兰银行通过“贴现窗口便利”对商业银行提供流动性支持时，对贴现票据的质量、前来贴现的商业银行的资格、贴现资金的使用都有明确的规定，英格兰银行还可以通过调整贴现率来调整贴现数量。英格兰银行市场部执行董事费雪（P. Fisher）在 2012 年 3 月 29 日曾经发表题为《英格兰银行提供流动性支持：贴现窗口便利》的演讲，对英格兰银行“最后贷款人”的职能作了说明。他指出：英格兰银行只会向它认为有偿付能力以及计划可行的商业银行提供贷款。……“贴现窗口便利”借款的期限通常为 30 天，仅打算向银行提供短期流动性支持。……“贴现窗口便利”的定价原则是鼓励银行自我防范经营风险并降低道德风险。①

由此可见，“贴现窗口便利”是双向的：当中央银行要释放流动性时，商业银行未必前来贴现；当商业银行要求贴现时，中央银行未必发放贷款。另外，“贴现窗口便利”是有条件的：符合条件的商业银行提交符合条件的贴现票据才能取得流动性支持。

五、最终的分析结论

我认为，关于货币供给内生性和外生性的讨论是有意义的，它有助于更加深刻地认识货币供给变化的全过程。但是，关于货币供给内生性和外生性分歧被夸大了。没有人认为货币供给完全是外生的，也没有证据表明货币供给完全是内生的。凯恩斯的货币供给理论被认为是典型的外生性理论，但是凯恩斯没有否认中央银行增加货币供给要受商业银行等经济主体的影响，也没有认为中央银行可以准确地决定最终的货币供给量。后凯恩斯学派经济学者认为货币供给是内生的，但他们也无法否认中央银行在货币供给方面的作用。实际上，关于货币供给内生性和外生性分歧是一个程度的问题，也就是说，货币供给是更多地受中央银行的影响，还是更多地受商业银行等经济主体的影响。

实际上，货币供给增加的过程既是一个外生的过程，也是一个内生的过程，它是由中央银行推动并与各种经济主体相互作用的过程。我认为，按照现行的

① P. Fisher, Liquidity support from the Bank of England: The Discount Window Facility, 29 March 2012, from New Release, https://www.bankofengland.co.uk.

对外生性和内生性的理解，具体分析什么因素是外生的，什么因素是内生的，也许更有助于全面准确地理解货币供给过程。

在货币供给增加的过程中，中央银行发行纸币、中央银行使用各种货币手段增加基础货币、中央银行规定的法定准备金比率或者对准备金的约束措施，这些因素都是外生因素。在基础货币增加以后，商业银行是否愿意增加贷款，取决于公众是否愿意增加借款。至于居民是否愿意增加借款，则取决于他们对未来收入的预期以及他们的消费和投资计划；企业是否愿意借款，取决于预期的利润率和企业的发展规划，这些因素都是内生因素。在公众愿意借款和商业银行愿意贷款的条件下，基础货币增加会导致多少货币供给量的增加还会受存款转换为现金的比率、超额准备金比率、借入准备金的比率等因素的影响，这些因素也是内生因素。

但是，在贷款变得充裕和利率发生下降的条件下，公众没有理由拒绝增加借款。在追求利润动机的支配下，商业银行没有理由保留超额准备金而拒绝增加贷款。这就是说，中央银行通过增加基础货币来增加货币供给，是一个符合经济逻辑的过程，只有在特殊的情况下才会失去作用。当然，中央银行无法决定最终的货币供给量，但可以对货币供给产生重要影响。

因此，在现实经济中对货币政策的正确定位十分重要。货币政策不是万能的，它的目标应该是给经济主体提供一个合适的货币环境，在经济衰退时适当增加货币供给并降低基准利率，在价格水平上升时适当收缩货币供给并提高基准利率。在发生严重经济衰退和通货膨胀的情况下，仅凭借货币政策就恢复正常的经济增长率和通货膨胀率将是困难的。

第二节　对经典货币理论的重新表述

一、经典货币理论存在的问题

1. 第一个问题：货币需求量取决于国民收入

我所说的经典的货币理论，是指在各种经济学教科书中介绍的货币理论，包括马克思货币流通公式、费雪方程式、剑桥方程式、凯恩斯的货币理论以及弗里德曼等人的货币理论。

如前所述，马克思在 1876 年提出的货币流通公式以及费雪在 1911 年提出的“费雪方程式”，都认为货币需求量取决于商品交易量。数年之后，庇古承袭“货币收入学说”的思想，于 1917 年提出了“剑桥方程式”，即货币需求量主要取决于国民收入。在庇古以后，不论是凯恩斯的货币理论，还是弗里德曼的货币理论，或者是其他经济学者的货币理论，都认为国民收入是决定货币需求量的主要自变量。随着国民经济核算体系的演进，经济学者们又先后用国民生产总值、国民生产净值、国内生产总值取代国民收入。

关于这个问题，弗里德曼还是清醒的。他指出：“然而，它们也有它们的缺陷，这就是完全忽略了中间产品的交易与最终产品交易的比率，完全忽视了现有资产的交易。”他接着指出：“这些差别是构成了国民收入方程式的优点，还是构成了它的缺点？很明显，这取决于决定人们愿意持有的货币量的因素是什么。上文中所考虑的这类变化，即中间产品交易和资产交易对国民收入比例的改变，是否会以同一方向、同一比例改变人们所希望持有的货币量？”①

但遗憾的是，经济学者们没有在意弗里德曼提出的警示，可能弗里德曼自己也忘记了这个警示，理所当然地认为货币需求量主要取决于国内生产总值而不是交易量，久而久之形成货币需求研究领域的一个“教条”。

实际上，商品交易量与国内生产总值存在巨大的差异。国内生产总值只是最终产品的价值，但是在生产最终产品的过程中，需要大量投入中间产品。中间产品需要经过多次交易才能生产出最终产品，最终产品也需要经过多次交易才能最终到达消费者或生产者手中，国内生产总值与社会产品生产过程中的交易量相差甚远。另外，耐用消费品、机器设备、民用住宅、商用建筑被制造或建造出来以后，会在市场上不断转让出售，从而成为“二手产品”和“二手房”。显然，所有的这一切交易都需要用货币来完成。

另外，在马克思和费雪时代，金融业并不发达，因而马克思和费雪都认为

① 米尔顿·弗里德曼：《弗里德曼的货币理论结构》，高榕译，北京：中国财政经济出版社，1989，第 24–25 页。

货币需求量主要取决于商品交易量。但是在当今时代，主要资本主义国家的金融资产价值已经是国内生产总值的数倍。另外，金融资产处于不断交易之中，金融资产的交易量远远大于金融资产的价值。例如，2016 年，美国纳斯达克（Nasdaq）股票市场价值是 77791 亿美元，但股票成交额是 180923 亿美元。[①]显然，金融资产的交易同样需要用货币来完成。

实际上，凯恩斯在 20 世纪 30 年代就意识到金融资产交易对货币需求量的影响，他在 1930 年出版的《货币论》中指出，工业企业和金融机构为完成交易所持有的“商业存款”的流通速度，是个人为完成交易所持有的“收入存款”的货币流通速度的 7 倍。如果把商业存款再分为工业企业的“工业存款”和金融机构的“金融存款”，那么“金融存款”的货币流通速度比“工业存款”快得多。[②]到了 21 世纪的今天，金融资产交易量就更大了。

因此，作为货币需求函数的主要自变量不是国内生产总值，而是包括各种商品以及各种金融资产的交易量，我称为“社会交易量”。

凯恩斯认为货币需求不仅取决于交易动机，还取决于谨慎动机和投机动机。但是，即使是对债券的投机，也会产生债券的交易，从而产生对货币的交易需求。弗里德曼从财富持有者的角度分析货币需求，他认为实际货币需求量是实际国民收入以及各种金融资产名义收益率的函数。但是，人们在各种金融资产名义收益率发生变化情况下重新配置各种金融资产，也会导致金融资产的交易，同样产生货币的交易需求。强调货币的交易需求并非要排斥货币的贮藏需求，但货币作为贮藏职能是从货币交易职能派生出来的。显然，货币的交易需求是货币最基本和最主要的需求，各种商品和各种金融资产的交易量是决定货币需求量的最基本和最主要的因素。

2. 第二个问题：货币流通速度是稳定的

马克思生活在金本位制时代，他分析的货币是黄金。他认为，在严格的金本位制条件下，货币流通速度是可变的，但是流通中的货币数量会随着货币流

① BIS, Statistics on Payment, Clearing and Settlement Systems in the CPMI Countries – Figures for 2016, 2017, https://www.bis.org/cpmi/publ.

② 约翰·梅纳德·凯恩斯：《货币论》，罗淑玲等译，重庆：重庆出版社，2021，第 229–230 页。

通速度的变化而变化，从而保持流通中的货币价值的稳定。马克思指出："在每天流通过程开始时进入流通的货币量，当然由同时地和空间上并行地流通着的商品的价格总额来决定。但在过程之内，可以说每一货币都对另一货币承担责任。如果一个货币加快流通速度，另一个货币就会放慢流通速度，甚至完全退出流通领域，因为流通领域只能吸收这样一个金量，这个金量乘以它的单个元素的平均流通次数，等于待实现的价格总额。因此，货币的流通次数增加，流通的货币量就会减少，货币的流通次数减少，货币量就会增加。"①

费雪生活在金本位制弱化的时代，他所分析的货币是黄金和作为黄金符号的纸币。费雪在他的《货币购买力》中详细分析了影响货币流通速度的因素。他认为，货币流通速度受三种因素的影响：第一，个人习惯，包括个人的节俭和储蓄的意愿、以记账方式进行交易的习惯和使用支票来进行交易的习惯。个人节俭或储蓄会减少流通中的货币，导致货币流通速度下降。但是，使用记账或支票进行交易会导致货币流通速度提高。第二，支付制度，包括收支的次数、收支的规律性和收支期限的匹配程度。收支的次数越多，收支越有规律性，收支在时间上匹配程度越高，货币流通速度越快。第三，普通原因，包括人口密度和交通状况。人口密度越高，交通越便捷，货币流通速度越高。②

但是，费雪强调："总之，数量原理的要点在流通率和交易量若不变，无论将货币改为双数，或裁减重量，或增铸 1 倍，或用其他方法增加货币的元数，物价比照同一比率增涨。"③ 这意味着费雪认为，可以假定货币流通速度不变，至少可以假定货币流通速度是稳定的。

庇古淡化了货币流通速度的问题，在他的"剑桥方程式"中没有货币流通速度的变量，而是采用了人们愿意以现金持有的名义国民收入的比例（k）。但是，把这个比例倒过来，实际上就是货币流通速度。由于庇古认为 k 是稳定的，也就意味着他认为货币流通速度是稳定的。

---

① 马克思：《资本论》（第 1 卷），《马克思恩格斯全集》第 23 卷，北京：人民出版社，1972，第 140 页。

② 欧文 · 费雪：《货币购买力》第2册，金本基译，上海：商务印书馆，1931，第30–42页。

③ 欧文 · 费雪：《货币购买力》第1册，金本基译，上海：商务印书馆，1931，第36页。

凯恩斯生活在金本位制走向解体的时代，他在 1930 年出版的《货币论》中专门讨论了货币流通速度的问题。他把存款货币分为收入存款和商业存款，分别考察了这两种存款的流通速度。关于收入存款的流通速度，凯恩斯的结论是："流通速度在很大程度上是一个反映社会习惯和社会惯例的函数。……我们可以预计收入存款的速度逐年保持相对稳定。但这个结论有一个重要的限定条件，许多人不能或者不愿意迅速调整支出以适应收入的变化，特别是在收入下降的时候。" ①

关于商业存款，凯恩斯又把商业存款划分为工业存款和金融存款，他的结论是："观察到的商业存款速度的变化可能是由金融存款和工业存款的比例发生变化引起的，而各种存款的相应的速度却没有发生任何变化。金融存款的速度很可能比工业存款的速度快得多，这一点可能很重要。" ② 但是，凯恩斯在《货币论》中没有分析整体的货币流通速度。

凯恩斯在 1936 年出版的《通论》中再次提到货币流通速度，但把货币流通速度称为货币收入流通速度。他指出："所谓的货币收入流通速度，到底该定义为 Y 与 M（由国民收入和利率共同决定的货币数量——本书作者注）之比还是该定义为 Y 与 M_1（仅由国民收入决定的货币数量——本书作者注）之比，一般的讨论都没有得出清楚的结论。然而我建议使用后一种定义。这样，如果用 V 表示货币收入流通速度，则有 $L_1(Y)=Y/V=M_1$。" ③ 由此可见，凯恩斯沿袭了在《货币论》中的习惯，只讨论某种类型的货币的流通速度。

凯恩斯认为货币需求量还取决于利息率因素，由于利息率是不稳定的，这本身意味着货币需求函数是不稳定的，货币流通速度可能是不稳定的。正因如此，弗里德曼在论文集《货币理论结构》中多次提到，在凯恩斯看来货币流通速度是易变的。但是，由于凯恩斯把货币流通速度定义为由国民收入决定的货币流通速度，货币流通速度就变得相对稳定了。凯恩斯指出："货币收入流通速度纯粹是公众愿意把其收入的多大的一个比例以现金的形式加以保存，所以，

① 约翰·梅纳德·凯恩斯：《货币论》，罗淑玲等译，重庆：重庆出版社，2021，第220页。

② 约翰·梅纳德·凯恩斯：《货币论》，罗淑玲等译，重庆：重庆出版社，2021，第230页。

③ 约翰·梅纳德·凯恩斯：《就业、利息和货币通论》，宋韵声译，北京：华夏出版社，2012，第 156 页。

货币流通速度的增加可被视为流动性偏好降低的象征。”① 但是，凯恩斯警告不要被货币流通速度引入歧途而忽略了利息率对货币需求的影响。

凯恩斯还指出：“当然我们没有理由认为 V 是一个常数。它的数值取决于银行及工业组织的性质、社会习惯、收入在各个阶层之间的分配以及持有闲置货币的成本。但是假如我们所讨论的是一个短时期，我们不妨假设以上各个因素都没有多大变化，这样也可以把 V 看作是一个常数。”② 从凯恩斯的这段话可以看出，他认为货币流通速度即使是可变的，也是随着社会习惯等独立变量的变化而变化。

弗里德曼在他的货币需求的分析中没有专门讨论货币流通速度，既然他认为货币需求函数是稳定的，也就意味着货币流通速度也是一个稳定的函数。但是，弗里德曼在《货币数量论的重新表述》中还是把他的看法与传统货币数量论的看法作了区分。他写道：“本书中所进行的研究是以形式更为复杂的货币关系之稳定性及规范性作为前提的，而不是以简单的数值为常数的货币流通速度为前提。”③

弗里德曼曾借用剑桥方程式 $M=k\,P\,Y$ 指出：“对于较短的时期来说，我们已经提出的变化将通过方程（6）右侧的全部三个变量 k、P 和 Y 反映出来。但我们认为，k（实际上是货币流通速度的倒数——本书作者注）的变化不能像凯恩斯所分析的那样，全部吸收 M 的变化。相反，却时常加大 M 的变化。M 与 k 的变化通常以同一方向（而不是相反）影响到国民收入的变动。”④ 这意味着弗里德曼认为货币流通速度是可变的。

但是，弗里德曼在 1971 年出版的《美国货币史》中使用“国民生产净值 /（通货 + 存款）”的指标来对 1869 ~ 1960 年的货币流通速度进行计量分析，得

① 约翰·梅纳德·凯恩斯：《就业、利息和货币通论》，宋韵声译，北京：华夏出版社，2012，第 151 页。

② 约翰·梅纳德·凯恩斯：《就业、利息和货币通论》，宋韵声译，北京：华夏出版社，2012，第 156 页。

③ 米尔顿·弗里德曼：《弗里德曼文萃》，高榕等译，北京：北京经济学院出版社，1991，第 384 页。

④ 米尔顿·弗里德曼：《弗里德曼的货币理论结构》，高榕译，北京：中国财政经济出版社，1989，第 54 页。

出下述结论："货币流通速度是一个相对稳定的量，在真实收入增长时会下降，而且它有相当固定的周期形式，即经济紧缩时期下降，经济扩张时期上升或以较低的速度下降。"① 由此可见，弗里德曼的总体看法是，货币流通速度是若干自变量的稳定的函数，货币流通速度虽然可变但相对稳定。

久而久之，在经济学界，货币流通速度稳定地成为另一个"教条"。

实际上，在弗里德曼以后，即使用"产值 / 货币供给量"的指标度量货币流通速度，一些经济学者已发现货币流通速度不稳定的问题。例如，美国经济学者罗西斯在 1986 年出版的《后凯恩斯主义货币经济学》中，用国民生产总值与货币供给量（M_1）之比表示货币流通速度，计算了 1951 ~ 1984 年货币流通速度的变化，发现货币流通速度迅速上升。②

再如，美国经济学者米什金（Frederic S. Mishkin）分别用"国民生产总值 / 货币供给量（M_1 或 M_2）"和"国内生产总值 / 货币供给量（M_1 或 M_2）"，计算了 1915 ~ 1993 年美国的货币流通速度。他指出，1950 年以前货币流通速度的波动是相当大的，1950 年以后货币流通速度的波动比较缓和。③

又如，美国经济学者萨缪尔森在 2010 年出版的《经济学》中，利用国内生产总值 / 货币供给量（M_1）计算了 1960 ~ 2010 年的货币流通速度，得出下述结论："在 1979 年以前，货币流转速度是稳定增长的，并且是可以预测的。但从 1980 年开始，活跃的货币政策、更高变化的利率和金融创新导致了货币流转速度的季度不稳定性。"④

在货币流通速度易变性方面的表述比较彻底的是英国经济学者卡尔多，当货币供给的反应不完全时——换句话说，当货币存量不随支出的增加而按比例增加时——流通速度的增加将弥补这一不足；在相反的情况下，流通速度则会

① 弗里德曼和施瓦茨：《美国货币史：1867—1960》，巴曙松等译，北京：北京大学出版社，2009，第 21 页。

② 斯蒂芬·罗西斯：《后凯恩斯主义货币经济学》，吴国宝等译，北京：中国社会科学出版社，1991，第 98–102 页。

③ 米什金：《货币金融学》，李扬等译，北京：中国人民大学出版社，1998，第475–480页。

④ 萨谬尔森：《经济学》（下册），萧琛译，北京：商务印书馆，2012，第 848 页。

下降。换句话说，货币存量的变化和流通速度的变化可以相互替代。[①]

但是，这些经济学者只是提出问题，他们没有把货币流通速度作为货币理论的一个组成部分或者一种调节机制来进行分析。

我认为，明确了货币流通速度是社会交易量与货币供给量之比以后，还需要考虑货币供给量指标的选择。目前，各国货币供给量的指标主要是狭义货币供给量 M_1 和广义货币供给量 M_2。M_1 反映货币的交易职能，流动性很强。M_2 反映货币的交易和贮藏职能，其中执行贮藏职能的准货币流动性很弱，如果简单地把社会交易量与 M_2 相比，并不能反映货币作为交易手段的流通速度，而交易职能是货币最主要的职能。因此，参考凯恩斯把货币流通速度定义为国民收入与货币的交易和谨慎需求之比的思想，可以划分两种定义的货币流通速度：一是社会交易量与 M_1 之比，反映货币作为交易手段的流通速度；二是社会交易量与 M_2 或者更广义的货币供给量之比，反映货币总体上的流通速度。

3. 货币需求研究领域“两个教条”产生的误导

长期以来，庇古以后的经典货币理论形成了“两个教条”，在经济学界产生误导性影响，具体表现如下：

第一，用货币供给 / 国内生产总值（M /GDP）判断货币当局是否过度发行货币。例如，在中国的学术杂志上不断出现这样的论文：不论用狭义货币供给量（M_1），还是用广义货币供给量（M_2）与国内生产总值相比，都远高于美国，由此证明中国货币当局长期过度发行货币。但是，这些论文的作者没有注意到，把货币供给与之相比的不应该是国内生产总值，而应该是社会交易量。由于中国在同样的 GDP 水平下社会交易量相对较大，中国的货币流通速度相对较低，中国的 M/GDP 高于美国是正常的。事实上，中国并没有发生长期的通货膨胀。

第二，认定当货币供给增长率超过实际产值增长率时，将发生通货膨胀。例如，一些颇有影响的教科书指出，如果用增长率来表示“交易方程

① 斯蒂芬·罗西斯：《后凯恩斯主义货币经济学》，吴国宝等译，北京：中国社会科学出版社，1991，第 97 页。

式”$MV=PY$（这里用国内生产总值 Y 代替交易方程式的商品交易量 W），从长期来看，可以表述为下述形式：货币供给增长率 + 货币流通速度增长率 = 通货膨胀率 + 实际产值增长率。这意味着在货币流通速度不变的条件下，货币供给增长率 − 实际产值增长率 = 通货膨胀率。①

但是，在 2001 ~ 2019 年长达 19 年的时间里，根据这个公式计算的美国、中国、日本预期年平均通货膨胀率应该分别是 4.62%、4.71%、4.89%，但这三个国家的实际年平均通货膨胀率（CPI）分别是 2.18%、2.23%、0.29%，两者相去甚远，这个等式对现实经济基本失去解释力。究其原因，是这个等式既没有考虑社会交易量因素，也没有考虑货币流通速度易变的因素。

第三，参考实际国民生产总值增长率决定货币供给增长率。弗里德曼在 1957 年提出简单货币规则，他指出货币供给的增长应该与实际国民生产总值的增长和人口的增长相适应。但是，对历史统计数据的分析表明，美联储从来没有按照这个简单的货币规则去做。究其原因，从短期来看，货币政策要用于调节经济；从长期来看，货币供给的增长并非要与国民生产总值的增长相适应，而是要与社会交易量的增长相适应。

二、货币流通速度易变性的验证

（一）货币流通速度易变性的逻辑分析

如前所述，决定货币需求量的是社会交易量而不是国内生产总值，社会交易量 = 最终产品交易量 + 中间产品交易量 + 二手产品交易额 + 金融资产交易量。与国内生产总值有名义和实际之分相似，社会交易量也有名义和实际之分，实际社会交易量与价格水平的乘积成为名义社会交易量。在国内生产总值增长较快的时候，各种商品和资产的交易也会比较活跃，两者存在一定的相关关系。但是，由于社会交易量包括规模越来越大的金融资产交易量，而金融资产交易量有迅速膨胀或者迅速收缩的特点，社会交易量和国内生产总值不可能成比例变化，基于社会交易量的货币流通速度是不稳定的。

① 巴德：《宏观经济学原理》，张弘等译，北京：中国人民大学出版社，2004，第 296–298 页。

根据美国联邦储备委员会提供的历史统计数据，从 1947 年到 2023 年，美国金融资产价值与国内生产总值之比一直趋向上升，从 1947 年的 4.86 倍增加到 2023 年的 12.77 倍。① 这意味着在社会交易量中，金融资产的交易量所占比例越来越大。另外，金融资产交易量的波动性较大，股票交易量的波动性尤其大。根据国际清算银行的统计数据，从 2003 年到 2016 年，美国名义国内生产总值增长率最高年份是 6.7%，最低年份是 −2.0%；但是纳斯达克股票市场的证券交易量增长率最高年份是 76%，最低年份是 −30%。② 因此，基于社会交易量计算的货币流通速度，肯定比基于国内生产总值计算的货币流通速度更易于变化。

（二）货币流通速度易变性的统计检验

1. 统计数据的选择

在经济思想史上，由于社会交易量无法计量而用国民收入或者国内生产总值来取代无可非议。但是，社会交易量与国民收入或国内生产总值的差距是如此之大，从而产生了下面的问题：用国民收入或国内生产总值代替社会交易量来计算货币流通速度将会产生多大的误差？这种误差对货币理论的分析将会产生多大的影响？因此，如果能够估算出社会交易量，还货币流通速度以本来面目，就能够重新审视历史上经典的货币理论。

国际清算银行（Bank for International Settlements）从 20 世纪 80 年代开始提供若干国家银行之间非现金交易以及非银行经济主体之间非现金交易的统计数据，使人们通过支付系统的数据估算社会交易量成为可能，也就使估算真实的货币流通速度成为可能。因此，这是最有可能接近真实的商品和金融资产交易量的统计数据。

但是，这些统计数据存在下述问题：第一，利用各种支付工具进行支付存在相互交错的问题，需要小心地排除重复计算。第二，由于统计口径的变化，统计数据往往不连贯，还需要使用统计口径一致的数据来进行分析。因此，对货币流通速度的估算肯定存在误差，但是相对于使用国内生产总值数据来估算要好得

① The Board of Governors of Federal Reserve System, Financial Account of United States 2024, https://www.fedsearch.org.

② BIS, Statistics on payment, Clearing and Settlement Systems in the CPMI Countries – Figures for 2016, https://www.bis.org.

多。下面选取比较连贯和完整的美国统计数据，来计算它们的货币流通速度。

考虑到商业银行是公众的银行，公众的结算是通过商业银行结算的；中央银行是商业银行的银行，商业银行的结算是通过中央银行结算的，我关于社会交易量的计算中采用了下述数据：在美国自动清算中心（Automatic Clearing House，简称 ACH）中的商业银行之间以及中央银行与商业银行之间的转账、公众支票支付额、公众借记卡支付额。所采用的数据并不完全等同于实际社会交易量，但已经在相当程度上接近实际社会交易量。

凯恩斯在 1930 年出版的《货币论》中，曾经用“银行票据交换结算总额”来计算货币流通速度。[①] 这意味着凯恩斯在《通论》提出货币理论前，也意识到货币需求量取决于交易量，并用票据交换所体现的交易量计算货币流通速度。

2. 美国基于社会交易量计算的货币流通速度

利用国际清算银行提供的统计数据，可以从非现金社会交易量的角度，对美国的货币流通速度进行检验。正如前文所论证过的，笔者主要从货币交易职能的角度分析货币流通速度。

图 15-2 表示用传统的计算方法，即用名义国内生产总值与狭义货币供给量 M_1 之比来计算美国货币流通速度的变化情况。图 15-3 表示用非现金社会交易额与扣除现金的狭义货币供给量（M_1）之比来计算美国货币流通速度的变化情况。图 15-2 和图 15-3 的横轴表示时间，纵轴表示货币流通速度，即单位货币每年流通的次数。

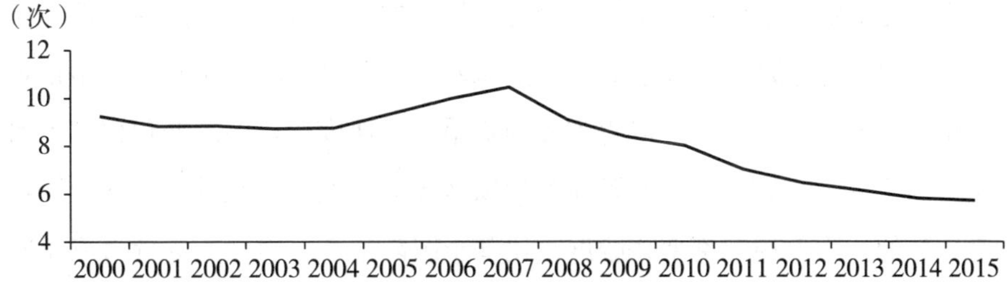

图 15-2　基于国内生产总值计算的美国货币流通速度

资料来源：Bureau of Economic Analysis, National, U.S. Economic Account, http://www.bea.gov。

① 约翰 · 梅纳德 · 凯恩斯：《货币论》，罗淑玲等译，重庆：重庆出版社，2021，第228页。

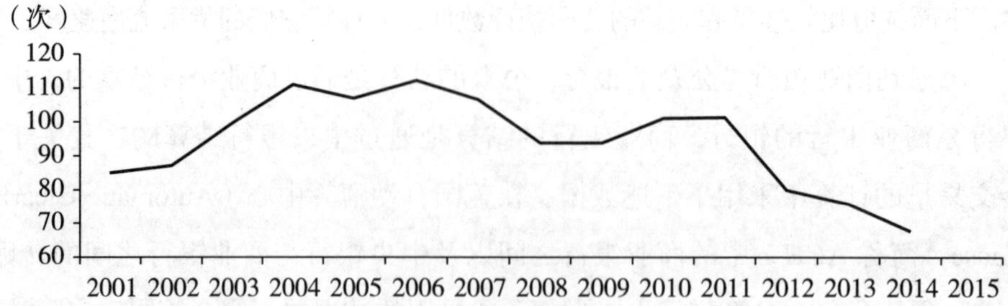

图 15-3　基于社会交易量计算的美国货币流通速度的变化情况

资料来源：Bank for International Settlements, Statistics on payment, clearing and settlement systems in the CPMI countries，http://www.bis.org。

比较图 15-2 和图 15-3 的货币流通速度曲线，发现下述情况：

第一，基于社会交易量与基于国内生产总值计算的货币流通速度并非在各个时期都是同方向变化的，如 2002 ~ 2004 年、2006 ~ 2007 年、2009 ~ 2010 年，两者的变化方向是相反的。但是，统计分析表明，美国两种定义的货币流通速度呈现较好的相关性，相关系数是 0.81。

第二，基于社会交易量与基于国内生产总值计算的货币流通速度之比，最大是 2012 年的 16 倍；最小是 2001 年的 10 倍，两种货币流通速度的变化不成比例。

第三，在直观上，基于国内生产总值计算的货币流通速度比较稳定，这就是近百年来货币流通速度一直被认为保持相对稳定的重要原因之一。但是，基于社会交易量计算的货币流通速度明显表现出更大的波动性。

为了更加清楚地反映基于社会交易量计算的货币流通速度的易变性，把图 15-2 和图 15-3 的货币流通速度以变化率来表示，即货币流通速度每年相对于上一年而言的变化率，便可以得到美国货币流通速度变化率的变化情况（如图 15-4、图 15-5 所示）。观察两条曲线的纵坐标就可以直观地看到，基于社会交易量计算的货币流通速度变化幅度，比基于国内生产总值计算的货币流通速度变化幅度要大得多。统计分析表明，基于国内生产总值计算的货币流通速度变化率的标准差是 0.06，基于社会交易量计算的货币流通速度变化率的标准差是 0.11，后者显示出更大的波动性。

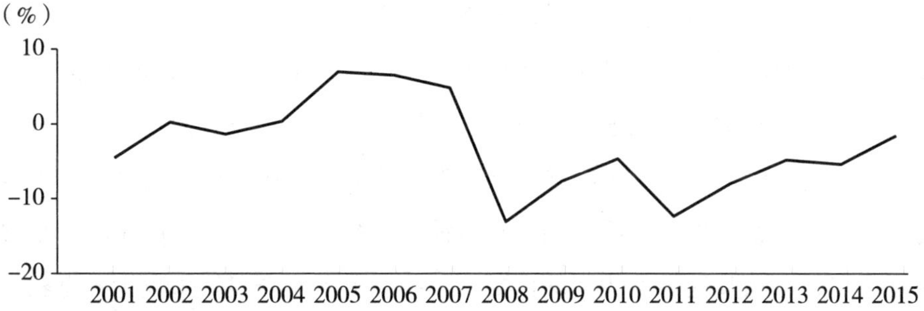

图 15-4　基于国内生产总值计算的美国货币流通速度变化率的变化情况

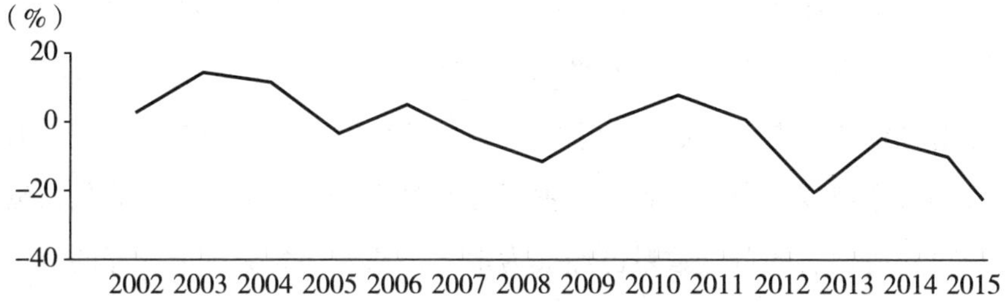

图 15-5　基于社会交易量计算的美国货币流通速度变化率的变化情况

我利用同样的方法可以得到英国 2001 年到 2015 年基于社会交易量和基于国内生产总值计算的货币流通速度，并得到与美国相似的历史统计检验结果。

3. 关于货币流通速度检验结果的分析

经济学界近百年来所定义的货币流通速度（国民收入或国内生产总值 / 货币供给量），与现实经济中的货币流通速度相去甚远，庇古以后的经济学者在货币理论中用“国民收入”或者“国内生产总值”，去取代马克思和费雪货币理论中的“商品交易量”产生的误差太大，并且在理论和实践中已经造成了许多误解。因此，应该恢复马克思和费雪货币流通速度定义的本来面目。但是，历史条件已经发生很大的变化，应该用“社会交易量”取代马克思和费雪的货币流通速度定义中的“商品交易量”。从货币最主要的交易职能来看，货币流通速度的正确定义是：货币流通速度 = 社会交易量 / 货币供给量。

应该指出的是，货币流通速度不仅受社会交易量和货币供给量的影响，还受各种独立因素的影响，这就是费雪所说的个人习惯、支付制度、人口密度等因素，或者是凯恩斯所说的银行及工业组织的性质、社会习惯、收入在各个阶层之间的分配以及持有闲置货币的成本等因素。由于这些独立因素的存在，即使两个国家的社会交易量和货币供给量相同，它们的货币流通速度也是不同的。这些独立因素对货币流通速度的影响，可以从不同的国家在同一个时期货币流通速度不同，以及同一个国家在不同时期货币流通速度不同观察到。一个显而易见的例证是，如果一个国家的公众习惯于网络支付，另一个国家的公众习惯于现金支付，在其他条件相同的情况下，前一个国家需要货币较少，也就是货币流通速度较快。

实际上，货币流通速度经历了从稳定到易变的历史发展过程。在金本位制条件下，货币流通速度是相对稳定的。首先，作为货币的黄金存量的增长是稳定的。其次，当时社会生产力水平不高，经济周期性变化不明显，社会交易量处于相对稳定的状态。最后，黄金所具有的贮藏手段职能调节着作为流通手段的黄金的流通速度。但是，到了庇古所处的时代，金本位制已经弱化，纸币的发行超过它所代表的黄金数量已经成为常态，基于社会交易量计算的货币流通速度开始变得不稳定了。

到了信用货币时代，货币当局不断调整货币供给量来调节经济，虚拟经济的发展也导致大量金融资产的产生，货币流通速度在性质上变得易变了。假定货币供给量不变，在经济正常的情况下，即使商品交易量是相对稳定的，金融资产交易量也未必是稳定的。在经济波动的情况下，商品交易量变得不稳定，金融资产交易量就变得更不稳定了。

另外，战后各国货币当局趋向于在经济衰退时期增加货币供给，在通货膨胀时期收缩货币供给。然而，经济衰退时期正好是社会交易量的收缩时期，通货膨胀时期正好是社会交易量的扩张时期，货币当局的宏观货币政策加剧了货币流通速度的波动性。这种情况与检验结果是相符合的：基于社会交易量计算的货币流通速度不仅是易变的，而且在经济波动时期变化幅度更大。

三、对经典货币理论的重新表述

1. 货币流通速度的调节作用

在货币流通速度易变的条件下，可以发现货币流通速度实际上是货币均衡的一种调节机制。货币流通速度 = 社会交易量 / 货币供给量，它必然受社会交易量和货币供给量的影响。在货币供给量不变的条件下，货币流通速度与社会交易量呈现同方向变化；在社会交易量不变的情况下，货币流通速度与货币供给量呈现反方向变化。货币流通速度在一定限度内可以对社会交易量和货币供给量作出反应并恢复货币的均衡。

例如，在经济较冷的时候，社会交易量减少，货币需求流量将减少。如果货币供给存量没有变化，货币流通速度将下降。货币流通速度的下降导致货币供给流量的减少，从而使货币需求流量和货币供给量流量恢复均衡。相反，在经济较热的时候，社会交易量增加，货币需求流量增加。如果货币供给存量没有变化，货币流通速度将提高，从而导致货币供给流量的增加，使货币需求流量和货币供给量流量恢复均衡。在这里，货币供给流量是货币供给存量与货币流通速度的乘积。

另外，如果中央银行投放的货币导致货币供给存量增加，在货币需求流量不变的条件下，将导致货币供给流量大于原货币需求流量。在这种情况下，货币流通速度将下降，从而导致货币供给流量减少，最终使货币供给流量与货币需求流量恢复均衡。相反，如果中央银行收缩货币供给导致货币供给存量的减少，在货币需求流量不变的条件下，将导致货币供给流量小于原货币需求量。在这种情况下货币流通速度将加快，从而导致货币供给流量的增加，最终使货币供给流量与货币需求流量恢复均衡。

从事后来看，在任何一段时期里，买入商品和金融资产的金额一定等于卖出商品和金融资产的金额，货币供给流量与货币需求流量总是相等的。但从事前来看，当货币供给存量发生变化并导致货币供给流量与原货币需求流量失衡的时候，正像经典货币理论所论证的那样，利息率、消费支出、投资支出、价格水平等各种传导机制，都在货币供给流量和货币需求流量恢复均衡中发挥了调节机制的作用。与此同时，货币流通速度也是一种调节机制，它也在货币供给流量和货币需求流量恢复均衡中发挥着作用。

2. 关于货币供给和需求的重新表述

在论证了货币流通速度的易变性以后，有必要重新审视经典的货币理论，以对经典货币理论的某些方面重新表述。重构的货币理论可以回归古典货币理论的形式但必须赋予新的内涵。下面试图从马克思—费雪方程式 $MV=PW$ 开始，关注货币流通速度的调节作用，借鉴凯恩斯和弗里德曼的货币理论的分析，对货币理论进行重新表述。

从货币供给的角度分析，可以从马克思—费雪方程式等号左边的 MV 开始。M 是货币供给存量，V 是货币流通速度，MV 是在经济中实际发生作用的货币供给流量。在信用货币制度下，货币当局在对货币供给存量 M 的决定中发挥主要作用。在这里，货币流通速度扮演着两种角色：一方面，货币流通速度是由支付制度和社会习惯等独立因素决定的，它没有无限的弹性。这就是说，如果货币供给存量不变，不能期望通过货币流通速度的无限提高来适应社会交易量增加的要求。另一方面，货币流通速度是易变的，它是货币均衡的一种调节机制。它会不断地发生变化，以使实际发挥作用的货币供给流量 MV 与货币需求流量 PW 保持均衡。当货币供给存量增加或减少的时候，如果经济活动没有因此而发生变化，货币需求流量将保持不变，货币流通速度将下降或提高，从而使货币供给流量与货币需求流量保持均衡状态。

从货币需求的角度分析，可以从马克思—费雪方程式等号右边的 PW 开始。在马克思—费雪方程式中，交易量 W 仅是商品交易量，但现在是指社会交易量。在这个分析环节中，可以借鉴各种货币需求函数的分析。例如，可以引入凯恩斯从交易、预防和投机三个动机下的货币需求分析，也可以引入弗里德曼从最终财富持有者配置财富的角度所提出的货币需求分析。但不论从什么角度分析货币需求，交易需求是最基本的货币需求，而货币的交易需求主要取决于社会交易量。

3. 关于货币供给对经济影响的重新表述

最后来考察马克思—费雪整个方程式 $MV=PW$，其中 W 现在是指实际社会交易量。货币供给存量 M 不是本书研究的内容，对于货币需求的分析来说，货币供给存量 M 无非表现为增加、不变、减少三种情形。另外，在这个分析过程中，同样可以吸收凯恩斯、弗里德曼以及后来经济学者有价值的思想。

假定货币当局以增加基础货币的方式投放货币。货币供给的增加产生数量效应（信贷增加）和价格效应（利息率下降），居民和企业作出反应，增加消费支出和投资支出。在这个环节中，凯恩斯、弗里德曼以及后来经济学者提出的各种传导机制发挥作用。接着，总支出的增加导致实际国内生产总值的增加和价格水平的上升。在发生不同程度的经济衰退的情况下，价格水平上升的幅度不一样：在严重衰退的情况下，价格水平上升幅度小一些；在衰退不严重的情况下，价格水平上升幅度则大一些。

按照凯恩斯的货币理论，货币供给增加导致国民收入增加，由于货币需求量是国民收入的函数，国民收入的增加将导致货币需求量的增加，使货币供给量和需求量形成新的均衡。按照弗里德曼的货币理论，实际货币供给量的增加导致实际国民收入的增加以及各种资产的重新配置，由于实际货币需求量是实际国民收入和各种资产配置的函数，因此，实际货币需求量将增加，实际货币供给量和实际货币需求量形成新的均衡。但按照本书重新表述的货币理论，逻辑进程并非如此。

在货币供给量增加的时候，总支出将增加，社会交易量将增加。由于货币需求量是社会交易量的函数，货币需求量将增加。如果货币供给量和货币需求量尚未形成新的均衡，货币流通速度将发生变化，从而形成货币均衡。这就是说，货币需求量并非像凯恩斯说的在国民收入发生增加和价格水平发生上升以后才增加，也并非像弗里德曼说的在实际国民收入发生增加和价格水平上升以后才增加，而是从总支出增加到国民收入增加和价格水平上升的整个交易增加过程中都发生增加。

在货币供给对经济产生影响以及货币形成新的均衡过程中，货币流通速度在不同的情形下将发挥不同的作用：

第一，在银行信贷增加和利息率下降的时候，如果居民和企业作出积极的反应，消费支出和投资支出将出现较大幅度的增加，新增的货币需求量可能大于新增的货币供给量，在这种情况下货币流通速度将会提高，以达到新的货币均衡。

第二，在银行信贷增加和利率下降的时候，如果居民和企业没有作出积极的反应，消费支出和投资支出出现较小幅度的增加，新增的货币需求量有可能小于新增的货币供给量，在这种情况下货币流通速度将会下降，以实现新的货币均衡。

第三，如果居民和企业出于对经济前景的担忧作出消极反应，银行信贷难以增加，超额准备金大量增加，货币乘数大幅度下降。与此同时，货币流通速度也将大幅度下降，以达到新的货币均衡。这就是所谓“流动性陷阱”的情形。

在货币供给对经济的影响过程中，货币流通速度起到“清道夫”的作用，在经济主体对货币供给增加作出各种反应以后，最终还是通过货币流通速度的调节来实现货币的均衡。

4. 货币理论重新表述的政策含义

根据我重新表述的货币理论，可以得到下述货币政策含义：

第一，从长期来看，货币供给的增长不应该与国内生产总值的增长相适应，而应该与社会交易量的增长相适应。

弗里德曼于 1957 年发表了题为《价格与经济稳定和增长的关系》的论文，提出了“简单货币规则”：货币存量的增长要适应产量的增长和人口的增长。为了保持长期价格稳定，货币存量必须每年增长 3% ~ 5%。（弗里德曼，2001）由于美国的人口增长率通常是 1‰左右，这意味着弗里德曼认为应该根据实际国内生产总值增长率确定货币供给增长率。

但遗憾的是，根据美国的历史统计数据，如果排除美国货币供给量因新冠疫情暴发而发生天量的增加的 2020 年，在 1960 ~ 2019 年，美联储从来没有按照“简单货币规则”去做，它在短期里总在经济偏热时收缩货币供给，在经济偏冷时增加货币供给。在这个长达 59 年的时期里，美国实际国内生产总值的年平均增长率是 3.04%，狭义货币供给量（M_1）的年平均增长率是 5.83%，后者几乎是前者的 2 倍。

弗里德曼的“简单货币规则”之所以失去对实践的指导意义，是因为从短期来看，货币政策要用于调节经济；从长期来看，决定货币需求量的不是国内生产总值而是社会交易量，社会交易量的增长快于实际国内生产总值的增长。如果货币当局长期根据国内生产总值增长率决定货币供给增长率，经济有可能出现通货紧缩。

第二，从短期来看，货币当局增加货币供给有可能变成无效的货币供给，货币当局在这种情况下不宜再增加货币供给。根据本书重新表述的货币理论，货币供给的增加能否对经济产生实际的影响，关键看生产者和消费者的反应，也就是看利息率传导机制或者总支出传导机制的作用。如果生产者和消费者没有什么反应，货币流通速度会发挥“清道夫”的作用，以大幅度降低的方式抵消货币供给的影响，这就是货币供给增加无效的表现。

本节的分析表明，经典的货币理论存在不足，有必要以经典的货币理论为基础重新表述，以更好地解释现实的货币现象和解决现实的货币问题。

第三节　对货币供给量的重新定义

一、现行货币供给量定义存在的问题

1. 货币供给量定义以及存在的问题

凯恩斯在1930年出版的《货币论》中曾经把货币供给量划分为通货、收入存款、业务存款，储蓄存款等，但在1936年出版的《通论》中没有详细讨论货币供给量的构成问题。第二次世界大战结束以后，由于货币政策的广泛使用，货币供给的度量问题成为重要问题。

在前面第十三章第一节，已经提出了现行货币供给量的定义。各国中央银行根据流动性的大小一般用 M_1 和 M_2 来度量货币供给量。M_1 被称为狭义货币，M_2 被称为广义货币。在中国中央银行界，M_2 扣除 M_1 后的余额被称为准货币。美国中央银行界没有准货币的划分，为了比较的方便，我把美国 M_2 扣除 M_1 后的余额也称为准货币。所谓准货币是指本身不是货币但易于转换为货币的金融资产。

中央银行投放货币将会导致货币供给量的增加，如何度量中央银行投放货币对货币供给量的影响，在人们看来似乎是一个不成为问题的问题。不论是经济学界还是中央银行界，都认为可以用狭义货币供给量 M_1 或者广义货币供给量 M_2 的增量来度量。由于货币供给量的增量无法体现增长幅度，人们通常又

用 M_1 或者 M_2 的增长率来度量货币供给量的增长幅度。又由于 M_2 包括 M_1，人们通常又用 M_2 的增长率来度量货币供给量的增长幅度。但是，M_1 或者 M_2 的增长率能够很好地反映中央银行投放货币对货币供给量的影响吗？我认为，在观察投放货币效果的过程中，现行的货币供给量的定义存在不足。

先来考察中国的例子。根据中国人民银行的统计数据，我国 M_0 从 2022 年底的 104706 亿元增加到 2023 年底的 113445 亿元，增量为 8739 亿元，增长率为 8.3%；基础货币从 2022 年底的 360956 亿元增加到 2023 年底的 389037 亿元，增量为 28081 亿元，增长率为 7.78%；M_1 从 2022 年底的 671675 亿元增加到 2023 年底的 680543 亿元，增量为 8868 亿元，增长率为 1.32%；M_2 从 2022 年底的 2664321 亿元增加到 2023 年底的 2922713 亿元，增量为 258392 亿元，增长率为 9.7%。①

从上面的数据可以看到，2023 年货币供给量的变化情况如下：第一，M_0 的增量是 8739 亿元，基础货币的增量是 28081 亿元，但是 M_1 的增量只有 8868 亿元。这意味着包括 M_0 在内的 M_1 的增量只是略大于 M_0 的增量，M_1 增量扣除 M_0 增量后的货币供给量即银行活期存款只增加 129 亿元，银行存款准备金的增加对 M_1 没有什么影响。另外，基础货币增长率是 7.78%，M_1 增长率只有 1.32%。这种情况表明，我国中央银行投放货币以后，部分货币从 M_1 转移出去了，或者转换为通货，或者转换为定期存款，或者转换为其他金融资产。这样，M_1 存量只是表示中央银行投放货币以后由 M_1 定义的货币供给量某个时点的一种状态，虽然它与中央银行投放的货币存在相关性，但这种相关程度在不同的情况下有可能出现较大的差异，M_1 的变化未必是中央银行投放货币导致的结果。当然，人们可以说，M_1 只是狭义货币供给量，不能反映整个货币供给量的变化。后面的分析将表明，单独考察 M_1 的变化是有意义的。不过，现在可以再来看看广义货币供给量 M_2 的变化。

第二，基础货币的增量是 28081 亿元，M_2 增量为 258392 亿元，M_2 增量是基础货币增量的 9.2 倍。这就带来一个问题，M_2 的增量是基础货币的增加导致的结果吗？仅以银行理财产品向银行定期存款的转换为例，2023 年，由于银行

① 中国人民银行：货币统计概览，http://www.pbc.gov.cn。

理财产品收益率下降和风险增加，人们大量减持银行理财产品而增持银行定期存款，造成 M_2 大幅度增加。据《证券市场周刊》报道，2023 年上半年，银行理财产品存续规模是 253400 亿元，与年初相比减少了 8.36%。① 这意味着有一部分不属于 M_2 定义的金融资产转移到 M_2 中来了。因此，与前面讨论 M_1 的情形相似，M_2 存量只是表示中央银行投放货币以后由 M_2 定义的货币供给量某个时点的一种状态，虽然它与中央银行投放货币存在相关性，但这种相关程度在不同的情况下可能出现较大的差异，M_2 的变化未必是中央银行投放货币导致的结果。如果连广义货币供给量都不能很好地反映中央银行投放货币对货币供给量的影响，那么中央银行如何把握投放货币的力度？

2023 年，我国货币供给量 M_2 增长率达到 9.7%，引起了人们的关注，互联网上充斥着我国中央银行过度发行货币并且导致人民币贬值的声音。但是，人们并不知道，M_2 发生的 9.7% 的增长并不都是中央银行投放货币带来的。

再来考察美国的例子。根据美国联邦储备委员会的统计数据，2020 年，面对着新冠疫情导致的经济衰退，美联储大规模投放货币。通货从 2019 年底的 17131 亿美元增加到 2020 年底的 19738 亿美元，增量为 2607 亿美元，增长率为 15.22%；基础货币从 2019 年底的 34265 亿美元增加到 2020 年底的 52065 亿美元，增量为 17800 亿美元，增长率为 51.95%；M_1 从 2019 年底的 40433 亿美元增加到 2020 年底的 179344 亿美元，增量为 138911 亿美元，增长率为 343.56%；M_2 从 2019 年底的 154125 亿美元增加到 2020 年底的 192479 亿美元，增量为 38354 亿美元，增长率为 24.88%。②

从上面的数据可以看到，美国 2020 年货币供给量的变化情况：第一，基础货币增量是 17800 亿美元，M_1 的增量是 138911 亿美元，后者是前者的约 8 倍。如果这个倍数还不至于不可思议，那么在美联储开始大规模投放货币的 2020 年 5 月，M_1 增量对基础货币增量之比达到惊人的 43 倍。由此可见，M_1 的增加未

① 杨千：《上半年理财存续规模承压》，载《证券市场周刊》，2023 年 8 月 15 日，https://baijiahao.baidu.com。

② Board of Governors of Federal Reserve System, Money Stock Measures, https://www.federalreserve.gov.

必都是中央银行投放货币导致的，有可能是从 M_2 或者其他金融资产转移来的，M_1 不能很好地反映中央银行投放货币对货币供给量的影响。

第二，M_1 的增量是 138911 亿美元，但包括 M_1 的 M_2 增量只有 38354 亿美元，M_2 的增量远小于的 M_1 增量；M_1 增量是基础货币增量的约 8 倍，但包括 M_1 的 M_2 的增量是基础货币增量的约 2 倍。如果从 M_2 扣除 M_1，即考察银行定期存款和储蓄存款的变化情况，那么从 M_2 扣除 M_1 的余额居然从 2019 年的 113692 亿美元减少到 2020 年的 13135 亿美元，收缩幅度达到 100557 亿美元。这意味着大量 M_2 所包括的货币发生了向外转移，或者转换为 M_1，或者转换为别的金融资产。由此可见，M_2 的变化并非都是中央银行投放货币带来的结果，M_2 也不能很好地反映中央银行投放货币对货币供给的影响。如果认为 M_2 包括了 M_1，美联储应该根据 M_2 的增长率来判断货币投放的力度，那么投放货币的力度可能还不够，因而很容易造成误导。事后证明，美联储过度投放了货币，美国随后发生严重的通货膨胀。

2. 货币供给量与基础货币相关性分析

M_1 和 M_2 能否反映中央银行投放货币对货币供给量的影响，有必要考察一下基础货币与 M_1 和 M_2 的相关性。我收集了中国和美国 1999 ~ 2023 年基础货币、M_1 和 M_2 的数据，计算了中国和美国 M_1 和 M_2 年增长率与基础货币年增长率的相关系数，得到了下面的结果：中国 M_1 和 M_2 增长率与基础货币增长率的相关系数分别是 0.41 和 0.57；美国 M_1 和 M_2 增长率与基础货币增长率的相关系数分别是 0.4 和 0.5。[①] 根据相关系数大于 0.8 属于极强相关，大于 0.6 小于 0.8 属于强相关，大于 0.4 小于 0.6 属于中等相关，小于 0.4 属于弱相关的标准，可以看到中、美两国基础货币增长率与 M_1 和 M_2 增长率的相关系数均属于中等相关。还需要注意的是，上述相关系数是这段时期的相关系数，时期不同，相关系数可能会发生较大的差异。由此可见，M_1 或 M_2 增长率与基础货币增长率的相关性并不强，难以反映中央银行投放货币对货币供给量的影响。

M_1 和 M_2 增长率与基础货币增长率并未呈现强相关的关系表明：M_1 和 M_2

① 中国人民银行：货币统计概览，http://www.pbc.gov.cn；Board of Governors of Federal Reserve System, Money Stock Measures, https://www.federalreserve.gov。

定义的货币供给量既受到中央银行投放货币的影响，也受到其他因素的影响。这些因素包括：

第一，中央银行投放货币对货币供给量的影响取决于商业银行的反应，而商业银行的反应又取决于居民和企业的反应。在不同的经济环境下，创造存款货币的银行体系和各种经济主体对中央银行投放货币的反应程度是不同的。例如，在经济不景气的情况下，即使中央银行投放货币和降低基准利率，如果居民和企业申请贷款的意愿下降，商业银行难以发放贷款，货币供给量难以增加。但是，这个因素与货币供给量的定义无关。

第二，在现实的经济里，除由 M_1 定义的货币、由 M_2 扣除 M_1 定义的银行体系内的准货币以外，在银行体系外还有其他准货币，如债务工具和权益工具等。不管中央银行是否投放货币，人们都会在货币、银行体系内的准货币、银行体系外的准货币之间不断地进行重新配置，M_1 和 M_2 的增加未必是中央银行投放货币导致的结果。如果在货币供给量的定义中不考虑银行体系外的准货币的变化情况，难以判断中央银行投放货币对 M_1 和 M_2 的实际影响。这个因素与货币供给量的定义有关。

由此可见，中央银行投放货币以后，现行的 M_1 和 M_2 货币供给量指标只反映货币和银行体系内准货币的数量状况，而且这种数量状况未必是中央银行投放货币造成的。因此，只有全面掌握货币、银行体系内的准货币、银行体系外的准货币的数量变化以及相互之间的结构变化，才能较为准确地判断中央银行投放货币对货币和各种准货币的影响。这就是说，需要对货币供给量重新定义。

二、货币供给量定义的政策作用

不论各国中央银行如何定义货币供给，狭义货币供给量和广义货币供给量的划分主要取决于下述标准：第一，货币的职能。通常把执行交易手段职能的货币看作狭义货币，把不但执行交易手段职能而且执行价值储藏职能的货币看作广义货币。第二，货币资产的流动性。通常把流动性强的金融资产看作狭义货币，把流动性弱的金融资产看作广义货币。

尽管越来越多国家的中央银行把保持价格水平稳定作为货币政策的目标，

但是中国和美国的中央银行还是保留了经济增长或者充分就业的目标。中国人民银行关于货币政策目标的表述是："保持货币币值的稳定，并以此促进经济增长。"美联储关于货币政策目标的表述是："促进最大限度的就业、稳定的价格和适度的长期利率。"但是，货币供给和基准利率通常是各国中央银行为了实现货币政策目标的中介指标。也就是说，各国中央银行通过调整货币供给和基准利率来影响经济，以实现货币政策的目标。

因此，各国中央银行在实施货币政策时，需要通过观察货币供给量的变化情况，来掌握货币政策的力度。如果货币供给的指标不能很好地反映货币供给的变化，将给中央银行掌握货币政策的力度带来困扰。例如，如果人们在 M_1、M_2 与其他准货币之间进行重新配置，减少债券和股票的持有量，增加活期存款和定期存款的持有量，M_1 或者 M_2 有可能大量增加。如果中央银行因此而误认为货币供给量发生了较大幅度的扩张，从而减小货币投放力度，将会影响货币政策目标的实现。又如，如果人们在 M_1、M_2 与其他准货币之间进行重新配置，减少活期存款和定期存款的持有量，增加债券和股票的持有量，有可能在一定程度上抵消中央银行投放货币对 M_1 或者 M_2 的影响。如果中央银行因此而误认为投放货币力度不够大而更大幅度增加基础货币，同样会影响货币政策目标的实现。

在实践中，中央银行投放货币的效果，往往用事后的 CPI 来检验。但是，当中央银行发现 CPI 上升到一定幅度时，通货膨胀已经难以避免了。因此，在中央银行投放货币的过程中，观察货币供给量的变化就显得很重要。

例如，2020 年暴发新冠疫情，美国经济陷入衰退，美联储从 3 月开始投放货币。如前所述，2020 年美国 M_1 增长 343.93%，M_2 增长 24.88%。但是，美联储应该关注 M_1 的变化，还是应该关注 M_2 的变化？如果关注 M_1 的变化，如此高的增长率属于过度投放货币；如果关注 M_2 的变化，这样的增长率是可以接受的。这个事例表明，不但 M_1 和 M_2 这两个指标发出不同的信号，而且 M_1 和 M_2 的变化未必就是美联储投放货币带来的结果。然而，事后的事实证明，美联储投放货币是过度的，美国在 2021 年发生严重的通货膨胀。2021 年 12 月和 2022 年 12 月，美国 CPI 同比上涨率分别是 7.0% 和 6.5%，远超过美联储 CPI

上涨率为 2% 的目标值。

因此，如何更好地定义货币供给量，使之能够更好地反映中央银行投放货币的效果，成为一个值得研究的问题。

三、修改货币供给量定义的必要性

1. 修改货币供给量定义的依据

既然在实践中作为货币政策中介指标的 M_1 或 M_2 并不能很好地反映中央银行投放货币的效果，那么就应该寻求改进的方法。我认为，原来 M_1 的定义反映执行交易手段职能的货币数量，属于严格定义的货币，这个指标不宜改变。原来 M_2 的定义反映货币执行交易职能和价值储藏职能的货币数量，从中扣除 M_1 被称为准货币，反映执行价值储藏职能的货币。然而，在现实经济中，并非只有定期存款、储蓄存款等是准货币，债券、股票等也是准货币。如果只统计定期存款和储蓄存款这部分银行体系内的准货币，难以观察中央银行投放货币以后所导致的货币和准货币数量的变化以及结构的变化。

实际上，中央银行投放货币的过程可能也是债券和股票等金融资产增加的过程，下面根据存款货币创造过程来进行分析。目前部分国家的中央银行已经取消法定准备金比例的要求，但是商业银行出于经营管理的需要仍然要把一定比例的存款准备金存入中央银行，否则无法通过中央银行与其他商业银行进行清算。

假定商业银行保留的存款准备金是 10%，没有存款从银行体系流失，中央银行在公开市场上以买进 10000 美元的政府债券的方式投放货币，存款货币的创造过程如下：卖出政府债券的证券商把得到的 10000 美元存入某银行 A，银行 A 把 10000 美元作为存款准备金存放在中央银行以用于清算，银行 A 的资产负债情况如图 15-6 所示。

银行 A 不会保留 100% 存款准备金，它将 9000 美元贷放给某厂商 A。银行 A 在负债方增加厂商 A 的存款 9000 美元，在资产方增加对厂商 A 的贷款 9000 美元（如图 15-7 所示）。厂商 A 用 9000 美元的贷款购买某厂商 B 的货物，厂商 B 把收到的支票存入它在某银行 B 的账户，银行 B 把 9000 美元作为存款准备金存放在中央银行用于清算（如图 15-8 所示）。银行 B 把厂商 B 的支票送到中央银行进行清算，中央银行扣减银行 A 的存款准备金 9000 美元。银行 A 在负债方减少厂商 A 的存款 9000 美元，在资产方减少存款准备金 9000 美元，存款准备金比例是 10%（1000/10000）（如图 15-9 所示）。

银行 B 也不会保留 100% 的存款准备金，它把 8100 美元贷放给厂商 C。银行 B 在负债方增加对厂商 C 的存款 8100 美元，在资产方增加对厂商 C 的贷款 8100 美元（如图 15-10 所示）。厂商 C 用 8100 美元的贷款购买某厂商 D 的货物，厂商 D 把收到的支票存入它在某银行 C 的账户，银行 C 把厂商 D 的支票拿到中央银行清算，中央银行扣减银行 B 的存款准备金 8100 美元。银行 B 在负债方减少了厂商 C 的存款 8100 美元，在资产方减少了存款准备金 8100 美元，存款准备金比例是 10%（90/9000）（如图 15-11 所示）。这个过程一直进行下去，便可以创造出数倍的存款货币。

资产：10000	负债：10000

图 15-6　银行 A

资产：10000	负债：10000
9000	9000

图 15-7　银行 A

资产：9000	负债：9000

图 15-8　银行 B

资产：1000	负债：10000
9000	

图 15-9　银行 A

资产：9000	负债：9000
8100	8100

图 15-10　银行 B

资产：900	负债：9000
8100	

图 15-11　银行 B

在上面的分析中，如果银行 A 不是贷放给厂商 A，而是贷放给某证券公司 A，证券公司 A 用 9000 美元购买新发行的债券或股票，而发行债券或股票的公司把收入存进银行 B，存款货币创造的过程仍然可以继续下去，但债券或股票的存量增加了 9000 美元。

这个例子说明，在中央银行投放货币的过程中，有可能直接导致银行系统外的准货币增加，也有可能由于人们收入增加而导致人们增持银行体系外的准货币，还有可能由于人们对货币资产和非货币金融资产重新配置导致人们增持银行体系外的准货币。作为货币政策中介指标的货币供给量指标不应忽略银行体系外的准货币的变化。

2. 修改货币供给量定义的方法

我认为，应该保留原来的 M_1 概念，重新定义 M_2，增加 M_3 和 M_4，以反映各种类型的准货币即执行价值储藏职能的货币的变化。各种货币供给量的定义如下：M_2 是指不包括 M_1 的银行存款类金融资产。之所以不包括 M_1，是为了单独反映银行体系内准货币的变化。M_3 是指不包括 M_1、M_2 的债务类金融资产，即体现债权债务关系的金融资产，如中国的短期融资券、回购协议、银行承兑汇票等短期债务类金融资产，以及公司债券和政府债券等长期债务类金融资产。M_3 之所以不包括 M_1、M_2，是因为要单独反映债务类金融资产的变化。M_4 是指不包括 M_1、M_2、M_3 的权益类金融资产，即体现所有权关系的金融资产，也就是股票。人们购买基金份额是通过基金投资各种债务类和权益类金融资产，如果再统计基金份额会造成重复计算。保险、养老金等金融资产流动性很弱，不宜把它们看作准货币。

现行的货币供给量指标不包括债务类和权益类金融资产，但是从货币的角度看，这些金融资产在性质上与定期和储蓄存款没有本质区别，它们都属于准货币，都可以转换为活期存款。在中国，债务类和权益类金融资产与定期和储蓄存款的流动性没有什么差异。在美国，人们可以随时卖出债务类和权益类金融资产，但不可以随时把定期或储蓄存款转换为活期存款，债务类和权益类金融资产流动性还强于定期存款和储蓄存款。

3. 修改货币供给量定义的意义

中央银行在投放货币的时候，往往遇到的问题是如何掌握力度。这是一个极难解决的问题，否则美联储就不会在 2020 年大规模投放货币和降低基准利率，到 2022 年发生通货膨胀以后，又不得不收缩货币供给量和激进提高基准利率。

对货币供给量重新定义的意义，就在于在中央银行投放货币以后，有可能通过观察各种新定义的货币供给量的变化，来掌握投放货币的力度。例如，在中央银行投放货币以后，从货币供给量增加到通货膨胀的传导机制是总需求增加。由于 M_1 体现货币的交易手段职能，中央银行需要关注 M_1 的变化。如果中央银行发现投放货币以后 M_1 大幅度增加，这种增加可能不仅是投放货币带来的，还可能是其他准货币转移来的，这意味着 CPI 有可能上升，因而需要控制继续投放货币的数量。

再如，如果中央银行持续投放货币，由于货币不仅会进入商品市场，还会进入投机性较强的房地产市场和股票市场。因此，中央银行不仅要关注 M_1 的变化，还要关注股票价格指数和房地产价格指数的变化。如果 M_1、M_4 和股票价格指数出现较大幅度上升，或者 M_1 和房地产价格指数出现较大幅度上升，这意味着较多的货币进入股票市场或房地产市场，这就需要控制继续投放货币的数量。

又如，中央银行投放货币以后，还要关注货币流通速度的变化。所谓货币流通速度是单位货币在一定时期的流通次数，在 M_1 ~ M_4 系列里，由于 M_2 ~ M_4 的流动性较弱，如果在整个货币供给结构中货币资产 M_1 相对于非货币资产 M_2 ~ M_4 的比例下降，这说明整个货币供给量的流通速度下降，这可以在一定程度上抵消整个货币供给量增加的影响，货币政策的效果会受到削弱。

因此，中央银行通过观察 M_1 ~ M_4 指标的数量和结构的变化，可以更好地判断投放货币的程度是否合适。

四、关于新指标体系的检验性分析

1. 对美国 2020 年投放货币过程的检验性分析

我以新的 M_1 ~ M_4 的指标体系，对美联储和中国人民银行 2020 年大规模投放货币，以及中国人民银行 2023 年投放货币的过程进行事后的检验性分析。

2020 年，在新冠疫情的影响下，美国经济陷入衰退，美联储实行了超级宽松的货币政策。2020 年，美国基础货币的增量是 17800 亿美元，增长率为 51.95%。在美联储大规模投放货币的情况下，M_1 ~ M_4 指标变化情况如下：M_1

的增量是 139009 亿美元，增长率为 343.80%；M_2 的增量是 7952 亿美元，增长率为 6.17%；M_3 的增量是 61934 亿美元，增长率为 12.11%；M_4 的增量是 102617 亿美元，利用标准普尔 500 种股票指数进行调整的增长率是 14.55%。[①] 之所以要对 M_4 的增长率进行调整，是因为 M_4 是股票市值，要排除股票价格上升因素才能较好地反映货币流入股票市场情况。

从上面的数据可以看到，在 2020 年特定的条件下，美联储大规模投放货币以后，美国货币和准货币的增长率出现很大的差异，货币和准货币结构也发生很大的变化。从 M_1 ~ M_4 增长率来看，M_1 增长率最高，达到 343.80%；其次是 M_4，为 14.55%；再次是 M_3，为 12.11%；最低是 M_2，为 6.17%，其中 M_1 的增长率达到了惊人的程度。从 M_1 ~ M_4 的结构来看，如果把基础货币存量确定为 1，计算 M_1 ~ M_4 存量对基础货币的倍数，那么在 2019 年，基础货币：M_1：M_2：M_3：M_4 的比例是 1.00 ：1.18 ：3.76 ：13.63 ：15.95；在 2020 年，基础货币：M_1：M_2：M_3：M_4 的比例是 1.00 ：3.45 ：2.63 ：10.20 ：12.47。除了 M_1 对基础货币的比例大幅度提高，M_2、M_3、M_4 对基础货币的比例都出现下降。这清楚地表明，美联储大规模投放货币以后，虽然各种货币和准货币都在增加，但增加主要集中在货币 M_1 上，而且 M_2、M_3、M_4 各种准货币可能发生了向 M_1 的转移。

美联储大规模投放货币对稳定经济发挥了作用，2020 年、2021 年美国 GDP 增长率分别是 –2.2% 和 5.8%。但是，由于投放的货币向 M_1 集中，加上部分准货币转换为 M_1，M_1 急剧增加，M_1 是执行交易手段职能的货币，这意味着在较短时期内对商品的需求有可能大量增加，从而导致通货膨胀。美国 CPI 在 2021 年 3 月，也就是美联储开始投放货币的 1 年后，就突破了 2% 的警戒线。接着，美国 CPI 在 2021 年 5 月达到 5.0%，2022 年 6 月上升到峰值 9.1%。在如此严重的通货膨胀情况下，美联储不得不从 2022 年 3 月开始激进地提高基准利率和收缩货币供给，美国 CPI 在 2023 年 12 月回落到 3.4%，但距离 2% 的目标值还有一段距离。

---

① Board of Governors of Federal Reserve System, Financial Account of The United States, 2021, https://www.federalreserve.gov.

从事后来看，美联储大规模投放货币有助于克服经济衰退，但美联储并没有掌握好实施货币政策的力度。如果美联储注意观察 $M_1 \sim M_4$ 在数量上和结构上的变化，在发现货币投放导致的货币供给量的增加主要集中在 M_1，而且各种准货币发生向 M_1 转移以后，注意控制货币投放的规模，货币政策的效果是否会更好？

美联储为了应对这场通货膨胀付出了沉重的代价：第一，在美联储激进提高基准利率的影响下，各种债券贬值，造成美国银行业资产负债表上的资产方的损失，导致美国银行业发生动荡。2023 年，美国有 5 家银行破产，其中硅谷银行和第一共和银行属于大银行。第二，美联储激进提高基准利率压抑了投资。2023 年，美国投资需求增长率是 –1.2%。对于美国来说庆幸的是，美国消费需求稳定增长和政府大规模举债支出对美国经济起了支撑作用。美国 2022 年、2023 年 GDP 增长率还能达到 1.9% 和 2.5%。① 第三，据媒体报道，在 2024 年 1 月 15 日美联储公布的财务报表中，出现了 1143 亿美元亏损。② 中央银行以增加银行存款准备金的方式投放货币的成本很低，但买进的政府债券到期可以得到本金和利息，而且随着经济发展，投放的货币多于回收的货币，各国中央银行都是盈利的，每年都会把部分盈利上缴国库，所以美联储这样高额的亏损实属罕见。

2. 对中国 2020 年投放货币过程的检验性分析

2020 年，在新冠疫情的影响下，中国经济也面临衰退风险，中国人民银行也实行了超级宽松的货币政策。2020 年，中国基础货币的增量是 41326 亿元，增长率为 28.70%。在中央银行大规模投放货币的情况下，$M_1 \sim M_4$ 指标变化情况如下：M_1 的增量是 45176 亿元，增长率为 20.40%；M_2 的增量是 115627 亿美元，增长率是 18.95%；M_3 的增量是 177250 亿元，增长率是 17.90%；M_4 的增量是 204303 亿元，利用上海证券交易所综合指数进行调整的增长率是 20.59%。③

① Bureau of Economic Analysis, Gross Domestic Product, https://www.bea.gov.

② 金融界，“美联储 2023 年巨亏 1143 亿美元 创年度最高亏损纪录”，https://baijiahao.baidu.com，2024–01–15。

③ 中国人民银行，2019 年、2020 年统计数据，http://www.pbc.gov.cn。

中国人民银行大规模投放货币所导致的各种货币供给量增加的结果，既是基础货币的增加带来的增加，也是人们在货币和各种准货币之间重新配置的结果。从增长率来看，M_1 ~ M_4 发生均匀的增长，M_1 ~ M_4 增长率相近并低于基础货币的增长率。从货币和准货币结构变化来看，2019 年，基础货币存量与各种货币和准货币存量之比，即基础货币 ∶ M_1 ∶ M_2 ∶ M_3 ∶ M_4 的比例是 1.00 ∶ 1.54 ∶ 4.17 ∶ 6.88 ∶ 4.12。2020 年，基础货币 ∶ M_1 ∶ M_2 ∶ M_3 ∶ M_4 的比例是 1.00 ∶ 1.44 ∶ 3.92 ∶ 6.30 ∶ 4.30。货币和各种准货币的结构高度稳定。

中国人民银行大规模投放货币起到稳定经济的作用，2020 年、2021 年、2022 年中国 GDP 增长率分别是 2.2%、8.4%、3.0%。与此同时，由于中央银行投放的货币没有向 M_1 集中，各种准货币也没有发生大量向 M_1 转移的情况，对商品价格没有形成很大的压力。我国居民 CPI 在 2020 年、2021 年、2022 年的上涨率分别是 2.5%、0.9%、2.0%。① 由此可见，新定义的货币供给量体系可以较好地解释中国 2020 年中央银行投放货币对经济的影响。

3. 对中国 2023 年投放货币过程的检验性分析

2023 年，美国的货币政策与中国的货币政策分道扬镳。由于美国发生较为严重的通货膨胀，美联储继续采取收缩货币供给量和提高基准利率的方法控制通货膨胀。中国则发生了房地产业大规模膨胀后的收缩，加上地方政府债务问题又十分严重，中国人民银行继续采取扩张性的货币政策。

2023 年，中国各种新定义的货币供给量变化情况如下：基础货币增量为 28081 亿元，增长率为 7.78%；M_1 增量为 8868 亿元，增长率为 1.32%；M_2 增量为 249525 亿元，增长率为 12.52%，M_3 增量为 131336 亿元，增长率为 9.09%；M_4 增量为 –14875 亿元，利用上海证券交易所综合指数进行调整的增长率是 1.80%。②

2023 年，中国各种定义的货币供给量的变化与 2020 年相比发生很大的差异。2020 年 M_1 ~ M_4 发生均匀的增长，2023 年 M_1 ~ M_4 则发生

① 国家统计局，年度数据，https://www.stats.gov.cn。

② 中国人民银行，2019 年、2020 年统计数据，http://www.pbc.gov.cn。

差别极大的增长。M_2 增长率最高，达到 12.52%；M_3 增长率其次，为 9.09%；M_4 增长率再其次，为 1.80%；M_1 增长率最低，只有 1.32%。这意味着各种货币供给量的结构发生很大的变化。2022 年，各种货币和准货币存量与基础货币存量之比，即基础货币：M_1：M_2：M_3：M_4 的比例是 1.00 ：1.86 ：5.52 ：4.00 ：2.18。2023 年，基础货币：M_1：M_2：M_3：M_4 的比例是 1.00 ：1.75 ：5.76 ：4.05 ：2.06。从各种货币供给量的结构变化可以看到，除了 M_3/ 基础货币基本持平，只有 M_2/ 基础货币提高，这意味着 2023 年中国人民银行投放货币以后，不仅投放货币的增加导致 M_2 的增加，而且货币和其他准货币向 M_2 转移。

观察各种货币供给量数量变化和结构变化，可以得到下述判断：第一，2023 年，在基础货币增长率为 7.78% 的情况下，执行交易手段职能的 M_1 增长率只有 1.32%，对商品价格的影响不大。第二，2023 年，中央银行投放货币的影响主要集中在 M_2 的增加上，M_1 也发生了向 M_2 转移。由于 M_2 是定期存款和储蓄存款，流动性较弱，这意味着整个货币供给量的平均流通速度下降，从而在一定程度上抵消了中央银行投放货币的影响。第三，M_1 向 M_2 转移意味着执行交易职能的货币向执行价值储藏职能的货币转移，人们的交易意向相对减弱，中央银行投放货币的效果受到不利影响。

新定义的货币供给量的变化较好地解释了 2023 年实际发生的情况：中国人民银行继续投放货币，有利于经济的稳定增长，中国 GDP 增长率达到 5.2%。与此同时，M_1 处于低增长状态，2023 年中国 CPI 增长率是 0.2%。

上面的分析是用事后的数据对新的 M_1 ~ M_4 货币供给量指标体系进行检验分析，以验证这个货币供给量指标体系的可行性。在实际应用新定义的货币供给量体系的时候，属于事中分析。也就是说，在中央银行投放货币的时候，观察新定义的货币供给量体系的月度数据变化，以判断投放货币的力度是否合适。

上述分析表明，现行度量货币供给量的指标 M_1、M_2 不能反映中央银行投放货币所导致的货币和准货币的变化，因而不适宜作为中央银行货币政策的中介指标，应该采用新的 M_1 ~ M_4 的指标体系，来观察中央银行货币政策的影响。

第五篇小结：凯恩斯货币理论的历史地位

根据本篇的分析，我对凯恩斯的货币理论在经济思想史的地位得出下述结论：

第一，凯恩斯把货币需求称为流动性偏好，认为流动性偏好取决于交易动机、谨慎动机和投机动机，流动偏好是总收入和利息率的函数。由于利息率是由货币供给和货币需求决定的，货币供给的变化可以通过利息率的变化对有效需求产生影响，从而对总收入和价格水平产生影响。凯恩斯的货币理论在经济思想史的贡献是：其一，把货币的分析从货币的交易手段和储藏手段扩展到金融资产的选择。其二，提出货币是非中性的，货币供给可以对实际总收入造成影响。其三，提出了宏观货币政策的建议，可以通过调整货币供给来维持经济的稳定。

第二，在凯恩斯的货币需求函数中，货币的交易需求和谨慎需求与利息率无关，只有货币的投机需求与利息率有关。因此，货币供给的增加对利息率的影响是通过货币的投机需求这个机制实现的。然而，历史统计数据表明，货币需求对利息率的变化没有什么反应。实际上，货币供给对利息率的影响是通过借贷市场形成的：货币供给增加导致可贷资金供给增加，在可贷资金需求不变或者没有相应幅度增加的情况下，可贷资金的供给量大于可贷资金需求量，利息率下降。

第三，凯恩斯认为，在货币需求不变的条件下，货币供给的增加将会导致利息率的下降，从而刺激了投资需求的增加。因此，中央银行可以使用调整货币供给量的货币政策来稳定经济。第二次世界大战以后，世界各国广泛采用货币政策去调节经济，这是凯恩斯货币理论的历史贡献。

第四，凯恩斯认为，“流动性陷阱”产生的原因是，当利息率很低时，债券价格很高，人们倾向于卖出债券，货币需求趋向无限增加，而利息率是货币供给与货币需求决定的，货币供给的增加无法进一步降低利息率以刺激经济。但是，对日本陷入“流动性陷阱”的实际经历的验证表明，甚至在利息率趋向于零的情况下，没有发生货币对债券的替代，也没有发生货币需求的大量增加，凯恩斯对“流动性陷阱”的解释是不对的。实际上，之所以发生“流动性陷阱”，是因为在经济不景气的条件下，可贷资金的消费需求和投资需求很弱，即使利息率接近于零，货币供给量增加也已经难以导致消费需求和投资需求的增加。

第五，凯恩斯在他的货币理论中没有讨论货币供给内生性和外生性的问题，后凯恩斯经济学者提出了这个问题，并且把凯恩斯的货币供给理论归结为外生性理论。实际上，凯恩斯并没有否定货币供给的内生性。在现实的经济中，货币供给并非完全外生性，也并非完全内生性，而是既有外生性也有内生性。

第六，凯恩斯的货币理论在货币思想史上具有重要地位，在凯恩斯之后的弗里德曼提出货币理论以后，货币理论基本上没有实质上的进展。回顾这个过程，现行货币理论存在两个不足之处：一是货币流通速度往往被假定为不变，二是货币需求量被看作是总产值的函数。实际上，货币流通速度是易变的，并且是货币均衡的调节机制。另外，货币需求量不是总产值的函数，而是各种物品、服务和资产交易量的函数。因此，应该从克服这两个不足之处入手，重新表述货币理论。

第七，凯恩斯没有详细分析货币供给的构成，各国中央银行在实践中提出了 M_1 和 M_2 的概念。但是 M_2 除包括 M_1 以外，只包括商业银行体系内的准货币。然而，在现实的经济里，中央银行投放货币以后，不仅形成商业银行体系内的准货币，还形成商业银行体系外的准货币，因此有必要对货币供给量进行重新定义。

主要参考书目

阿克利:《宏观经济理论》,陈彪如译,上海:上海译文出版社,1981。

庇古:《论失业问题》,包玉香译,北京:商务印书馆,2014。

多恩布什等:《宏观经济学》,王志伟译,北京:中国财政经济出版社,2003。

汉森:《凯恩斯学说指南》,徐宗士译,北京:商务出版社,1963。

汉森:《二十世纪六十年代的经济问题》,张伯健等译,北京:商务印书馆,1964。

哈耶克:《无路可逃:失业必然跟随通货膨胀》,国际经济评论,1981(4)。

费雪:《货币购买力》,金本基译,上海:商务印书馆,1931。

费雪:《利息理论》,陈彪如译,北京:商务印书馆,2013。

弗里德曼和施瓦茨:《美国货币史:1867—1960》,巴曙松等译,北京:北京大学出版社,2009。

弗里德曼:《弗里德曼文萃》,高榕等译,北京:北京经济学院出版社,1991。

弗里德曼:《弗里德曼的货币理论结构》,高榕译,北京:中国财政经济出版社,1989。

格利和肖:《金融理论中的货币》,贝多广译,上海:上海三联书店,1988。

哈里斯:《货币理论》,梁小民译,北京:中国金融出版社,1989。

霍布森:《帝国主义》,卢刚译,北京:商务印书馆,2017。

胡代光等:《凯恩斯主义的发展和演变》,北京:清华大学出版社,2004。

凯恩斯:《劳埃德·乔治办得到吗？》,《凯恩斯劝说集》，蔡受百译，北京：商务印书馆，1962。

凯恩斯:《货币改革略论》，李井奎译，北京：中国人民大学出版社，2017。

凯恩斯:《货币论》，罗淑玲等译，重庆：重庆出版社，2021。

凯恩斯:《就业、利息和货币通论》，宋韵声译，北京：华夏出版社，2012。

凯恩斯:《通往繁荣之路》，李井奎译，北京：中国人民大学出版社，2016。

克拉克:《财富的分配》，王翼龙译，北京：华夏出版社，2013。

克莱因:《凯恩斯的革命》，薛蕃康译，北京：商务印书馆，2021。

雷:《现代货币理论：主权货币体系的宏观经济学》，张慧玉等译，中信出版集团，2017。

马尔萨斯:《政治经济学原理》，厦门大学翻译组译，北京：商务印书馆，1962。

马克思:《资本论》(第 1 卷),《马克思恩格斯全集》第 23 卷，北京：人民出版社，1972。

马克思:《资本论》(第 2 卷),《马克思恩格斯全集》第 24 卷，北京：人民出版社，1972。

马歇尔:《经济学原理》(上卷)，朱志泰译，北京：商务印书馆，1964。

米什金:《货币金融学》，李扬等译，北京：中国人民大学出版社，1998。

罗宾逊:《凯恩斯传》，滕茂桐译，北京：商务印书馆，1980。

罗宾逊夫人:《现代经济学导论》，陈彪如译，北京：商务印书馆，1982。

罗宾逊夫人:《凯恩斯以后》，林敬贤译，北京：商务印书馆，2015。

罗宾逊夫人:《就业理论导论》，陈明衡译，北京：商务印书馆，2018。

罗西斯:《后凯恩斯主义货币经济学》，吴国宝等译，北京：中国社会科学出版社，1991。

瑞安－柯林斯等人:《货币从哪里来》，朱太辉等译，北京：中信出版集团，2022。

萨伊:《政治经济学概论》，陈福生等译，北京：商务印书馆，1982。

萨缪尔森:《经济学》(第 10 版)，高鸿业译，北京：商务印书馆，1979。

萨缪尔森:《经济学》(第 14 版),胡代光等译,北京:北京经济学院出版社,1996。

萨缪尔森:《经济学》(第 17 版),北京:人民邮电出版社,2008。

希克斯:《价值与资本》,薛蕃康译,北京:商务印书馆,1962。

夏皮罗 :《宏观经济分析》,杨德明等译,北京:中国社会科学出版社,1985。

西斯蒙第:《政治经济学新原理》,何钦译,北京:商务印书馆,1983。

韦普肖特:《凯恩斯大战哈耶克》,闾佳译,北京:机械工业出版社,2013。

Domar, E. Capital Expansion, Rate of Growth, and Employment, *Economitrica,* 14, April 1946.

Domar, E. Expansion and Employment. *American Economic Review*, 37, March 1947.

Harrod, R F. An Essay in the Dynamic Theory, *Economic Journal,* 49, March 1939.

Hansen, A. Fiscal Policy and Business Cycles. New York: Norton, 1941.

Hicks, J. Mr. Keynes and the classics, *Econometrica*, Vol. 5, No. 2, Apr., 1937.

Krugman, P R., K M. Dominquez and K. Rogoff, It's Back: Japan's Slump and the Return of the Liquidity Trap, *Brookings Papers on Economic Activity,* Vol. 1998, No. 2, 1998.

Modigliani, F. Monetary Policy and Consumption, in Consumer Spending and Money Policy: the Linkages, Federal Reserve Bank of Boston, 1971.

Moore, B. J. The Endogenous Money Supply, *Journal of Post Keynesian Economics*.Vol. X,Spring 1988.

Lerner, A P. Functional Finance and the Federal Debt. *Social Research*, (10) 1943.

Lipsey, R G. and P O. Steiner, Economics, Fifth Edition, Harper & Row, Publishers, 1978.

Okun, A M. Potential GNP: Its Measurement and Significance. Proceedings of the Business and Economic Statistics Section, American Statistical Association, Washington: ASA.

Phillips, A W. The Relation between Unemployment and the Rate of Change in Money Wage rate in the United Kingdom 1861–1957. *Econimica*,25, November 1958.

Pigou, A C. The Value of Money. *The Quarterly Journal of Economics*, 32, November,1917.

Robertson, D. Essays in Monetary Theory, London: P.S. King & son, 1940.

Samuelson,P A. Interaction between Multiplier Analysis and Acceleration Principle, *The Review of Economics and Statistics*, 1939(5).

索　引